율곡의 인생론

율곡의 인생론

栗谷 人生論

이영경 지음

경북대학교출판부

이영경

경북대학교 사범대학 윤리교육과를 졸업하고 같은 대학원에서 석사와 박사 학위를 받았다. 현재 경북대학교 사범대학 윤리교육과 교수로 재직하고 있다. 주요 저서로는 『율곡의 윤리사상』, 『율곡의 도덕실천 지향 인성교육론』, 『다산의 윤리학』, 『한국사상과 마음의 윤리학』 등의 단독 저술과 『인성교육의 철학적 성찰』, 『도덕성과 윤리교육』, 『시대 속의 맹자, 주제 속의 맹자』 등의 공동 저술이 있다.

율곡의 인생론

찍은 날 2025년 6월 10일 • **펴낸 날** 2025년 6월 17일
지은이 이영경 • **펴낸이** 허영우 • **펴낸 곳** 경북대학교출판부
출판등록 1973년 10월 10일 ㉣97호 • **주소** 대구광역시 북구 대학로 80 • **전화** 053-950-3830
팩스 053-953-4692 • **이메일** press@knu.ac.kr • **홈페이지** www.knupress.com
ISBN 978-89-7180-656-2 03190

정가는 뒤표지에 있습니다. 파본은 바꾸어 드립니다.

프롤로그

율곡에게 인생을 묻다

짧지 않은 시간 동안 윤리 공부를 해 오고, 크고 작은 삶의 풍파(風波)를 맞고 살아오며 인생이란 무엇인지 묻는 마음의 각도와 깊이가 달라지는 것을 절감합니다. 누구에게나 그렇듯이 산다는 것은 만만치 않은 과업입니다. 인생이 소풍(逍風)인지, 순례(巡禮)인지, 고해(苦海)인지, 아니면 해프닝인지 알 수는 없지만, 즐거운 일과 괴로운 일이 교차하는 것이 삶이라는 것은 누구나 느끼는 진리일 것입니다.

삶이라는 길을 가다가 필연적으로 자신의 삶이 잘 가고 있는지를 묻게 됩니다. 생각해 보면, 그 물음의 계기가 되는 상황은 다소 힘든 일에 지쳐 있거나 위기에 처한 경우가 많은 것 같습니다. 자연스러운 일입니다. 묻는다는 것은, 문제를 해결하기 위해서 제기되는 마음의 작동이기 때문입니다. 그러므로 묻는다는 것은, 무엇을 찾고자 하는 열망의 다른 이름입니다. 인생에 대한 물음, 이것은 그 자체로 아름답습니다.

사람들은 많은 고전과 철학자 혹은 일상의 인물들에게 인생을 묻고 이런저런 조언을 듣습니다. 저는 유학 사상가인 율곡(栗谷) 이이(李珥)를 통해서 인생을 생각해 보고자 합니다. 이에 먼저, 율곡에게 그의 인생에 대해 묻고자 합니다. 이는 타인의 인생관과 삶을 보고 깨닫는 것이 우리 자신의 삶을 묻는 의미 있는 방법이 될 수 있음을 유념하기 때문입니다. 율곡에게 묻고자 하는 것은 매우 기본적이지만 동시에 본질적인 주제입니다.

'율곡, 당신은 어떤 삶을 꿈꾸었습니까?'
'율곡, 당신은 어떤 삶을 살았습니까?'

『율곡의 인생론』은 이러한 물음을 풀기 위한 것입니다. 우리 시대의 어수선함과 사람들의 삶의 팍팍함을 몸과 마음으로 느끼면서 율곡의 인생론에 대해 함께 생각하면 언젠가는 우리가 삶의 여정에서 자신과 타인에게 감사하게 되는 좋은 소식을 들을 수도 있지 않을까 하는 즐거운 상상을 하면서 길을 나서려고 합니다.

율곡은 그의 시대 조선인의 삶을 직시하면서, 인간의 문제와 삶의 문제를 해결하기 위해 온 힘을 쏟아부은 '실천적 사상가'였습니다. 율곡의 삶과 사상은 물론 그의 것이며, 그를 위한 것이기도 하지만, 한편으로는 철저하게 시대를 함께 살아가는 사람들을 위한 것이었습니다. 그의 삶과 사상은 머리로만 그려낸 관념적인 무늬가 아니라, 시대를 살아가는 사람들 가운데서 그들의 삶을 위해서 고민하고 실천해 온 것입니다.

율곡의 삶과 사상의 본령은 '선(善)의 실천'에 있었습니다. 즉 사람들의 인간적·인생적 어려움을 해결하려는 가치의 실천에 있었던 것입니다. 이러한 율곡 사상의 본령을 하나의 문장으로 압축해 보면 '어떻게 하면 인간다운 삶을 살 수 있을까?'로 규정할 수 있습니다. 율곡의 사상이 추구한 본령은 참된 인생에 있었다는 점에서 그의 사상은 곧 '인생론'이라고 할 수 있습니다.

기 소르망(Guy Sorman)이라는 프랑스 문화학자는 한국 사회를 'brutal society' 즉 '인정사정없는 사회'라고 규정했습니다. 인간적인 따스함이 사라져 버린 사회가 바로 한국 사회라고 지적한 것입니다. 이러한 그의 규정은 한국인으로서 그리고 윤리 공부를 하는 사람으로서 많은 생각을 하게 했습니다. 우리 한국인의 삶의 본질은 전통적으로 '인정이 넘치는 사회', '인간다운 삶'을 구축함에 있었는데, 지금 우리는 왜 그 반대쪽에 서 있는 것일까요? 그리고 왜 삶이 행복하다고 생각하는 한국인들이 적은 것일까요?

'인간다운 삶, 어떻게 살 것인가?' 이는 누구나 가지는 보편적이고, 또 언제나 가지는 일상적인 물음이어서 쉽게 생각될 수도 있습니다. 그러나 다른 한편으로 이 물음은 너무나 어려워서 마치 은산철벽(銀山鐵壁)에 부딪힌 듯 형언할 수 없는 막막함과 절망감이 도사린 화두(話頭)일 수도 있습니다. 그래도 어찌하겠습니까. 우리는 인간으로서, 마땅히 인간다운 삶에 대해서 물어야만 합니다. 그리고 묻다 보면, 좋은 소식도 들을 것이며,

좋은 길이 보일 것입니다.

율곡의 인생론을 잘 성찰하면 현대를 살아가는 우리의 삶을 아름답게 하는 길이 보이지 않을까요? 실천학으로서의 율곡 사상은 곧 인생론을 본질로 하고 있습니다. 이는 바로 율곡의 사유와 실천이 당시 사람들의 삶의 문제 해결이라는 '절대명제'에 대한 치열한 과정이었기 때문입니다. 그렇기에 율곡의 인생론을 성찰함에는 현재의 나, 그리고 우리의 문제가 늘 자리할 것이며, 이 경우 율곡의 인생론은 진정으로 살아 있게 될 것입니다.

감사합니다.

2025. 5. 10. 인생의 사표(師表) 율곡 선생을 생각하며

이영경

차례

인물 스케치

율곡, 그는 누구인가

율곡(栗谷) 이이(李珥, 1536~1584)는 인간과 삶에 대한 고민을 사상과 실천으로 녹여 낸 조선의 유학자이다. 흔히 율곡은 동시대 인물인 퇴계(退溪) 이황(李滉, 1501~1570)과 자주 비교되는데, 실제로 그의 사상과 삶의 궤적은 퇴계와 다른 점이 많다. 우리는 천 원권과 오천 원권 지폐를 통해서 이 두 선각(先覺)의 모습을 가끔 보게 되는데, 돈만큼 우리의 일상에 긴요한 물품이 없다는 점에서 긴 시대적 간극이 있음에도 율곡과 퇴계는 우리 삶에 무척 가까이 있다는 느낌을 받는다. 생각해 보면, 오천 원권에 그려진 율곡의 모습은 그이기도 하고, 그가 아니기도 하다. 그 그림은 물론 율곡을 보고 그린 것도 아니며, 그럴 수도 없지만 설령 보고 그렸다 한들 그의 본질을 제대로 알 수 있는 것도 아니다. 이 점에서 율곡은 율곡이되 율곡이 아니라고 한 것이다. 우리가 진정으로 율곡을 알려면 그의 인생에 대해서 알아야 한다. 여기서는 율곡의 인생에 대해서 본격적으로 생각하기 전에 그의 인생론을 이해하는 데 도움이 되는 범위 내에서 율곡의 삶의 궤적을 간단하게 스케치해 보고자 한다.

율곡은 수운 판관을 지낸 이원수(李元秀) 공을 아버지로, 그리고 신사임당(申師任堂)을 어머니로 하여 1536년에 신사임당의 친정인 강릉 오죽헌(烏竹軒)에서 출생했다. 율곡은 일찍이 글을 배우고 깨친 총명성이 탁월하여 '천재 소년'의 평판을 얻었으며, 유학 공부에 상당히 힘을 쓴 것으로 알려진다. 율곡의 나이 16세 때 어머니인 신사임당이 돌아가시자 심상(心喪) 3년을 마친 후, 허무한 마음을 안고 금강산에 들어가 1년여간 불교 공부를 했다. 이때의 불교 공부 경험은 그의 삶과 사상에 적지 않은 영향을 미친 것으로 보이는데, 주자학이 지배하던 시대 상황에서 불교를 공부한 전력은 이후 율곡의 삶에서 가볍지 않은 부담으로 작용하기도 했다.

율곡은 23세 때 경상도 예안(지금의 안동)으로 가서 58세의 퇴계를 만나게 된다. 청년 율곡은 이미 대학자로서 전국적인 명성을 지닌 탁월한 유학자인 퇴계에게 "인생의 도(道)를 묻고자 찾아왔습니다."라는 시어(詩語)를 던지면서 자신의 삶을 찾기 위한 구도(求道)의 마음을 드러내었다. 퇴계는 전도양양한 청년 유학자의 방문을 받고 후생(後生)의 비범함을 기대하는 마음으로 율곡을 가늠하고자 했다. 이날의 방문에서 퇴계를 접한 이후 율곡은 더욱 학문에 정진하면서 사상을 성숙시킨다. 그리하여 퇴계에게 인간적인 존중과 존경의 예의는 정중하게 갖추면서도 사상에 대해서는 예리하게 비판하는 주체적인 입장을 견지하는 자립(自立)을 이루게 된다.

율곡은 29세에 마침내 대과(大科)에 장원 급제하여 관직에 나서게 된다. 그는 13세 때 처음으로 진사(進士) 초시에 합격한 이래 관직에 나아가기 전까지 응시한 아홉 번의 시험에서 모두 장원 급제하여 '구도장원공(九度壯元公)'이라고 불리게 되었는데, 이러한 합격의 성과는 조선시대를 통틀어 전무후무한 기록이다. 물론 율곡은 이러한 칭호나 평가 모두 달갑게 생각하지 않았을 것이다.

율곡은 29세 때 호조좌랑으로 관직을 시작한 이래 순차적으로 사간원 정언, 홍문관 교리, 청주 군수, 승정원 부승지, 사간원 대사간, 황해도 관찰사, 사헌부 대사헌, 호조판서, 홍문관 대제학, 예문관 대제학, 형조판서, 병조판서, 이조판서 등을 역임했다. 가히 삼정승(三政丞)을 제외한 대부분의 주요 직책을 역임했다고 해도 과언이 아닐 정도로 다양한 부서에서 국정을 보았다. 율곡은 49세 때인 1584년 10월에 이조판서를 제수받아 봉직하다가 병을 이유로 사임하게 된다. 병이 매우 위중한 상황에서도 후배 관리가 어사(御史)로서 변방의 국방 상황을 점검하러 간다는 소식을 듣고, 변방을 지키는 방책인 「육조방략(六條方略)」을 힘겹게 구술해 주고는 며칠 뒤에 세상을 떠난다. 율곡은 관직 생활을 통해 백성들과 국가를 위해 헌신했는데, 이는 수기치인(修己治人)·수기안인(修己安人)을 공부의 이상으로 삼아 온 힘을 다한 사회 참여적인 유학자의 진면목을 보여 준다고 할 것이다.

율곡은 그의 생애 중에서 대략 20년 동안 관직 생활을 한 것으로 알려진다. 그러나 하나의 직에 머문 기간이 평균 5개월 남짓이라고 할 정도였으며, 1년 이상 근무한 직책은 사간원 정언(正言)직에 불과하다. 이는 율곡이 어떤 관직에 머물든 간에 지속적으로 강하게 직언(直言)과 충간(忠諫)을 하고, 뜻이 받아들여지지 않으면 과감하게 사직(辭職)했기 때문이다. 이 사실은 율곡이 무엇을 위해서 관직 생활을 했는지, 그의 기상이 어떠했는지를 잘 보여 주는 대목이라고 할 수 있다.

율곡은 관직 생활을 하던 중에도 꾸준하게 유학 공부를 했으므로 그의 학문적 역량은 당대 최고 수준에 이르렀다고 평가되었다. 그렇기에 율곡이 관직을 사직하고 고향인 황해도 해주에 내려가자 그 지역과 인근에서 많은 유생들이 그에게 교육받기 위해 몰려들었다. 이에 율곡은 학당인 '은병정사(隱屛精舍)'를 건립하고, 교육 교재로서 「격몽요결(擊蒙要訣)」을 집필하게 된다. 이 대목은 율곡이 퇴계와 마찬가지로 교육을 매우 중시했다는 것을 보여 준다. 퇴계가 도산서당(陶山書堂)을 지어 교육에 전력했듯이, 율곡도 은병정사를 지어 교육을 수행한 것이다. 이 점에서 교육자 율곡으로서의 삶도 매우 중요하다는 것을 알 수 있다.

율곡이 남긴 저작으로는 「성학집요(聖學輯要)」, 「격몽요결(擊蒙要訣)」, 「학교모범(學校模範)」, 「동호문답(東湖問答)」, 「자경문(自警文)」, 「만언봉사(萬言封事)」, 「천도책(天道策)」, 「은병정사학규(隱屛精舍學規)」, 「문헌서원학규(文憲書院學規)」, 「서원향약(西原鄕約)」, 「해주향약(海州鄕約)」, 「인심도심도설(人心道心圖說)」, 「동거계사(同居戒辭)」, 「육조방략(六條方略)」 등이 있는데, 이들은 모두 『율곡전서(栗谷全書)』에 수록되어 있다. 율곡의 저작들은 시문(詩文)에서부터 심성론, 수양론, 개혁론, 교육론, 공동체 규범론, 상소문 등 다양한 분야를 통괄하고 있다. 특히 당시 사회의 폐단과 정책의 문제, 왕의 실정(失政)을 지적하고 비판하면서 개혁을 요구하는 상소문이 매우 많았다. 그리고 노자의 『도덕경(道德經)』을 주석한 책인 「순언(醇言)」을 지은 것은 율곡의 사상적 개방성을 엿볼 수 있게 하는 대목이다.

율곡의 사상과 삶은 인간과 인생에 대한 그의 실천철학으로부터 비롯된 것이다. 율곡이 살았던 치열한 삶의 궤적을 보면서 그의 인생길이 외롭지만 가치로웠고, 힘들지만 의미 있었다는 생각을 하게 된다. 이제 율곡의 인생론, 그 길을 생각하면서 우리의 인생에 대해서 성찰하는 아름다운 여정을 시작하기로 한다.

제1장
인간으로 산다는 것

"성인(聖人)이란 자기의 선한 성품을 잘 이루고,
다른 사람의 선한 성품도 잘 이룰 수 있도록 도와주는 사람이다.
자기의 선한 성품을 잘 실현하기 때문에
밝은 덕이 자기에게서 밝게 드러나고,
다른 사람의 선한 성품을 잘 실현하게 해 주기 때문에
밝은 덕이 세상에 밝아지는 것이다."

—「화책(化策)」

1
인간의 정체

'인간이란 무엇인가?', 이 질문은 인간이 수행하는 모든 행위의 근본이 되는 물음이다. '삶이란 무엇인가?', '어떻게 살 것인가?', '인간다운 삶이란 무엇인가', '행복한 삶은 어떻게 가능한가?' 등 우리가 지향하는 가치로운 질문의 근저에는 '인간이란 무엇인가?'라는 화두(話頭)가 자리 잡고 있다. 그렇기에 인류의 선각(先覺)이 절치부심하며 이 화두를 안고 뒹굴었으며, 또한 인간이라면 누구나 살아가면서 이 물음을 자연스럽게 떠올릴 수밖에 없다.

인간이란 무엇인가? 어떨 때는 천사 같기도 하고 어떨 때는 악마 같기도 한 존재, 신(神)의 속성을 가진 존재이면서 동물 그 자체인 존재. 인간에 대한 물음은 아이러니하게도 인간에게 가장 수수께끼이다. 인간이 자기의 정체가 무엇인지 알아야 그 정체에 부합하는 삶을 살아갈 수 있을 텐데, 인간에 대해서 물으면 물을수록 미궁(迷宮)에 빠지게 되는 것 같기도 하다. 그래도 우리는 인간의 본원을 생각하며 주어진 삶을 영위해야 할 것이다. 마치 시인 윤동주(尹東柱, 1917~1945)가 "그리고 나에게 주어진 길을 걸어가야겠다."라고 고백했듯이 말이다.

'인간이란 무엇인가?', 율곡은 이 화두를 리(理)와 기(氣)를 중심으로 풀이한다.

> "인간은 천지의 리(理)를 품부받아 성을 이루고, 기(氣)를 품부받아 몸을 이룹니다." —「답성호원(答成浩原)」

율곡은 인간이 천지(天地)로부터 본성과 몸을 부여받은 존재라고 본다. 즉 인간은 리(理)와 기(氣)가 오묘하게 조화되어 이루어졌으므로 천지의 성품과 기질을 공유하고 있는 우주적 존재인 것이다. 인간이 품부받은 리(理)는 천의 이치로서 인간이 타고난 선한 도덕성의 근거이며, 기(氣)는 인간의 몸을 구성하는 형질로서 생명력과 활동력을 갖는다. 천의 이치를 품부받은 인간은 존귀한 존재이다. 율곡은 인간이야말로 이 세상의 모든 존재 가운데서 가장 가치 있는 존재라고 여긴다.

> "천(天)이 인간을 낳으니 만물에는 법칙이 있으며, 모든 인간은 천(天)의 가치로운 덕을 품부받았다." —「학교모범(學校模範)」

인간의 본성에 있는 '가치로운 덕'은 곧 '선(善)'을 의미하는데, 이는 "모든 선이 다 나에게 갖추어져 있으니, 달리 구할 필요가 없다."라는 입장으로 집약된다. 리(理)는 본래 가치적으로 선하므로 그 리를 품부받은 인간의 본성은 선하다는 성선론(性善論)의 입장을 율곡은 견지하는 것이다. 즉 인간의 본질은 선을 온전한 본성으로 갖춘 가치적인 특성에 있다는 것이다. 이러한 율곡의 관점에 따르면, 인간이라는 존재는 다음과 같이 규정될 수 있다.

'인간은 선한 본성을 품부받은 도덕적 존재이다.'

인간에 대한 율곡의 관점은 맹자(孟子)로부터 유래한 유교 윤리의 성선론(性善論)에 입각한 인간론이다. 인간에게 품부된 리(理)는 인의예지(仁義禮智)라는 네 가지 덕성으로 갖추어져 있기 때문에 본성이 선한 것이라고 보는 것이다. 즉 어질고, 의롭고, 예의를 실천하고, 지혜로운 것은 인간이 본래 타고난 성품에 의한다는 것이다. 그리고 이 덕성은 인간이라면 누구나 갖는 불변적이고 보편적인 속성이다.

폴 블룸(Paul Bloom)의 책 『선악의 기원: 아기를 통해 보는 인간 본성의 진실(Just babies: The origins of good and evil)』에는 3~6세의 어린아이들도 자기 주변 사람들이 고통스러운 것처럼 행동하는 모습을 보면 달래 주고 도와주는 행동으로 반응하는 경우가 많다는 실험을 소개하고 있다. 이를 통해서 블룸은 인간은 도덕성을 가지고 태어난다고 주장한다. 사실 나도 이러한 일종의 성선(性善)에 해당하는 견해가 타당한지 늘 궁금했다.

이번 봄날 나는 햇살이 따스한 오전에 아파트 마당을 천천히 걷고 있었다. 아파트 잔디 마당에는 스무 명이 넘는 유아원생들이 옹기종기 모여 놀고 있었는데, 여러 선생님 중에 연세가 아주 많아 보이는 한 분이 매우 능숙하게 아이들을 이끌고 계셨다. 그 선생님이 아이들과 함께 나의 옆을 지나갈 때 내가 물었다.

"선생님, 한 가지 여쭙고자 합니다. 2~4살의 아이들을 오랫동안 돌보시면 아이들의 본성이 선한지 악한지 아실 수가 있습니까?"

그분은 유아원에서 30여 년을 선생님으로 재직했다고 하면서 나의 질문에 다음과 같이 대답했다.

"아이들은 본래 선한 마음을 가지고 태어나는 것 같습니다. 왜냐하면 대부분의 유아원생들은 친구나 선생님이 어디가 아프다고 하면 그곳을 입으로 불어 주거나 쓰다듬으며 낫게 해주려고 합니다. 물론 예외적인 아이도 전혀 없지는 않지만 저의 수십 년간의 경험으로 볼 때 아이들의 타고난 본성은 선하다고 생각합니다."

인간의 본성이 선하다는 경험적인 결론을 들으니 나는 마음이 기쁘고 흐뭇했다. 물론 성선과 같은 선천적인 본성에 대한 견해는 이러한 경험적인 논증으로 입증하기 힘들다는 것을 알지만 말이다. 그러면 선한 본성의 아이들이 어떻게 점점 선하지 않은 행위도 할 수 있게 되는 것인지 그 이유에 대해서 이런저런 생각을 해 보았다.

율곡도 나와 같은 생각을 했다. 인간에게 선(善)이 본성으로 품부되어 있다는 것이 곧 인간이 어떤 경우에도 선만을 행하는 존재로 결정되어 있다는 의미는 아니다. 율곡은 인간이 천부적으로 갖춘 선한 성품은 스스로의 노력 없이는 구현될 수 없으므로 부단한 노력을 해야만 마침내 선을 온전히 실천할 수 있다고 주장한다. 이 지점에서 우리는 율곡에게 물을 수 있다. 선한 본성의 인간이 어떻게 악을 행할 수 있으며, 인간에게 기(氣)는 어떤 실제적인 의미를 가지는가? 율곡은 이에 대해서 답한다.

> "성은 곧 리(理)인데, 리는 선하지 않음이 없습니다. 다만 리는 독립적으로 있을 수 없으며 반드시 기(氣)에 의지한 연후에 성(性)이 되는데, 기는 맑고 탁하고 순수하고 잡박함이 일정하지 않습니다. 그렇기 때문에 그 본연으로 말하면 성이 선하지만 기를 겸해서 말하면 정(情)에 선악이 있습니다."
>
> —「답안응휴(答安應休)」

율곡은 인간이 악을 행하는 것은 기질과 관련되어 있음을 강조한다. 사람들이 일상생활 가운데서 선한 성품을 온전하게 실현하지 못하고 악을 행하게 되는 핵심적인 이유는 바로 '기질의 문제'에 있으므로 율곡에게 있어서 좋은 삶을 위한 과제는 두 가지 범주로 집약된다. 하나는 선한 성품을 어떻게 잘 발현하느냐이며, 다른 하나는 기질을 어떻게 잘 다스리느냐이다. 우리는 사람마다 타고난 기질적인 특성이 다르다는 것을 경험적으로 안다. 하물며 형제나 자매를 보아도 기질적인 특성이 다르다. 율곡은 개인별로 타고난 기질적인 차이가 바로 개인의 실제적인 도덕성의 차이를 야기한다는 입장을 취하는 것이다. 인간에게 품부된 리(理)는 동일하기 때문에 기본적으로 선한 성품을 모두가 갖추고 있으나, 선의 지향 의지와 실천이 개인마다 다르게 나타나는 이유는 바로 개인마다 다르게 타고난 기질의 특성에 의거한다.

그렇다면 인간은 타고난 기질의 맑음과 탁함을 변화시킬 수 없는 것인가? 이 점은 율곡의 인생론에서 매우 중요한 초점이 되는데, 그의 입장은 타고난 기질의 문제점은 자기 노력을 통해서 능히 변화시킬 수 있다는 것으로 집약된다.

> "일반 사람도 그 본성은 성인(聖人)과 똑같다. 비록 기질에는 맑고 흐림과 순수하고 뒤섞인 차이가 없을 수 없으나, 참되게 알고 실천하여 오랫동안 젖어 온 나쁜 습관을 버리고 그 본성을 되찾을 수 있다면, 털끝만큼도 더 보태지 않아도 온갖 선함을 다 드러낼 수 있다." —「격몽요결(擊蒙要訣)」

인간은 타고난 기질적인 문제를 주체적인 노력으로 해결할 수 있다고 율곡은 인식하고 있다. 이는 인간의 인격과 삶이 바로 자신의 노력으로 좌우되는 것임을 보여 준다. 즉 자기 인격 형성의 책임은 오로지 자기에게 있으며, 자기 삶의 주인은 자기이다. 인간은 우주 만물 중에서 오직 자신의 노력으로 자기 변화와 자기 형성이 가능한 존재이므로 진정으로 존귀하다고 율곡은 생각한 것이다.

인간은 미완(未完)의 존재이다. 아마도 많은 생물 가운데 인간처럼 미완의 존재는 없을 것이다. 아프리카의 초식동물 '톰슨 가젤(Thomson's gazelle)'은 태어나자마자 곧바로 일어서서 달릴 수 있다. 그러나 인간은 어떠한가? 어머니의 품에서 3년 동안 보살핌을 받아야 겨우 걸으며 어설프게 말할 수 있고, 생물학적으로 가장 왕성한 20대 초중반 이후로도 70~80년을 더 살며 정신적인 성숙을 이루어 간다. 실제로 인간다운 삶의 면모는 정신적으로 원숙한 경지에 이르러야 비로소 드러난다는 점에서 인간은 육신을 본질로 삼는 존재가 아니다. 율곡이 생각한 것도 그러하다. 인간다운 가치와 도리를 실천할 때 비로소 인간이 된다는 점을 율곡은 명확하게 각성하고 있다. 삶이란 물질과 소유와 타자(他者)에 의지하는 것이 아니라, 정신과 인격과 주체성을 실현하는 것임을 주장하고 있다. 이러한 율곡의 입장에 의하면 인간다운 인간, 참된 인간이 되는 여정이 바로 삶이다.

2
참된 인간의 길

인간은 살아가면서 삶을 통해서 자기를 완성해 나가는 존재이며, 천이 부여한 선한 가치를 실현하는 주체이다. 그렇기에 율곡은 참된 인간인 성인(聖人)이 되도록 노력해야 한다고 강조한다. 인간에게 있어서 삶이란 성인이 되는 것에 진정한 의미가 있으며, 성인으로 살아가는 것이야말로 참된 삶이라는 것이다. 율곡은 천명한다.

> "먼저 뜻을 크게 하여 성인(聖人)이 되는 것을 표준으로 삼고 조금이라도 성인에 미치지 못하면 나의 일은 끝나지 않은 것이다." —「자경문(自警文)」

율곡이 말하는 '나의 일'은 자기 일생의 가치를 결정하는 핵심적인 과업을 의미한다. 그 일은 곧 '인간으로서 무엇을 위해 살아야 하는가?'라는 문제의 답이 되는 것이기도 하다. 율곡은 성인(聖人)이 되기 위한 삶을 살아야 한다고 주장한다. 여기서 율곡이 의미하는 성인은 반드시 공자(孔子) 같은 사람만을 지칭하는 것은 아니다. 성인은 일상생활에서 선을 온전하게 실천하는 좋은 인격자를 지칭한다. 성인은 일상에서 구현되는 존재이며, 일상의 삶에서 인간으로서의 윤리를 온전히 실천하는 존재이다.

가령 오늘 내가 길에서 배가 아파 쓰러져서 신음하고 있는 사람을 업고 가까운 병원으로 가서 치료받을 수 있도록 해 주거나, 119 구급차를 불러서 그 사람을 구할 수 있도록 최선을 다했다면, 나 역시 그때는 성인인 것이다. 물론 '일시적인 성인', '잠깐의 성인'에 불과하지만 내가 만일 그러한 어진 마음, 타인에 대한 순수한 헌신의 마음으로 일생을 살아간다면 나는 감히 진정한 성인으로 여겨질 수 있을 것이다. 그러므로 율곡이 말하는 '성인'은 '좋은 인격자'로 치환해서 이해하면 될 일이다. 그것이 율곡의 본의이다.

사람들은 누구나 행복을 원한다. 그러나 어떻게 해야 행복을 누릴 수 있는지는 사람마다 각자 생각하는 바가 다르다. 오늘날에는 돈으로 행복을 살 수 있다거나, 돈을 소유한 것 자체가 행복이라고 주장하는 견해가 큰 힘을 얻고 있다. 그러나 율곡은 참된 인간, 인간다운 인간으로 살 때 진정한 행복을 누릴 수 있다고 생각한다. 로마시대의 정치가이자 철학자인 키케로(Marcus Tullius Cicero)는 "행복은 오직 자신에게 어울리는 것과 관계가 있다."라고 말한다. 즉 자기다운 삶, 자기의 가치를 구현하는 삶의 과정에서 행복을 향유할 수 있다는 것이다. 율곡의 입장 또한 그러하다. 인간으로서의 자기 가치를 온전히 구현하는 인격자로 살아갈 때 행복하다고 율곡은 생각한다. 그렇기에 율곡은 스스로 노력하여 좋은 인격자가 되고자 하는 열망과 의지를 굳게 다진 것이다.

그렇다면 율곡은 '참된 인간', '인간다운 인간'을 어떻게 규정하고 있는가? 율곡은 말한다.

> "성인(聖人)이란 자기의 선한 성품을 잘 이루고, 다른 사람의 선한 성품도 잘 이룰 수 있도록 도와주는 사람이다. 자기의 선한 성품을 잘 실현하기 때문에 밝은 덕이 자기에게서 밝게 드러나고, 다른 사람의 선한 성품을 잘 실현하게 해 주기 때문에 밝은 덕이 세상에 밝아지는 것이다."
>
> —「화책(化策)」

인간의 성은 본래 선하므로 자신의 성을 다한다는 것은 살아가면서 선을 잘 실천한다는 뜻이고, 다른 사람의 성을 잘 이룰 수 있도록 해 준다는 것은 다른 사람이 자신의 선한 본성을 잘 실현할 수 있도록 도와준다는 뜻이다. 이를 유학에서는 수기치인(修己治人), 수기안인(修己安人)의 온전한 실천이라고 규정한다. 이와 같이 성인은 자기의 인격 수양에만 그치는 존재가 아니라, 타인을 도와서 가치 있고 행복한 삶을 영위할 수 있도록 도움을 주는 사람이다. 다른 사람을 도와서 편안하게 해 주는 '안인(安人)의 실천'은 율곡이 지향하는 참된 인간의 삶에서 특별하게 강조된다.

> "선비[士]는 이 세상에 태어나서 '나라를 경륜하고 세상을 구하는 것[經國濟世]'에 뜻을 두지 않는 이가 없다."
>
> —「동호문답(東湖問答)」

> "참된 선비[眞儒]는 관직에 나아가서는 사회에 도(道)를 행해서 백성의 어려움을 구해 주어 삶을 즐겁게 하고, 관직에서 물러나서는 세상 사람들을 교화해서 어리석음에서 깨어나도록 해야 한다." —「동호문답」

참된 선비의 모습은 노력하는 도덕인이며, 일상에서 최선을 다하여 선을 실천하려는 우리의 모습이기도 하다. 율곡이 말하는 '경국제세(經國濟世)'는 '나라를 잘 경륜하여 사람들의 어려움을 구제하고 삶의 즐거움을 누릴 수 있도록 해 주는 것'이다. 이것이 바로 인간으로서 지향해야 할 인간다운 길이며, 가치로운 삶의 길이다. 율곡은 참된 인격자는 학식과 덕망이 있어서 배우는 사람들에게 깨우침을 줄 수 있어야 한다고 말한다. 다른 사람들이 좋은 인생을 살 수 있도록 지혜와 마음을 길러 줄 수 있는 인격적·지성적 역량이 있어야 비로소 진정한 인격자라고 할 수 있다는 것이다. 좋은 인격자는 인간과 세상을 보는 바른 안목을 갖추고 있으며, 삶의 진리를 깨달을 수 있다. 그렇기에 인격자는 진정한 삶의 행복을 누릴 수 있다. 여기에 바로 인간다운 인간이 되어야 한다고 역설하는 율곡의 인생론의 의미가 있는 것이다.

우리는 살아가면서 '그때 알았더라면 좋았을 것을, 왜 이제야 알게 되었을까!'라고 한탄하는 순간을 적지 않게 맞이한다. 이것은 '그때'와 '이제'라는 시간의 문제가 아니다. 이것은 인격적 '미성숙'과 '성숙'의 차이를 감지한 반응인 것이다. 우리가 인생에서 겪는 많은 고난과 갈등은 본래 고유한 것이 아니라, 우리의 마음과의 상호 작용 가운데서 생성된 것이다. 그렇기 때문에 우리가 겪는 실수와 고난과 아픔은 많은 경우, 우리 스스로의 인격적 미성숙으로 인함이 크다. 그래서 율곡은 인격자가 되어야 한다, 성인이 되어야 한다, 참된 인간이 되어야 한다, 인간다운 인간이 되어야 한다고 역설하는 것이다. 훌륭한 인격자가 되면 이렇게 가치 있고 행복한 삶을 살 수 있는데, 왜 우리는 훌륭한 인격자가 되기 힘든 것일까?

> "사람의 본성은 본래 선하다. 그런데 어찌해서 성인은 성인이 되고, 나는 단지 평범한 사람이 되는가? 이는 진실로 뜻이 서지 못하고, 앎이 분명치 못하고, 행함이 독실하지 못해서이다. 뜻을 세우는 것과 밝게 아는 것과 독실하게 행하는 것 모두가 자신에게 달려 있으니, 어찌 다른 데서 구하겠는가?" —「격몽요결」

좋은 인격자는 누구나 될 수 있지만 실제로 누구나 좋은 인격자가 되는 것은 아니다. 자신의 안일함과 육체적 욕망과 물질적 이익과 명예욕을 내려놓아야 비로소 가능하다. 율곡은 사람들이 스스로 한계를 그어, 자신은 성인이 될 수 없다는 생각을 하면서 인격적인 진보를 이루지 않는 것을 강하게 경계한다. 사람은 누구나 뜻을 바로 세우고, 선에 대해서 분명히 알며, 행위를 선하게 할 수 있다는 것이다. 그러므로 우리가 가야 할 길, 우리 삶의 참된 길은 거친 욕망과 어리석음과 안일함을 깨고 인간다운 인간이 될 수 있도록 정진(精進)하는 것이다. 그래서 우리도 언젠가는 자기를 바라보며, 자신의 인격적 선함과 아름다움을 따뜻하게 느낄 수 있는 일상을 맞아야 할 것이다. 그것이 바로 율곡이 꿈꾸는 삶이며, 우리가 그리워하는 행복한 삶이다.

한 분이 생각난다. 그분은 20대 후반에 직장 생활을 할 때부터 매주 2회씩 복지관에서 봉사 활동을 해 오셨다. 물론 출장을 가거나 개인적으로 급한 용무가 있는 날에는 할 수 없었지만, 지금 70세 가까운 나이가 되도록 직접 독거노인분들에게 도움을 주는 활동을 해 왔다는 것은 경이로웠다. 젊어서는 친구들과 함께하는 봉사활동이 재미가 있어서 했었고, 지금처럼 나이가 들어서는 노년(老年)의 쓸쓸함과 외로움을 공감(共感)하기에 이제야말로 봉사가 아닌 생활 그 자체로 그분들과 함께할 뿐이라는 그분의 담담한 말에서 좋은 인생을 살아가는 한 인간의 아름다운 품격을 보게 되었다.

'소록도의 천사'로 알려진 마리안느와 마가렛 수녀님도 그러하다. 이분들은 오스트리아 국적의 수녀로서, 43년간 소록도에서 한센병 환자들을 돌보며 무료 봉사의 삶을 살았다. 우리 한국의 의료인들도 기피한 그곳에 자발적으로 와서 전 생애를 바친 이들의 헌신은 말로 표현하기 어려울 정도이다. 이분들은 나이가 들어서 더 이상 환자들을 돕기 어렵겠다고 판단해서 소록도를 떠날 때, 환자들과 주민들에게 불편을 끼칠까 염려하면서, 소록도 덕분에 자신들이 진정 행복했다는 말을 담은 편지 한 장만을 남기고 몰래 떠났다고 하니 그 겸허함과 사랑의 마음이 더욱 귀하게 여겨진다.

오늘날 우리가 귀하게 여겨야 할 사람은 바로 좋은 인격자이다. 우리 사회가 불안하고, 사람들의 삶이 힘들 때 우리가 그리워하는 사람은 사욕을 버리고 다른 사람을 위해 이웃과의 관계, 사회적인 관계에서 인(仁)·사랑·자비(慈悲)를 헌신적으로 실천하려고 하는 사람이다. 이 공동체에서 사람들을 신뢰하지 못하고 각자도생(各自圖生)의 삶을 영위하는 각박함 가운데서, 율곡의 소리에 귀 기울이며 우리 스스로가 각자의 자리에서 좋은 인격자로 살고자 하는 마음을 갖는다면 그것만으로도 아름다운 자신을 보게 될 것이다.

3
민중 구제를 지향한 인생의 꿈

율곡은 29세 때인 1564년에 대과(大科)에 급제한다. 그것도 수석 합격으로. 오랫동안 학업에 정진해 온 율곡으로서는 이제 문반(文班)직에 진입하게 된 것이다. 청년 율곡은 대과 급제의 기쁨에 충만한 마음을 다음과 같은 시를 써서 드러내고 있다.

「갈옷을 벗어 버리고 벼슬길에 오르다」

학문에는 천도(天道)를 논할 만한 말의 능력이 부족하고
붓으로는 초서(草書)도 제대로 못 쓰니 부끄럽네
대과에 합격하기 위해 몇 해나 노력했던가
오늘에야 비로소 궁궐을 보게 되었네
용문(龍門)에 오르니 얼떨떨하여 마치 학(鶴)을 탄 것 같고
갈옷 벗고 나니 허물 벗은 매미 같구나
조상에까지 영광이 이르러 감회 깊으니
형설(螢雪)의 힘든 공부, 보람 있어
청운(靑雲)의 길, 이제 감히 달릴 수 있으리라
……

관직을 구하는 것이 어찌 잘살기만을 위해서이겠는가
작은 정성이나마 임금을 보필하기를 바라서일세
항상 깊은 계곡에 임한 듯 조심하고
마치 큰 강을 건너는 듯이 두려워하여
궁궐에서는 속마음 다하기를 힘쓰고
진언(進言)함에는 하늘까지 알려지기를 원하네
요순(堯舜) 임금도 백성을 다 구제함에는 스스로 부족하다 여겼고
우왕(禹王)도 백성을 근심하고, 자신을 돌보지 않아
나라에서 아무리 은택을 널리 베푼다 해도
뭇 생명들은 고생과 시름에 허덕이게 되니
백성을 불쌍히 보던 주(周)나라 문왕(文王)의 은혜를 다하고
노여움을 풀어 주던 순(舜)임금의 오현금(五絃琴) 연주로
비와 이슬의 혜택이 가난한 백성들에게 널리 내리고
해와 달의 광명이 화려한 자리엔 비추지 말아야 하며
튼튼한 기반은 무궁한 애휼(愛恤)이 있어야 하고
광대한 사업은 끊임없는 천도(天道)를 따라야 한다네

『율곡전서』에 실려 있는 이 시 「갈옷을 벗어 버리고 벼슬길에 오르다」는 율곡이 지은 모든 시들 중에서 유일하게 기쁨으로 흥분한 감정을 솔직하게 드러내고 있다. 갈옷은 베옷이라고도 하는데, 보통 사람이 입는 옷을 말한다. 여기서 갈옷은 과거(科擧)에 급제하지 못하여 관직에 나아가지 못한 경우를 은유한다. 율곡은 관직에 나아가게 된 등룡(登龍)의 소회를 밝히고 있

는데, 대과에 급제한 청년 율곡의 자부심과 벅찬 감흥이 그대로 느껴진다. 대과 급제의 순간 그리고 한동안은 합격의 기쁨이 대단했을 것이다. 실제로 조선시대 대과 문과(文科)의 경쟁률은 대개 3,000 대 1에서 16,000 대 1에 이를 정도로 치열했다. 이는 오늘날 고급 관리로 들어가는 직렬이라고 할 수 있는 각급 5급 공무원 시험의 몇십 대 1 혹은 몇백 대 1의 경쟁률과는 차원이 다른 치열한 경쟁이었다. 그렇기에 대과에 급제했다는 것만으로도 가문의 영광은 물론 온 마을의 경사였다. 뿐만 아니라, 율곡의 아버지 이원수 공도 대과 시험을 여러 번 치렀으나 합격하지 못했으니 율곡에게는 매우 의미 있는 합격이었다고 할 수 있다.

그러나 합격의 기쁨도 잠시, 민생을 돌보아야 하는 관리로서의 책임과 인덕(仁德)을 실천해야 하는 선비로서의 소명이 율곡의 어깨를 짓눌렀다. 비록 집안이 가난하여 과거의 길을 지향한 연유도 있으나, 이는 결코 율곡이 과거에 응시한 본질이 될 수는 없었다. 그가 관직에 나아가고자 한 것은 천명을 걸고 수행하려 한 안인(安人)·안민(安民)의 경세적 도리였던 것이다. 율곡은 요순(堯舜)과 같은 중국의 전설적인 성군(聖君)들이 오직 백성을 위한 정치를 하고 삶을 살아간 것을 관직에 처음 나아갈 때 단단히 기억하고 있었다. 그렇기에 율곡은 성군들이 행한 안민(安民)의 정치를 수행해야 함을 마음속으로 다짐한 것이다.

율곡이 언급하고 있는 '순임금의 연주' 내용은 『공자가어(孔子家語)』에 등장한다. 여기에는 "옛날에 순임금이 오현금(五絃琴)을 연주하여 남풍가(南風歌)를 노래했다."라는 대목이 있는데, 그 의미는 따뜻한 남풍이 백성들의 노여움을 풀어 주고, 농사의 때에 맞게 불어온 남풍은 백성의 재물(財物)을 풍족하게 해준다는 것이다. 이는 순임금이 행한 애민(愛民)의 정치가 백성들의 마음을 위로하며, 또한 하늘을 감동케 하여 좋은 결실을 맺게 했다는 뜻으로서, 절정의 백성 사랑 정치를 율곡이 마음에 새긴 것이다.

생계가 어려운 백성들을 구제하는 안민의 정치가 쉽지 않다는 것을 율곡은 잘 알고 있다. 관직에 나선 이상 어렵고 소외된 백성을 위한 애휼(愛恤), 그 안민의 어려운 책무를 실천하기 위하여 오직 천도(天道)를 따를 뿐이니 명예나 사익(私益) 등 다른 어떤 것도 자신의 마음을 흔들 수 없다는 각오를 율곡은 세우고 있다. 여기서 우리는 대과 급제의 감흥을 담은 율곡의 사자후(獅子吼)에 다시 주목하고자 한다.

'청운(青雲)의 길, 이제 감히 달릴 수 있으리라!'

율곡이 말하는 자기 삶에서 이루고자 하는 가치 있는 포부 즉 '청운(青雲)의 길'은 어떤 길을 말하는 것일까? 율곡이 전념한 '형설(螢雪)의 힘든 공부'는 인격 형성의 공부였으며, 수기안인

(修己安人)의 공부였다. 이 공부는 성인이 되고자 하는 공부이다.

> “물러서서 스스로 한계를 긋는 생각이나 편안한 것을 바라서 스스로 용서하는 버릇은 털끝만큼도 가슴속에 싹트지 못하게 해야 한다. 훼방과 명예, 영화로움과 욕됨, 이득과 손해, 화(禍)와 복(福), 이런 것들로 마음을 흔들리게 하지 말아야 하며 분발하고 힘써서 기필코 성인이 되어야 한다.” —「학교모범」

청운의 길은 바로 성인이 되는 길이다. 성인의 길은 수기안인의 길이며, 자신의 선한 인격에서 우러나오는 어질고 의로운 마음으로 백성들을 편안하게 하는 경세(經世)의 공부를 이루는 길이다. 율곡은 말한다.

> “선비[士]는 경국제민(經國濟民)에 뜻을 두어야 한다.”
>
> —「동호문답」

율곡의 삶의 길, 청년기의 율곡이 꿈꾼 ‘청운의 길’은 자기 이익을 도모하고, 명예를 드높이는 길이 아니다. 그 길은 바로 성인의 길, 참된 인격자의 길, 어려움에 처한 백성들을 편안하게 할 수 있는 경세의 길, 국가적인 위난(危難)을 극복할 수 있도록 도움으로써 조선을 더욱 견고하게 하는 길이었다. 이 길은 참된 유교 지식인이 지향하는 도덕 실천의 길이며, 애민(愛民)의 길이다. 그러므로 율곡에게 있어서 '청운(靑雲)의 길, 이제 감히 달릴 수 있으리라!'라는 시구는 하나의 수사적인 문장이 아니라, 참된 유학자로서의 소명을 구현하려는 출발점에서 자신을 일깨우고 세상에 그 소명을 어김없이 펼치겠다는 실천적인 결기, '사자후(獅子吼)'인 것이다. 실천적 유학자로서 율곡은 자신이 마음에 품은 청운의 길, 그 공부의 이상을 다음과 같이 삶의 표제로 제시하였다.

> "온갖 선이 다 나에게 갖추어 있으니, 달리 구할 필요가 없다. 망설이거나 기다릴 것도 없으며, 더 이상 두려워하거나 머뭇거릴 것도 없다. 곧바로 천지(天地)로써 마음을 세우고, 민생(民生)으로써 표준을 삼으며, 옛 성인(聖人)을 표준 삼아 끊어진 학문을 이어지도록 하고, 백성들을 위하여 태평(太平)을 열어 주는 것을 목표로 삼아야 한다." —「학교모범」

율곡이 목표로 삼은 이와 같은 가치 있는 꿈을 오늘날 우리 시대의 사람들, 청년들, 학생들이 가진다면 얼마나 아름답겠는가! 우리 학생들이 이 공동체에서 함께 좋은 삶을 누리고자 하는 율곡이 가진 '청운의 뜻'을 가질 수 있었으면 좋겠다. 왜냐하면 그 꿈의 길이 바로 우리가 누릴 수 있는 참된 행복의 길이기 때문이다.

어느 해 대학수학능력시험에서 만점을 받은 학생이 10여 명

나왔다. 몇몇 언론사에서 이들이 재학하고 있는 여러 학교를 찾아가서 인터뷰했는데, 그 내용이 잊히지 않는다.

> 기자: "대학수학능력시험에서 만점을 받은 전국 수석 학생으로서 포부를 이야기해 주세요."
>
> 학생 1: "부모님과 선생님이 무조건 의과대학에 가야 된다고 항상 강조하셨는데, 의과대학에 입학할 수 있는 성적을 받게 되어 기쁩니다."
>
> 학생 2: "대학 입시만을 위해서 학생들을 압박하는 지금의 교육 현실은 큰 문제가 있다고 생각됩니다. 제가 대학에 진학하여 이 교육 현실을 개혁할 수 있는 사람이 되도록 노력하겠습니다."

두 학생의 인터뷰 내용을 보면서, 그들이 각각 어떤 교육을 받아 왔으며, 어떤 생각과 포부를 가지고 인생을 살아가려고 하는지 짐작할 수 있었다. 삶은 자신의 마음이 가는 길이 아닌가? 그 마음이 율곡의 마음과 같이 사람들의 어려움과 문제를 해결해 주고자 하는 가치 있는 뜻으로 충만해 있다면, 그의 삶은 벅차고 아름다울 것이다.

4
번뇌에 찬 양심적인 선비

율곡의 가정을 돌아보면, 경제적인 사정이 늘 좋지 않았다. 그래서 율곡은 경제적인 어려움으로 인해서 자신이 국가의 사무를 볼 만한 능력이 없음에도 불구하고 관직에 나아가게 되었다고 친구에게 여러 차례 심정을 토로했다. 율곡은 이미 성균관 재학 시절부터 탁월한 학문적 역량을 발휘했기에 퇴계를 비롯한 많은 사람들은 그가 국가의 큰 동량이 될 것이라는 기대를 갖고 있었다. 그러나 율곡은 겸양의 태도를 잃지 않았고, 또 진실로 자신의 학문과 역량이 부족하다고 여기고 있었다. 그렇기에 관직에 나가는 것도 조심스러워했다. 율곡이 당시에 과거를 치를 때마다 장원 급제를 했으므로 아홉 번의 과거에서 모두 수석을 차지했다 하여 '구도장원공(九度壯元公)'으로 불렸지만, 그는 이 별칭을 달가워하지 않았다.

율곡은 글재주를 뽐내고 이름을 내기 위해서 과거에 자주 응시하고 관직에 나아가려고 한다는 오해를 받을까 노심초사한 듯하다. 이러한 세간의 이목에 대해서 율곡은 마음 아파하면서, 가장 친한 친구인 성혼(成渾)[성호원]에게 자신의 처지를 솔직하게 토로하고, 관직에 나아가려는 목적이 가계의 어려움을 해결하고자 하는 점도 있음을 고백한다.

> "자네[성혼]가 이른바, '과거(科擧)를 중하게 여겨 그 이익에만 마음을 기울인다.'라고 한 것은 내가 어찌 그 책임을 회피할 수 있겠는가? 이는 내가 어쩔 수 없었던 것이네. 나는 대대로 내려오는 경제적인 생활 수단이 없으므로 곤궁하여 생계를 제대로 마련할 수가 없었네. 연로하신 부모가 계시는데 맛있는 음식을 해 드리지 못하니 자식으로서 마음이 편치 않네. 품팔이나 장사라도 할 수 있다면 나는 천한 일이라도 부끄러워하지 않겠는데, 나라의 풍속이 정해진 법이 있어서 선비와 서민의 업이 달라 진실로 행할 수가 없었네. 오히려 과거 보는 길이 있어 부모를 봉양하는 밑천으로 삼을 수 있었기 때문에 부모를 위하여 몸을 굽힌 것이고, 봉급을 구하는 것이 가난 때문이므로 감히 공자와 맹자의 길을 잘 따를 것이라는 자신이 있어서 그런 것은 아니네. 부모의 명령은 진실로 불의(不義)에 이르지 않는다면 모두 힘써 따라야 할 것이니, 내가 과거를 보지 않을 수 있겠는가?" —「답성호원」

여기서 율곡은 친구인 성혼이 다른 사람에게 "율곡이 과거에 지나치게 마음을 쓴다."라고 자신을 평한 것에 대해서 언급하고 있다. 율곡은 절친인 성혼이 자신의 처지를 이해하지 못하는 데 대해서 다소 서운한 감정이 있었던 듯하다. 그러나 그러한 마음을 애써 감추며, 자신이 과거를 통하여 관직에 나아가려 한 뜻이 부모님을 봉양하려는 목적도 있음을 솔직하게 고백하면서 친구에게 이해를 구하고 있다. 율곡은 신분의 차별을 규정한 나라의 지엄한 법이 없다면 심지어 품팔이나 장사라도 해서 부모님을 봉양했을 것이라고 할 정도로 그에게 생계 문제 해결은 절실했다. 율곡이 처한 이러한 경제적인 문제는 그에게 무거운 짐이었던 듯하다.

율곡으로서는 가난이 부끄러운 것은 아니었으나 가족을 제대로 돌보지 못하고, 선조의 제사 모심을 걱정할 정도로 경제적으로 어려운 상황을 스스로 민망하게 여긴 듯하다. 아마도 자신의 경제적인 어려움을 이렇게 솔직하게 털어놓을 수 있는 지인은 손에 꼽을 정도였을 것이다. 그리고 한 인간으로서 율곡은 절친인 성혼만은 자신의 처지와 입장을 이해해 주기를 바라고 있다. 그러나 성혼은 도학적인 준거에서 율곡을 다소 엄정하게 평가했으며, 이러한 자신의 입장을 다른 사람에게 다시 표현했다. 그래서 이제 율곡은 성혼에게 서운한 감정을 그대로 드러낸다.

"송익필을 만나니, 그대[성혼]의 말을 전하면서, '이이(李珥)는 처자에게 얽매여 있는 것이 허물이다.'라고 했다는데,

이 말이 과연 그러한가? 만약 그렇다면 그대의 견해는 고상하고 깨끗한 데 치우쳐서 중정(中正)의 도가 아니네. 대체로 처자에게 얽매여서 예의에 어긋나게 많은 봉급을 받는다면 진실로 잘못되었지만, 만약 처자를 버리고 홀로 자기 몸만 깨끗하게 한다면 이것은 과연 온당하겠는가? 내가 과거에 응시하여 벼슬을 구한 것은 본래 녹을 받기 위한 것이었는데, 중간에 실상이 없는 이름 때문에 청반(淸班)으로 잘못 들어가서, 마음과 일이 서로 어긋나고 세상과 더불어 모순이 생겨 앞으로 향하는 길이 가시밭길처럼 험난하고 막혀서 아무 즐거움이 없던 차에, 마침 할머니의 병으로 말미암아 관직을 버리고 동(東)으로 돌아가서 한가로이 있는 중에 『논어』를 읽어 보니, 반성되고 깨달음이 있는 듯해서 학문이 부족하면서도 외람되이 도를 행하는 직책에 있다고 생각되어, 하루라도 그 자리에 있을 수 없었던 것이네. 그래서 마침내 높은 자리를 사양하고 낮은 자리에 있을 계획을 하여, 대관(臺官)과 강관(講官)을 사양하면서 병을 이유로 내세워 직책을 바꾸어 주기를 청하였으나, 나의 사정을 구체적으로 아뢸 수가 없어서 지난 겨울에 상소를 올려 관직에서 해임되기를 원했네. 그러나 윤허를 얻지 못하고, 또 병으로 직책을 바꾸었다가 다시 병조정랑을 버리고 돌아왔으니, 나의 본뜻은 다만 도를 행하는 직책만 사양하는 것이요, 녹을 받기 위한 벼슬까지도 버린다는 것이 아니며, 또한 전혀 반성하고 깨달음 없이 우연히 사직(辭職)한 것도

> 아니네. 맹자가 말하기를 '남의 조정에 벼슬하여 도를 행하지 않는 것이 부끄럽다.'라고 했는데, 나와 같은 사람은 도리도 행할 수가 없으니, 이는 심히 부끄러운 일이네. 만약 한 읍(邑)이나 한 군(郡)에서 나의 공부한 바를 조금이라도 시행할 만하다면 나는 사양하지 않겠네." —「답성호원」

율곡으로서는 벗이 자신의 입장을 몰라주고, 다른 사람에게까지 자신을 박절하게 평한 것에 대해서 섭섭하게 여기고 있다. 이제 율곡은 이해를 구하는 것을 넘어서서, 생계를 위해서 관직에 나아가는 것이 절대적으로 잘못된 것인지를 놓고 친구 성혼과 그 도덕적 타당성에 대해 논쟁을 벌인다. 율곡은 생계가 어려운 중에도 관직에 나아가지 않아서 처자식을 내팽개치듯이 해야 한다는 것이 진정으로 성혼의 뜻이라면, 그것은 오히려 지나치게 깨끗함을 추구함으로써 중도(中道)의 도리를 잃는 것이라고 반박하기에 이른다.

인간적으로 율곡의 심정에 충분히 공감이 가는 대목이다. 이미 성혼은 율곡이라는 인물이 관직에 임해서는 국가를 위해서 큰일을 할 인재임을 알고 있었다. 뿐만 아니라 율곡은 결코 사사롭게 재물을 탐하는 관리가 되지 않을 것임도 너무나 잘 알고 있었다. 율곡은 경국제민(經國濟民)이라는 안인(安人)의 뜻을 가지고 있지만 높은 관직을 탐한 것도 아니며, 청렴(淸廉)을 솔선수범하기 위해 노력하는 선비의 규범을 절대로 포기하지 않으려고 하였다. 그럼에도 불구하고 율곡은 다른 사람도 아닌 절친이자 존경하는 동학(同學)인 성혼이 마치 자신의 뜻을 알지 못하는 양 자신을 비평한 점에 대해 지적하면서, 명분의 측면에서는 오히려 성혼이 잘못된 입장을 지니고 있다고 비판한 것이다.

실제로 율곡은 참된 선비로서의 면모를 잃지 않으려고 전력을 다한 인격자였다. 율곡은 마음 한가운데 늘 관직에 들어오게 된 중요한 이유 가운데 하나가 가계의 경제 문제 해결이라는 점을 불편하게 생각하며 번뇌했다. 그렇기에 율곡은 왕에게 과감하게 직언하고, 또 관직에서 물러나려는 청을 자주 하였으며, 낮은 관직을 맡는 것이 자신의 능력과 분수에 알맞다고 생각해서 높은 관직을 받으면 사양하는 태도를 취한 것이다.

율곡은 29세 때인 1564년(명종 19) 8월 30일 호조좌랑의 직책을 받아 처음으로 관직에 들어선 이후 홍문관 교리, 청주 목사, 황해도 관찰사, 대사헌, 대사간, 호조판서, 병조판서, 이조판서 등을 역임하면서 오랫동안 고위 공직에 있었으므로 녹봉도 적지 않았을 것이다. 그러나 생활의 어려움은 좀처럼 나아지지 않았던 듯하다. 그 하나의 방증으로 율곡이 49세를 일기로 세상을 떠나자, 부음을 듣고 달려온 친구 송강(松江) 정철(鄭澈)이 슬퍼하며 "어찌하여 율곡의 집에는 그의 수의(壽衣)를 마련할 정도의 돈도 없는가!"라고 탄식했으며, 이에 그 자리에서 몇몇 친구들이 돈을 모아서 율곡의 수의를 마련했다는 기록이 남아 있을 정도이다.

우리는 고위 관리이면서도 경제적으로 곤궁한 삶을 산 율곡에게서 청렴한 선비의 풍모를 볼 수 있다. 율곡은 비록 가계의 어려움을 해결하기 위해서 벼슬길에 올랐다고 고백하고 있지만, 그것은 물론 그가 관직에 나아간 가장 중요한 동기는 아니었다. 그의 학문 정신과 애민 정신을 보면 본질적 동기는 수기안인(修己安人)의 도를 실천하여 백성들의 어려움을 해결하려는 선비로서의 사명을 다하고자 함이었다. 이러한 율곡의 정신은 그의 글에서 온전히 표명되어 있다.

> "사람들이 벼슬하기 전에는 벼슬만을 급급해하다가, 벼슬한 뒤에는 또 그 벼슬을 잃을까 걱정한다. 이같이 골몰해서 그 본심을 잃은 사람들이 많으니 어찌 두렵지 않겠는가? 벼슬이 높은 자는 도를 행하는 것에 주안점을 두어 도가 행해지지 않으면 물러나야 한다. 만약 집이 가난하여 생활을 위해 벼슬을 하지 않을 수 없다면 중앙직을 사양하고 지방직을 구하며, 높은 지위를 사양하고 낮은 자리를 구하여 굶주림과 추위나 면해야 할 것이다. 비록 생활을 위해 벼슬을 하더라도 청렴하고 부지런하게 공무를 받들어 자기 직무를 다해야 하고, 놀고먹기만 해서는 안 된다."
>
> —「격몽요결」

올바른 도리를 실천하여 민생을 돌보겠다는 헌신적인 마음이 없다면 나라의 중요 책무를 담당하는 중앙직에는 나아가지 말 것이며, 지방직에 머물며 그 직무에 충실하는 것이 마땅하다는 입장을 율곡은 견지하고 있다. 또한 생계를 위해 관직에 진출한 경우 자신의 경제적인 문제를 해결하려고 탐욕을 부려 민생을 어지럽히는 결과를 초래할 수 있으므로 특히 청렴하게 자신의 직무를 수행해야 한다는 것이다. 공직 수행에 대한 율곡의 이러한 입장은 오늘날에도 많은 시사점을 던져 준다.

지금 국민과 국가를 위한 소명의식 없이 생계 수단으로 공직에 진출하려는 사람들이 적지 않다. 이 경우 율곡이 언급한 대로 공직 수행에 있어서 철저한 헌신의 자세가 있어야 함을 특히 유념해야 할 것이다.

한 행정 직원의 일화가 공직 수행의 모범을 보여 준다. 어느 구청 당직실로 자정이 다 된 시간에 전화가 걸려 왔다. 관내 한 지역에 음식물 쓰레기를 가득 실은 차에서 음식물 쓰레기가 쏟아져서 거리가 엉망진창이니 도와줄 청소 직원이 있으면 빨리 파견해 달라는 운전기사의 다급한 전화였다. 전화를 받은 두 명의 당직 행정 직원은 그 시간에 청소 직원이 없으므로 난감해하다가 직접 청소 도구와 큰 비닐봉지를 들고 현장으로 운전해서 갔다. 현장에 도착해 보니 도로 상태가 생각보다 심각했다. 많은 양의 음식물 쓰레기가 온 도로에 쏟아져 있었던 것이다. 현장에서 이들은 즉각 음식물 쓰레기를 비닐봉지에 담고, 물을 뿌리면서 도로를 청소하기 시작했다. 1시간이 지나서야 도로가 깨끗해졌고, 트럭 운전기사는 두 공무원에게 거듭 감사해하면서 떠났다. 공직에 임하는 자세는 이러해야 하지 않겠는가? 어느 지역, 어느 자리, 어떤 상황에 있든지 공직자라면 오직 국민들을 위해서 봉사하고 헌신함이 마땅하지 않은가? 율곡이 강조한 바와 같은 애민(愛民)을 실천하는 공직의 소명은 그 자체로 귀하고 아름다움을 이들이 보여 준 것이다.

5
평범함과 천재성을 갖춘 인간

율곡은 어린 시절부터 천재로 소문이 자자했다. 율곡의 총명함을 보여 주는 글이 남아 있는데, 경기도 파주의 화석정(花石亭)을 주제로 삼아 그가 8세 때 지은 「화석정」이라는 제목의 시(詩)이다.

「화석정」

숲속 정자에 가을이 이미 깊어 드니
시인의 상념(想念)은 끝이 없네
멀리 보이는 물은 하늘에 잇닿아 푸르고
서리 맞은 단풍은 해를 향해 더욱 붉구나
산은 외로운 보름달을 토하고
강은 만 리에서 불어오는 바람을 머금었네
변방의 기러기는 어디로 날아가는가
울며 가는 소리 저녁 구름 속으로 사라지네

만약 이 시의 작자 나이를 알리지 않고 어떤 사람이 지었겠냐고 묻는다면 아마도 백의 백은 나이가 꽤 많은 지식인이 지은 작품이라고 할 것이다. 정자를 바라보며 원대한 자연의 조화(造化)를 담담하게 그려 낸 8세 소년의 기재(奇才)가 경탄을 자아낸다. 과연 사람들이 율곡을 출중한 인물이라고 보지 않을 수 있었겠는가!

이뿐만이 아니다. 율곡은 13세 때 응시한 첫 번째 과거에서 장원 급제를 하게 된다. 그리고 이후 몇 번의 과거에서 모두 수석(首席)을 차지하는 기록을 세우고, 22세 때 응시한 진사 시험에서는 「천도책(天道策)」을 주제로 한 답안지를 제출하여 또 한 번 장원 급제를 한다. 이 과거 답안지 「천도책」은 조선의 지식인들에게 큰 반향을 일으킬 정도로 수준이 탁월했으며, 심지어 중국에까지 알려져서 거기에서도 율곡이라는 인물의 학문적 수월성을 경탄하였다. 이는 명나라에서 온 사신이 대과에 급제한 후 관리가 된 율곡을 대면한 자리에서 그가 바로 「천도책」을 쓴 인물임을 확인하고서는 존경의 마음을 표현한 데서도 알 수 있다.

대과(大科)에 이르기까지 그가 치른 아홉 번의 과거에서 모두 장원 급제를 한 율곡에 대해서 '천재다.', '노력하지 않아도 글에 통한다.', '공부만 한다.' 등등 세상 사람들의 소문이 잇따르는 것은 당연했다. 그러나 율곡은 사람들의 이러한 평가에 대해서 부담스러워했는데, 그는 절친인 성혼에게 이에 대해 솔직한 마음을 토로하였다.

> "세상에는 본래 생각지도 않은 칭찬이 많은데 나에게는 더욱 심하니, 이것 또한 운명이라고 해야 하겠나? 나는 옛글을 수십 번 읽은 뒤에야 외우게 되는데 세상 사람들은, '이 아무개는 한 번 보기만 하면 곧 기억한다.'라고 말하며, 드나들기를 좋아하지 않아 항상 방 안에 있으면, '이 아무개는 글을 탐독하여 문밖에 나가지 않으며, 또한 건강도 생각지 않는다.'라고 하며, 지난해부터 비로소 경전(經典)을 깊이 보기 시작했는데, '이 아무개는 경전에 정밀하게 통하고 익숙한 것이 비할 데가 없다.'라고 말하여, 말만 했다 하면 곧 그 실상보다 지나치니, 나도 그 이유를 알 수 없네."
>
> —「답성호원」

사람들이 자신에게 지나치게 관심을 두며 탁월한 학자라고 평하는 데 대해서 부담스러워하는 기색이 역력하다. 또한 자신은 천재가 아니라 그저 노력하는 평범한 학자임을 호소하는 점도 알 수 있다. 율곡은 세상 사람들이 평하는 것들이 대개 과장된 것임을 친구에게 토로하고 자신은 꾸준하게 공부하는 것을 신념으로 삼고 있음을 친구만이라도 알아주기를 바란 것이다. 그러나 율곡의 공부와 학문적 역량이 출중했다는 것은 부정할 수 없는 사실로 여겨지는데, 그의 탁월성에 대한 경탄은 조선왕조실록에도 언급된 바 있다.

> “율곡 이이는 성품이 순수하고 근실했으며, 총명함이 특히 뛰어났다. 나이 7세에 읽지 않은 책이 없었고, 문장에 능하며 박학하여 사람들이 신동(神童)이라고 했다.” —『명종실록』

실제로 율곡을 자주 만나고 많은 편지를 교환한 친구 성혼도 율곡의 공부 성과에 대한 평가가 세상 사람들의 견해와 다르지 않았다. 성혼은 율곡의 유학 공부의 탁월성에 대해서 경탄해 마지않았다. 그러나 율곡은 성혼마저도 그러한 평가를 하는 데 대해서 다소 실망스러운 기색을 내비친다.

> “항상 세상 사람이 실상을 구하지 않는 것을 탄식했는데, 나를 잘 알아주는 벗이 의심하는 바 또한 세상 사람과 다르지 않다는 것을 생각지 못했네.” —「답성호원」

주위 사람들, 절친마저도 인정할 정도로 ‘탁월한 학문적 역량의 소유자 율곡’이라는 평가는 평생 그를 따라다니는 꼬리표와 같았다. 율곡은 자신의 학문의 우월성보다는 미진함에 대해서 더욱 잘 알고 있었을 것인데, 세상 사람들은 자신을 경탄하고 칭송하니 이에 대한 부끄러움과 민망함도 적지 않았을 것이다. 더구나 유학의 공부라는 것은 그 본령이 자기 이름을 알리기 위한 ‘위인지학(爲人之學)’이 아니라, 자기 인격을 함양하기 위한 ‘위기지학(爲己之學)’이었기에, 단지 ‘이율곡은 글공부를 잘한다.’는 식으로 이름나는 것이 그로서는 부끄러운 일이었을 것이다. '공부 잘하는 율곡', '탁월한 천재 학자 율곡', '하늘이 낸 영재 율곡'과 같은 세상의 평들은 인격 형성 공부에 전념하는 선비에게는 불편한 수사(修辭)에 불과했다. 율곡은 그러한 말들이 떠도는 것은 마치 자신이 참된 인간이 되는 공부는 하지 않고, 오직 문장만 공부하는 허식적인 인물로 사람들에게 인식되기 때문이 아닌지 염려한 바도 있었을 것이다.

비교해서 말하자면, 오늘날 5급 국가고시에 수석 합격한 사람이 스스로 자신을 자랑스러워하는 것이 아니라 자신의 공부가 참된 사람이 되는 공부였는지, 그 공부를 통해서 참된 사람이 되려고 진정으로 노력했는지 묻고 또 성찰한 것과 같다고 할 수 있다. 탁월한 유학자로서의 명성을 얻어 가면서 율곡이 번민한 것은 이러한 문제였다. 그는 학문 역량으로 세상으로부터 자자한 명성을 얻고자 함도 아니고, 높은 관직에 올라서 부귀를 누리고자 함은 더더구나 아니었다. 율곡이 궁극적으로 고민한 것은 어떻게 하면 진정한 선비로서 자신의 인격을 윤리적으로 온전한 성인의 경지에 도달하게 할 수 있으며, 경국제민의 소명을 다할 수 있느냐에 있었다.

오늘날은 대학 공부의 목적이 오직 '취업'에 있으며, 고등학교 공부의 목적은 오직 '대학 입학'에 있다. 입시가 끝난 직후에 인문계 고등학교 앞을 지나가면 담벼락에 '○○대학교 ○명 합격'이라 적힌 플래카드가 붙어 있는 것을 볼 수 있다. 특히 합격한 학생의 이름을 크게 박아서 걸어 놓은 학교도 있다. 이는 다른 학생들은 고려하지 않고, 교육의 목적이 무엇인지를 망각한 천박하고 비속하며, 한편으로는 비교육적인 행위이다. 큰 덕(德)이라도 쌓았다면 모를까! 단지 어느 대학에 입학한 학생의 숫자나 이름을 자랑스러운 듯이 걸어 놓은 그 학교의 교장은 참된 교육이 무엇인지, 학교 교육의 목적이 무엇인지를 알지 못하는 사람임에 분명하다.

아마도 율곡이 대과에 장원 급제했을 때, 오늘날의 비속하고 개념 없는 학교의 관리자들이 하듯이 마을 입구나 학당 정문에 율곡의 이름을 대문짝만 하게 쓴 플래카드를 걸었다면, 그리고 그것으로써 어른들이 유생 율곡을 격려하려 했다면 율곡은 그것을 크게 부끄러워했을 것이다. 율곡이 지향하는 참된 공부는 일생을 두고 인격을 수양하면서 선한 인성을 잘 함양하는 데 있었기에 그는 사람들과 함께 선한 길, 덕 있는 길을 평생토록 걸어갈 때 비로소 '율곡답다.'고 평가받기를 원했을 것이다.

'인간, 파리 한 마리가 우주에 붙어사는 신세라'

인간으로서 산다는 것은 축복인가? 아니면 피치 못할 인연의 현존(現存)에 불과한가? 우리는 '인간적인 삶'에 대해 묻기도 하고, '인간다운 삶'에 대해 묻기도 한다. '인간적인 삶'과 '인간다운 삶'에는 무슨 차이가 있는가? 여기에는 의미상으로 미묘한 차이가 있다. '인간적인 삶'이라고 한다면 인간의 빛남과 아름다움도 있지만, 반면에 인간으로서의 미성숙과 아쉬움과 어두움도 있는 삶을 의미한다. '인간다운 삶'이라고 한다면 인간의 빛남과 아름다움과 선함만을 전칭하는 삶을 의미한다고 볼 수 있다.

율곡의 삶을 보면 '인간적인 삶'의 면모도 보이고, '인간다운 삶'의 면모도 보인다. 율곡이 지향한 삶의 이상은 물론 '인간다운 삶'에 있었다. 인간의 선한 본성을 생활 가운데 환히 밝히는 실천적인 삶을 위한 선비 혹은 구도자(求道者)로서의 율곡이 한편에 당당하게 서 있다면, 다른 한편으로는 현실적인 삶의 무게에 번뇌하고 고민하는 인간 율곡 역시 그의 모습이다. 여기서 인간에 대한 율곡의 시(詩) 한 구절을 읽어 보자.

「최언명(崔彦明)의 시에 차운하여 작별을 고하다」

인간, 좁쌀 하나가 넓은 바다에 떠 있는 듯
파리 한 마리가 우주에 붙어사는 신세라
무엇하려고 썩은 나머지를 그리워해
부질없이 풍진(風塵)을 향해 달릴 것인가

율곡은 망망대해에 떠 있는 좁쌀 하나 혹은 끝도 알 수 없는 거대한 우주에 붙어사는 파리 한 마리로 인간을 묘사하고 있다. 인간은 생물학적으로 본다면 하나의 생명체로서 보잘것없는 미미한 존재여서, 우주의 범주에서 기껏해야 먼지 한 점에도 미치지 못한다고 본 것이다. 이런 인간이 재물, 명예, 사익을 탐하는 것은 벼룩의 똥에도 미치지 못하는 가소로운 것이라고 율곡은 표현하고 있다.

좁쌀 하나, 파리 한 마리와 같은 인간이 이기심과 욕심을 내는 것은 썩은 오물을 그리워하는 것에 불과할 뿐인데, 무슨 천하나 우주를 얻는 일인 양 그렇게 요란을 떨며 위세를 부리냐며 율곡은 한탄한다. 그것은 '풍진(風塵)' 즉 'dust in the wind', 사람들은 자신이 우주의 광대한 바람 속 좁쌀 한 톨만큼에도 미치지 못하는 먼지임을 알지 못하면서, 헛되고 무모하게 산다는 것이다. 인간다운 삶의 가치는 몸의 욕망을 구현함에 있는 것이 아니니, 그 풍진을 씻어 버리고 인간다운 길을 가야 할 것임을 의지(意志)하는 율곡의 삶에 대한 열정이 이 시에 번뜩인다.

또 한 편의 시를 읽으며, 우리는 인간적인 삶을 넘어 인간다운 삶을 지향하는 율곡의 인생관을 보고자 한다.

「우연히 읊다」

아! 나의 태어남이 너무나 늦어
젊은 시절 보잘것없는 일에 분주했네
눈으로는 옛 성현의 글을 보았고
뜻은 희황(羲皇) 때 사람을 사모했건만
이 세상 숱한 인연 이리저리 엉키어
마음 수양하고자 하나 할 곳이 없었네
벌떡 일어나 한양 성문을 빠져나와서는
머나먼 바닷가에 발길이 닿았네
바람과 달에 나의 정서 기르고
안개와 노을로 나의 몸을 채웠네
자장(子長)은 내가 사모하는 분이고
열경(悅卿)은 나의 다정한 친구라네
산수(山水)의 흥미를 찾아서가 아니라
나의 천진(天眞)함을 보전하기 위함이라네
만물과 내가 일체인 것이니

누가 주인이고 누가 손님이겠는가
마음이 담담하기는 맑은 연못과 같고
맑고 고요하기는 가을 하늘 같아서
근심도 없고 기쁨도 없는
이런 경지의 사람 되기는 어렵네
미묘한 이치는 측량할 수 없으니
한평생 검어지거나 닳아짐은 없으리
부질없이 말많은 이 세상 사람들
나더러 어리석은 사람이라고 하는구나
사방으로 돌아본들 지음(知音)이 누구인가
밝은 달을 뇌의(雷義)와 진중(陳重)으로 삼으며
속 시원히 긴 노래 한번 부르고 나니
화평한 온 천지가 봄이네

성현의 공부를 하고, 어진 임금인 성군(聖君) 복희[羲皇]가 다스리던 나라의 선량한 마음을 가진 사람들을 그리워하였건만, 율곡이 국사를 돌보며 함께한 인물들은 탐욕스러움이 그가 그리워한 사람과는 너무나 달랐다. 율곡이 사마천[子長]과 김시습[悅卿]을 사모하며 충절과 의리를 배우고자 하였음은 인간다운 삶을 위한 그의 노력과 열정으로 이 거친 세상의 물결을 이기고자 한 것이다.

김시습이 불의(不義)를 질타하며 산천을 누빈 것은 참된 인간으로서의 이상적 가치를 지켜 내지 못한 자신과 시대와의 불화(不和)를 아파한 탓임을 율곡은 안다. 그렇기에 율곡 또한 바닷가에 달려가 천지의 순수함을 마음에 담아 '물아일체(物我一體)'를 이룬다면, 자신의 번뇌를 씻고 천진한 마음을 경포대의 보름달처럼 밝게 드러낼 수 있을 것이라고 기대했다.

율곡이 인간다운 삶의 이상으로 삼은 '물아일체(物我一體)', '천인합일(天人合一)'의 삶은 나와 다른 사람을 차별함이 없는 지경 즉 주객(主客)이 다름이 없고 차별이 없는 삶이며, '검어지거나 닳아짐[緇磷]이 없는' 즉 더러워지거나 닳아지지 않는 마음의 본체, 그 물들지도 않고 소멸하지도 않는 아름다운 마음의 전개일 것이다. 이런 삶에서는 '인간적인 삶'에서 눈물 흘리고 번뇌케 하는 근심도 없으며, 자신의 감정을 달뜨게 하는 기쁜 일도 없을 것이니 오직 은은한 부동(不動)의 군자 마음만이 있으리라.

그러면 '물아일체', '천인합일'의 삶에서 친구 즉 지음(知音)은 어디에 있는가? 밝은 달을 벗으로 삼고 자연을 벗으로 삼으니, 율곡과 자연의 어울림이 깊고도 정다워서 이는 마치 후한(後漢)의 지음(知音)인 뇌의(雷義)와 진중(陣重)이 한 마음에 살면서 아름다운 우정을 나눈 것같이 삶을 즐거워하는 것과 같다. 그러므로 이제 협량한 마음을 가진 인간은 소멸되고 천지의 인덕(仁德)을 자기 마음으로 삼은 인간 율곡, 그는 태평소(太平簫)를 한바탕 불어 경국제민(經國濟民)의 희망의 소리, 그 백성 구제의 봄소식을 온 천하에 떨치고자 했는데, 이것이 바로 인간 율곡이 꿈꾼 참된 삶의 길이다.

율곡이 생각하는 참된 인간으로서의 '물아일체·천인합일'의 삶에 대해서 구체적으로 생각해 보자. 경북 의성에서 역사상 최악의 산불이 발생한 2025년 3월, 나흘 동안 밤낮없이 화재를 진압하던 소방관들이 극심한 피로로 탈진하여 그대로 길바닥에 쓰러져 버린 그 헌신의 모습. 자신의 몸을 돌보지 않으면서 다른 사람을 살리고, 산을 살리고, 풀과 짐승들을 살리려는 그 헌신은 생명을 사랑하는 어진 마음과 세상을 구하려는 제민(濟民)의 숭고한 행위이다. 이분들의 헌신이야말로 물아일체·천인합일의 마음을 실천한 것이다. 이는 곧 모든 것을 태생케 한 자연의 생명을 사랑하며, 순수함과 선함과 어진 마음을 삶에서 실천한 것이다. 이러한 자기 소명을 진실되게 다하는 물아일체·천인합일의 삶이 바로 나라를 안정되게 하고 백성들을 어려움에서 구해 주려 한 율곡의 삶, 그 경국제민(經國濟民)의 삶과 닮았다.

제2장

좋은 삶을 찾아서

"오직 바른 학문을 공부하는 데 힘써야 할 것이니,
배움은 인륜(人倫)에 근본을 두고
올바른 이치를 밝히고 선(善)을 택하며
수신(修身)하여 덕을 성취하도록 해야 하고,
다스리는 도에 통달하여
경세제민(經世濟民)으로 뜻을 삼아야 한다."

—「동호문답」

1
공부하는 삶의 즐거움

'공부' 이것은 한국인의 정체성과도 같다. 가히 한국인은 '공부하는 사람' 즉 '호모 아카데미쿠스(Homo Academikus)'라고 칭해도 이견이 없을 정도로 공부에 진심이다. 2015년, 미국 신문 『워싱턴 포스트』에서는 부모 세대의 학력보다 자식 세대의 학력이 세계에서 가장 높은 나라가 한국이라고 보도한 바 있다. 우리로서는 그다지 놀랍지 않지만, 미국인을 비롯한 서방인들에게는 상당히 놀라운 일로 받아들여진 듯하다.

서울시 마포구에 세워진 중등 검정고시 준비를 위한 비정규 학교 '일성학교'에서는 2024년 2월에 무려 500여 명의 어르신들이 중고등학교 졸업 자격 검정고시를 통과하고, 감격의 졸업식을 가졌는데, 그분들의 연령이 대체로 50대~80대였다. 그중에서 최고령인 87세의 한 할머니는 아들이 중학교 다닐 때, 부모의 학력에 '초등학교 졸업'이라고 쓸 수밖에 없어서 너무나 가슴이 아팠다고 말씀하셨다. 대학 시절 '복음고등공민학교'라는 야간 비정규 중학교에서 도덕 교사를 하면서 당시 야간학교

학생들의 공부에 대한 뜨거운 열망을 몸소 느낀 나로서는 이 할머니의 말씀이 마음에 크게 와닿았다.

공부에 진심인 우리는 예로부터 학문을 매우 중시했다. 오늘날에도 이른바 '명문 학군'이 있는 지역은 사람들이 모여들고, 집값이 오르는 등의 후광 효과가 엄청나다. 우리가 공부에 큰 가치를 두는 것이 기본적으로 긍정적인 의미가 있다는 점은 의심의 여지가 없다. 그러나 지금 우리가 지향하는 공부의 방향이 무엇을 위한 것으로 나아가고 있는지 반드시 물을 필요가 있다.

공부란 무엇인가? 학문의 본령은 무엇인가? 율곡은 말한다.

> "일상의 인륜(人倫)의 도는 원래 모든 사람이 마땅히 행해야 하는 도리이기 때문에 별도로 학문이라고 이름하지 않았다. 군자는 마땅히 해야 할 것을 하기만 하면 될 뿐이었다. 후대에 유학이 밝혀지지 않게 되자 인륜도 이에 따라서 희미해졌다. 그러므로 마땅한 도리를 공부하고 행하는 것을 학문이라고 이름 지었다." —「행장(行狀)」

율곡에게 있어서 학문의 본령은 '인륜(人倫)' 즉 일상에서 마땅히 행해야 할 윤리의 실천에 있다. 즉 학문이란 삶의 올바른 도리를 탐구하고 실천하는 것이다. 이 점에서 율곡은 관념적이거나 생활과는 무관한 형이상의 문제를 논하는 것이 아니라 철저하게 일상의 윤리에 대한 실천적 체계를 학문이라고 인식한 것이다. 학문에 대한 율곡의 이러한 입장은 인간다운 삶을 위한 실천적 명제와 직결되어 있다. 이에 율곡은 학문의 중요성과 학문함의 실질적 맥락을 다음과 같이 표명하였다.

> "사람이 이 세상에 나서 학문이 아니면 사람다운 사람이 될 수 없다. 이른바, 학문이란 것은 이상스럽고 별다른 것이 아니다. 부모는 자애로워야 하며, 자식은 효도해야 하고, 신하는 충성해야 하며, 부부는 서로 분별이 있어야 하고, 형제는 서로 우애해야 하며, 젊은이는 어른을 공경해야 하고, 친구는 서로 신의가 있어야 한다. 일상의 모든 일에 있어서 일에 따라 각기 마땅한 것을 취할 뿐이요, 관념적인 것에 마음을 두어 일상의 이치를 넘어선 기이한 것을 추구해서는 안 된다. 학문하지 않는 사람은 마음이 꽉 막혀 있고 식견이 좁기 때문에 반드시 글을 읽고 그 이치를 연구해서 행해야 할 이치를 밝혀야 만이 학문에 나아가는 것이 올바르게 되고 실천함이 합당하게 될 수 있다. 요즈음 사람들은 학문이 일상생활을 위한 것인 줄을 모르고 허황하게 높고 먼 것만을 추구하여 어려운 것이라고 생각하여 자포자기하니, 얼마나 가엾은 일인가?" —「격몽요결」

학문을 한다는 것은 그 본질이 인간이 마땅히 행해야 할 인간다운 도리를 밝히고 실천하는 데 있다고 율곡은 강조한다. 율곡이 몰입한 유학 공부의 목적은 인간다운 삶을 위한 것임을 각성하면서, 당시 사람들이 지향하는 공부의 방향이 윤리적인 삶의 문제를 고민하는 것이 아니라 헛된 명예만을 추구하는 점을 비판하고 있다. 공부를 통해서 '출세한다.', '이름을 날린다.', '자신의 이익만을 도모한다.'라는 목적을 달성하려고 하는 것은 잘못된 인식이며 왜곡된 학문의 길, 삶의 길을 가려는 것이라고 율곡은 지적한다.

율곡이 말하는 '사람다운 사람이 되는 공부'는 각 개인이 일상의 삶에서 윤리적 도리를 잘 깨닫고 실천하는 것을 의미한다. 즉 우리가 가족 간에, 친구 간에, 직장 동료 간에 자신에게 합당한 윤리적 행위를 하는 것이 바로 사람다운 사람이 되는 것이다. 일상의 도리를 다하기 위해서는 반드시 배워야만 한다고 율곡은 생각한다. 살아가면서 겪는 가장 큰 어려움이 인간관계에 있다고 할 수 있으며, 큰 갈등과 괴로움 역시 인간관계로부터 비롯된다. 또한 타인과의 관계에서, 여러 상황에서 도덕적인 행위를 적절하게 하는 것이 쉽지 않음을 상기하면, 율곡이 주장하는 공부의 의미가 명확하게 이해된다. 이렇게 볼 때, 율곡이 수행한 유학 공부는 인간이 마땅히 행해야 할 도리를 깨닫는 것이며, 또 온전히 실천하는 것이다.

"몸소 올바르게 실천하려는 사람은 성리학을 정밀히 연구하고, 성리학을 정밀히 연구하는 것은 몸소 올바르게 실천하기 위해서 그렇게 하는 것이다." —「성학집요(聖學輯要)」

율곡은 당시의 성리학을 '도학(道學)'이라는 이름으로 지칭해 왔다. 율곡이 지칭하는 이 도학으로서의 성리학의 본질은 이치를 탐구하는 데 있는 것이 아니라, 궁극적으로는 도리의 '실천' 즉 실천궁행(實踐躬行)에 있다. 그리고 그 실천궁행의 본질은 단지 자신의 마음 수양이나 인격 수양에만 그치지 않는다. 자기 문제에만 그친다면 다른 사람의 삶과 사회의 다양한 일들을 적극적으로 수행하지 않게 된다. 그렇기에 율곡은 공부의 본령, 학문의 본령은 자기의 인격 수양에 해당하는 수기(修己)와, 다른 사람들을 편안하게 해 주는 안인(安人)에 있다고 강조하는 것이다.

"오직 바른 학문을 공부하는 데 힘써야 할 것이니, 배움은 인륜(人倫)에 근본을 두고 올바른 이치를 밝히고 선(善)을 택하며 수신(修身)하여 덕을 성취하도록 해야 하고, 다스리는 도에 통달하여 경세제민(經世濟民)으로 뜻을 삼아야 한다."

—「동호문답」

경세제민(經世濟民)은 나라를 다스리며 백성들의 어려움을 구제하는 것을 의미하는데, 이러한 사회적인 책무는 가치 있는 삶을 지향하는 율곡 인생관의 핵심에 해당한다. 율곡은 경세제민은 공부하는 사람들이 반드시 염두에 두어야 할 의미 있는 가치라고 인식한다. 자기 자신이 좋은 인격을 함양하는 공부를 한다는 것은 곧 자신이 좋은 사람으로서 생활상의 도리를 다하는 사람으로 자기를 정립하는 것이지만, 공부란 여기에 머물러서는 안 된다. 율곡은 인간이란 사회적인 존재로서 필연적으로 타인의 도움과 타인과의 공존을 통해서 자기 정체성과 가치를 이룰 수 있다고 본다. 따라서 다른 사람에게 도움을 주고 배려하는 것은 도덕적 책임에 해당한다는 것이다.

우리의 중고등학생들은 학교에서 공부하는 것도 부족하다고 생각해서, 학원이나 인터넷 강의에 밤늦게까지 몰두한다. 그들에게 인생의 목적은 마치 대학 입시에 있는 듯하다. 그러나 우리가 명확하게 아는 사실이지만, 대학 입시는 인생에서 하나의 과정에 불과하다. 도대체 우리가 학생들에게 강박하는 공부가 그들의 인생에서 본질적으로 어떤 의미가 있을까? 그들은 공부하면서 과연 즐거움을 느끼는가?

『논어(論語)』 제1장 「학이(學而)」의 첫머리는 유학 공부의 본질을 보여 준다. 공자는 말한다.

> "배우고 때에 맞게 익히니 어찌 즐겁지 아니한가![學而時習之不亦說乎]" —『논어』「학이」

배우고 그 배운 것을 익히는 것 즉 학습(學習)하는 것이 즐겁다는 공자의 말은 중요한 의미를 함축하고 있다. 오늘날 우리 교육에서의 배움을 생각하면 더욱 그 의미가 부각된다. 우리의 중고등학생들은 학교에서 배우면 기쁜가? 좋은가? 행복한가? 학교에서 배우는 것이 진정으로 기쁘고 행복하다면 "행복은 성적순이 아니잖아요!"라고 절규하지 않을 것이다. 지금 우리는 학생들에게 행복한 삶과는 관계도 없고, 좋은 인간이 되는 것에도 도움되지 않는 입시 공부를 강박하고 있다. 입시 공부는 배움의 즐거움, 공부의 희열을 느끼게 하지 못한다.

'서울의 사교육 1번지' 대치동의 아이들은 어떨까? 비싼 사교육을 받으니 마냥 행복할까? 서울에 살고 있는 대학교수인 지인에게 듣건대, 대치동에서 사교육을 받는 학생들의 압박감은 상상을 초월한다고 한다. 그래서 그들 중 우울증, 공황, 대인기피증을 겪는 학생이 적지 않다는 것이다. 사람들이 선망하는 그 학원 교육의 현장에 인간 교육, 인성 교육, 윤리 교육, 행복 교육, 삶의 교육이 있는가? 그 대치동의 학원 교육을 통해서 우리는 무엇을 얻으려고 하는가? 아니, 기어코 무엇을 잃으려고 하는가? 오로지 공부의 목적을 왜곡시킬 뿐, 그 공부를 통해서는 결코 덕 있는 인격자가 되고 좋은 삶을 살아갈 수 있는 능력을 함양하지 못한다. 이는 '지방 입시 교육의 메카'로 불리는 대구시 수성구의 학원 교육에서도 그대로 나타난다. 며칠 전에는 서울에서 '아동 학대 7세 고시 국민고발단' 1천 명이 국가인권위원회에 '아동 학대 7세 고시'의 행태를 제재해 달라고 진정서를 제출했다. 우리의 아이들이 7세부터 초등 의대반, 영재 입시반에 들어가기 위해 교육이라는 이름으로 학대당하는 사교육 현실을 고발한 것이다. 다시 묻는다. 우리의 이러한 교육이 강박하는 것은 삶을 위한 공부인가? 인간을 위한 공부인가? 행복을 위한 공부인가?

공부란 무엇인가? 율곡은 일깨운다. 공부는 자신의 주체성과 인격을 정립하도록 하는 것이어야 하며, 인간다운 삶을 위한 실제적인 것이어야 하며, 함께 사는 공동체에서 다른 사람들과 더불어 행복한 삶을 영위할 수 있는 마음과 역량을 함양하는 것이다. 이것이 율곡이 강조하는 근본적이고 본질적인 공부이다. 오늘날 우리는 과학 공부도 하고 의학 공부도 하지만, 율곡이 강조하는 이 공부가 근본이 되어야 함을 잊어서는 안 될 것이다. 사실은 이 공부가 근본이 되지 않고서는 진실로 가치 있는 삶을 누릴 수 없다는 것을 우리 모두는 알고 있다. 교육에서 무엇을 어떻게 해야 하는지도 알고 있다. 그러나 하려고 하지 않는다. 지금 우리 사회에서 나타나는 공부의 비극은 학생이 스스로 자초한 것이 아니다. 어른들이, 기성세대가 삐뚤어진 욕망을 우리 아이들에게 투사하고 주입함으로써 괴물과도 같은 공부를 그들에게 강요하고 있는 것이다.

2
가출(家出), 방황 그리고 불교 공부

사람들은 누구나 자기 인생에 대해 깊은 고민을 할 때가 있다. 흔히 청춘기에 '개똥철학'쯤으로 치부되는 자기만의 성숙되지 않은 가치관을 가지고 세상을 비판하거나 질타하기도 하고, 어설프게 지적(知的)으로 우쭐대기도 하는 때가 한 번은 있기 마련이다. 지나고 보면 이 시기의 자신이 부끄럽게 느껴지지만, 한편으로는 그런 시절이 있었기에 정신적 성숙과 삶의 진보가 가능할 수 있었다.

조선의 교육과 현대의 교육, 조선의 청소년과 현대의 청소년을 비교해 보면, 여러 면에서 그 차이가 적지 않다. 그중 하나를 들자면, 아마도 정신적인 성숙도의 측면에서 조선의 청소년들, 더 정확하게는 유학을 공부하는 계층의 청소년들의 사유와 지성이 지금의 청소년들보다 더 성숙했을 것이라는 점이다. 그 이유는 조선의 청소년들이 공부하던 과목은 『소학』, 『논어』, 『맹자』, 『대학』, 『중용』과 역사서 등이었는데, 이들 경전과 역사서 공부를 통하여 인격을 함양하며, 다른 사람과의 관계적인 도리를 공부하고, 덕행을 익히고, 또 사회를 경륜하는 문제 등에 대해서 학습했다. 그 시대의 공부는 오늘날 우리의 중고등학교 학생들이 입시를 목적으로 국어, 영어, 수학, 과학, 도덕, 사회, 역사 교과를 배우는 것과는 질적으로 다른 학습이었다. 학습량이나 학습의 다양성 측면에서는 지금의 청소년들이 더 많은 공부를 한다고 볼 수 있다. 그러나 교육을 통해서 함양된 지성적인 차이는 어떤 측면에서는 지금의 청소년들이 조선의 청소년보다 미진하다고 할 수 있지 않을까 생각된다.

유학 공부에 전념한 율곡은 13세 때 진사(進士) 초시(初試)에 합격하면서 가일층 학업에 박차를 가하였다. 그런데 16세가 되던 해 큰일에 직면하게 되는데, 그것은 어머니 신사임당의 별세이다. 신사임당에 대한 율곡의 사랑은 각별했으며, 율곡에 대한 사임당의 모정 역시 지극했다. 강릉의 외가 즉 신사임당의 친가에서 태어난 율곡은 어릴 적부터 외조모님과 어머니의 지극한 정성을 받으며 성장했다. 율곡에게 신사임당은 너무나 소중하고 큰 존재였는데 어머니의 별세 후 율곡은 삼년상(三年喪)을 지냈다. 율곡은 어머니를 잃으면서 삶에 대해 큰 번뇌에 사로잡힌 듯하다. 그는 삼년상을 마친 후 금강산에 들어가 치열하게 불교 공부를 하게 된다. 이것은 율곡으로서는 자신의 인생과 인간에 대한 근본적인 물음을 풀기 위한 일종의 '가출(家出)' 혹은 '출가(出家)'라고 할 수 있겠다.

「율곡연보」에는 "율곡은 어머니의 상(喪)을 당하자 효성(孝誠)스러운 마음을 이기지 못하여 거의 실성할 지경에 이르렀다. 그러던 차에 우연히 불교 서적을 읽고서 슬픔을 잊을 수 있다고 생각하다가 드디어 선학(禪學)에 물들어서 산에 들어가고자 했다."라고 기술되어 있다. 율곡의 고민과 번민을 알 수 있는 내용이다. 율곡은 금강산 마하연에 들어가서 불교에 전념하며 삶의 길을 찾으려 했다. 어린 시절 율곡이 불교의 『능엄경(楞嚴經)』을 읽었다는 기록이 있는 것을 보면, 그는 이전부터 불교의 마음 공부에 관심이 적지 않았던 듯하다. 이러한 상황에서 율곡은 어머니를 여읜 그 울적하고 공허한 마음을 안고, 자기 인생의 근본 문제를 정면으로 바라보며 산에서 선(禪)을 수행하는 승부수를 던진 것이다. 얼마나 열심히 불교 공부를 했는지 사람들은 금강산에서 불교를 공부하던 율곡을 '살아 있는 부처' 즉 '생불(生佛)'이라고 할 정도였다.

이 시기에 율곡이 지은 시가 남아 있다. 율곡은 어느 날 금강산에서, 작은 암자에 기거하는 한 노승을 만나 대화를 나누게 된다. 서로의 생각을 탐색하는 과정에서 노승은 율곡이 예사로운 인물이 아님을 알고 다음과 같이 청한다.

"시를 지어서, '솔개가 날고 물고기가 뛰는' 글귀의 뜻을 해석해 주시오."

이에 그 자리에서 율곡은 「풍악산에서 작은 암자에 있는 노승에게 주다」라는 제목을 달고 시를 썼는데, 여기에는 율곡의 사상과 정서가 압축적으로 잘 표현되어 있다.

「풍악산(楓嶽山)에서 작은 암자에 있는 노승에게 주다」

물고기 뛰고 솔개 날아 아래위가 한가진데
저것은 색(色)도 아니고 공(空)도 아니네
한가롭게 한 번 웃고 신세를 돌아보니
지는 해 우거진 숲속에 홀로 서 있네

이 시구를 풀어 보면 재미있을 듯하여 한 구절씩 그 의미를 헤아려 보기로 한다.

제1구, '물고기 뛰고 솔개 날아 아래위가 한가진데'

'물고기 뛰고 솔개 날아[魚躍鳶飛]'라고 한 대목은 『시경(詩經)』 「대아(大雅)」에 연원하는 만물의 생동 즉 생명의 약동을 보여 주는 예로서, 만물을 생동케 하는 천(天)의 이치의 오묘함을 표현한 것이다. 예컨대 물고기가 뛰고 솔개가 날아오르는 것은 그것을 가능케 하는 이치가 있기 때문이라는 것이며, 그 이치는 허무하거나 공허하지 않은 참된 이치 즉 '실리(實理)'라는 것이다. 율곡은 여기서 물고기가 뛰고 솔개가 나는 것과 같이 땅과 하늘 즉 아래와 위에서 이루어지는 생명의 약동은 모두 실리로 인함이므로 그것은 천의 이치의 발현과 조화에 해당한다고 보았다. 이는 유학의 도(道)의 참됨을 언급한 것이라고 하겠는데, 만물의 태생과 생육에는 오묘한 실리가 작용한 것이라는 관점을 표명한 것이다.

제2구, '저것은 색(色)도 아니고 공(空)도 아니네'

'색도 아니고 공도 아니네[非色非空]'라는 대목은 불교의 중심 사상인 '공(空) 사상'에 대한 율곡의 관점을 보여 주는 것이다. 대승불교의 핵심 사상을 담고 있는 「반야심경(般若心經)」에는 "색은 공과 다르지 않으며, 공은 색과 다르지 않고, 색은 곧 공이며, 공은 곧 색이다."라고 하였다. 즉 대승에서는 일체의 모든 것, 예를 들면 물고기나 솔개도 곧 불변적인 자아를 가진 것이 아니라 연기적(緣起的)이라는 의미에서 '공(空)'이라고 본다. 그러나 율곡은 '물고기 뛰고 솔개 나는' 것은 '색도 아니고 공도 아니라고[非色非空]' 이해한다. 왜냐하면 '물고기 뛰고 솔개 나는' 것을 색이나 공으로 규정한다면 거기에서는 '실리(實理)'를 볼 수 없기 때문이다. 율곡은 유교적인 관점, 그 실리적인 관점에서 불교의 핵심 사상을 이해하고 있음을 알 수 있다. 생각건대, 율곡은 불교의 선학(禪學)을 공부하면서 그것이 유학과 다른 점에 대해서 크게 깨달은 듯하다.

제3구, '한가롭게 한 번 웃고 신세를 돌아보니'

1~2구가 철학적 사유에 대한 것이었다면, 3~4구는 자신을

성찰하는 것으로 구성되어 있다. 생명이 약동하는 세계에서 천의 이치를 깨친 인간의 마음에는 오묘한 웃음이 피어날 것이다. 율곡이 말한 '한번 웃는다[一笑]'는 것은 안다고 번삽하지도 않고, 마음이 들떠 있는 것도 아닌 소박하고 순수한 마음, 천의 이치를 깨닫고 통하여 시원한 마음일 것이다. 여기서 우리는 당나라 시인 이백(李白)의 시 「산중문답(山中問答)」 중에서 "웃고는 답하지 않으니 마음이 한가롭네[笑而不答心自閑]"라는 구절을 상기할 수 있다. 하늘의 이치를 깨우친 유교 지성(知性)의 자리에서 율곡은 미소 지으며 사람의 도를 생각하고 자신을 바라보며, 삶을 성찰하는 것이다.

제4구, '지는 해 우거진 숲속에 홀로 서 있네'

율곡은 '홀로 서 있네[獨立]'라는 시구로 이 시의 방점을 찍는다. '지는 해 우거진 숲속'은 여러 가지 의미를 함축하고 있는 듯하다. 세상에서 참된 이치가 구현되지 않고 있음을 비유하여 '지는 해 우거진 숲속'이라고 언급한 것은 아닐까? 율곡은 자신의 시대를 일컬어 마치 "흙담이 무너지는 것과 같은 위기에 처해 있다."라고 개탄한 바 있다. 그렇기에 율곡은 사회의 불안과 민생(民生)의 어려움을 고민하고 안타깝게 여기면서 태평(太平)의 시대를 열망했다. 그가 걸어가고자 한 경국제민의 태평성대를 향한 길은 힘들고 고독하고 어려운 길이다. 율곡은 그것을 알고 있었다. 그러므로 율곡은 이제 올바른 도를 마음에 품고 외로이 버텨 나가는 자신의 모습, 삶의 여정을 그리며 그 마음의 의지를 단단히 하면서 '홀로 서 있네[獨立]'라고 한 것이리라. '독립'이라는 시구는 한편으로 비장하며, 한편으로는 담대하다. 요컨대, 선비의 큰 길, 아름다운 삶은 불의(不義)나 사욕(私慾)과 타협하지 않고 당당히 그 뜻을 올곧게 잡고 독립적으로 나아가야만 하는 길이다.

이 시를 통해서 우리는 유교 철학을 근저에 두고 불교 사상을 대하는 율곡의 사유를 볼 수 있다. 율곡은 시를 청한 노승에게 "불가(佛家)의 오묘한 곳이 우리 유가(儒家)를 벗어나지 못하는데, 하필이면 유가를 버리고 불가를 찾아야겠소?"라고 말했다. 이에 노승은 "유가에도 '마음이 곧 부처다.[心卽佛]'라는 말이 있소?"라고 다시 물었다. 그러자 율곡은 "맹자가 성선(性善)을 얘기할 때에 반드시 요순(堯舜)을 들어 말했는데, 이것이 '마음이 곧 부처다.'라는 말과 무엇이 다르겠소. 다만 우리 유가의 가치는 그 실리(實理)를 얻은 것에 있을 뿐이오."라고 답했다.

불교를 공부한 율곡은 유학과 불교의 차이를 명확하게 인식하였으며, 한편으로는 그의 공허한 마음도 어느 정도는 해소된 듯하다. 이에 그는 금강산에서의 불교 공부를 그치게 된다. 율곡은 1년여 만에 불교에 대한 마음을 정리하고 집으로 돌아와서 유학 공부에 더욱 매진하려는 각오를 다지며, 그의 인생의 규범이 될 수 있는 글을 스무살 때 짓게 되는데 그것이 바로

「자경문(自警文)」이다. 비와 바람을 맞으며 소나무가 푸르른 생명력을 빛내듯이, 율곡은 참된 유학자로서 자신의 인생길을 더욱 힘 있게 나아가려는 강건한 결의를 다진 것이다.

유학 정신의 본령에 충실한 공부를 하고, 그에 따른 삶을 살려고 한 율곡의 인생길은 그가 표명한 대로, '한번 웃음[一笑]' 즉 참된 이치를 깨친 자의 인격적 빛인 웃음과 '홀로 섬[獨立]' 즉 참된 이치의 실천을 위한 힘찬 여정에서 외롭고도 담대하게 가는 아름답고 주체적인 인간의 길이다. 생각해 보면, 가치 있는 모든 것들은 뼈를 깎는 시련과 수행을 통해서 이루어지는 것이 아니겠는가? 율곡이 어머니를 여읜 후 산에 들어가서 다른 사상에 몰입하면서 자신의 학문인 유학을 다시 직시하게 되고, 인간의 길과 삶의 길을 스스로 밝힌 것은 마치 '매화가 추위로 인한 괴로움을 잘 이겨 낸 후에야 비로소 맑은 향기를 낼 수 있다.'라는 '매경한고발청향(梅經寒苦發淸香)'의 의미와 다르지 않을 것이다.

『맹자』에는 난관과 어려움은 자신의 큰 진보와 성취를 가능케 할 수 있도록 '동심인성(動心忍性)' 즉 마음을 분발시키고 성품을 인내하도록 하는 것이라는 점을 일깨우는 글이 있다.

"하늘이 장차 사람에게 큰 임무를 내리려 할 때에, 반드시 그의 마음과 뜻을 먼저 괴롭게 하며 근육과 뼈를 수고롭게 하며 육체를 굶주리게 하고 궁핍하게 하여 실행할 때 하는 일들을 어지럽게 하는데, 이것은 마음을 분발시키고 성정을 참을성 있게 해서 그가 해내지 못했던 일들을 더 많이 할 수 있도록 하기 위해서이다." —『맹자』「고자하(告子下)」

3
귀향(歸鄕), 그리고 삶의 방향 정립 -「자경문」

어머니의 별세로 인해 깊은 상실감에 빠진 율곡이 금강산에서 선학(禪學)을 공부하다가 귀향(歸鄕)한 후, 유교 윤리를 더욱 굳건하게 가치의 중심으로 삼는 삶의 방향을 정립하게 된다. 즉 율곡은 스무 살에 자신의 인생관을 정립하게 되는데, 그 집약이 바로「자경문(自警文)」이다.「자경문」의 내용이 비교적 짧고, 형식적으로는 절목을 두어 중요 논점을 체계적으로 분류한 것은 아니지만, 청년 율곡이 가야 할 인생길을 스스로 명확하게 제시하고 있다는 점에서 그의 인생론의 방향을 규정한 것이라고 할 만하다.

「자경문」의 내용 중에서 그 세부 요목에 해당하는 글에 편의적으로 숫자를 붙이면서 주제를 적고, 그 내용의 윤리적 의미를 새겨보고자 한다.

1) 성인(聖人)이 되어야 한다

"먼저 모름지기 뜻을 크게 가져 성인의 경지에까지 가는 것을 준칙(準則)으로 삼아서 털끝만큼이라도 그에 미치지 못하면 나의 일은 끝나지 않는다."

이는 「자경문」 첫머리의 글이다. 율곡은 '성인(聖人)이 되는 것'을 인생 목표로 삼는다는 뜻을 짧지만 강하게 다짐하고 있다. 가치 있는 아름다운 삶의 꿈을 청년 율곡은 명확하게 천명한 것이다. '성인에 미치지 못하면 나의 일은 끝나지 않는다.'라고 한 의지에 함의된 '나의 일'은 자기 일생의 소명을 일컫는다. 일생의 목표와 소망과 소명이 '성인'이라는 윤리적 인격자가 되는 것이라는 인생 명제는 오늘날 우리의 청년들도 진지하게 생각해 보면 좋을 것이다. 우리의 중고등학생들은 대학 입시 공부에 치여서 좋은 인간이 되고, 좋은 인격을 형성하는 것을 삶의 목표로 두지 못하고 있다. 자기가 사라진 공부, 주체를 각성하지 못하는 공부가 과연 무슨 가치가 있을까? 이 점에서 율곡의 「자경문」의 첫머리 글은 깊이 새겨야 할 의미가 있다.

2) 말을 간략하게 해야 한다

"마음이 정해진 자는 말이 적어진다. 마찬가지로 마음을 정하는 데는 말을 적게 하는 것으로 시작해야 한다. 말해야 할 때에는 간략하게 한다."

말을 많이 하면, 마음의 진실성이 약해져서 마음을 참되게 하고 마음을 바르게 하는 데 문제를 초래한다. 공자가 "말을 번지르르하게 하고, 얼굴빛을 꾸미는 사람 중에 인(仁)한 사람이 적다."(『논어』「학이」)라고 한 것도 이를 반영한다. 그렇기에 율곡은 말을 간략하게 해야 한다고 스스로 다짐한 것이다. 오늘날은 말이 많은 시대이며, 말을 많이 해야만 하는 시대이다. 그렇다 보니 진실되지 않고, 절제되지 않은 말이 꼬리에 꼬리를 물고 일어나서 자기를 풍선처럼 헛되이 부풀게 하고, 이는 결국 자기를 구속하게 된다. 이렇게 되면 당나라 재상을 지낸 풍도(馮道)가 말했듯이 '구화지문(口禍之門)' 즉 입[口]은 재앙을 일으키는 문이 되니 반드시 좋지 않은 일이 벌어지게 된다.

3) 마음을 방만하지 않게 잘 거두어 잡아야 한다

> "오랫동안 풀어놓았던 마음을 하루아침에 거두어 안정시키기는 쉽지 않다. 마음은 생동하는 것이어서 안정시키기에 실패하면 요동쳐서 편안하기 어렵다. 그러므로 만약 사려(思慮)가 어지러울 때 싫어하고 미워하는 생각이 들어 이를 끊어 버리려 한다면 오히려 더욱 어지러움이 일어났다 사라졌다 함을 느끼게 되어 스스로도 어떻게 할 수 없게 된다."

좋은 삶, 윤리적인 인격자가 되려고 하는 율곡에게 있어서 마음을 산란하지 않게 거두어 모으는 것은 매우 중요한 과제이다. 그러나 마음을 거두어 잡는 것은 쉽지 않은 일이다. 맹자는 사람들이 자기 개를 잃어버리면 열심히 찾지만, 마음을 놓아 버리면 찾지 않는다고 하면서 '구방심(求放心)'에 대해 일깨운다. 맹자의 직관과 예지력이 대단하다. 오늘날에는 견공(犬公)을 중시함이 부모 섬김보다 더 크므로 마음을 다스리는 것이 잃어버린 개를 찾는 것보다 더 하찮은 일로 치부되는 경우가 적지 않다. 마음을 안정되게 하고, 사욕에 물듦이 없이 청정하게 하며, 명경지수(明鏡止水)처럼 유지하는 것은 비단 율곡의 다짐만이어서는 안 될 것이다.

4) 마음을 수렴(收斂)하고 전념해야 한다

> "혼란한 일을 당했을 때는 마음을 수렴하여 조용히 비추어 보고 다스려서, 그 일에 마음이 끌려다니지 않도록 해야 한다. 이렇게 애쓰면 결국 마음이 안정되고, 때를 맞추어 일을 함에 있어서 전념할 수 있게 되는데, 이것이 마음을 안정시키는 단련법이다."

수렴은 흐트러진 마음을 거두어 모으는 것으로, 곧 경(敬)하는 것을 의미한다. 이렇게 한다면, 마음이 안정되고 사리가 분명해져서 일을 할 때 마음 집중이 가능하다. 우리는 '호랑이에게 잡혀가도 정신만 차리면 산다.'라는 속담에 익숙하다. 우리 인생에는 호랑이에게 잡혀가서 마음이 위태롭고 불안하고 혼란스러운 지경과 같은 상황이 적지 않다. 이때 나의 힘으로 그 상황을 극복할 수 있는 것은 오직 마음을 안정시키고 전념하여 그 상황을 냉철하게 직시하고, 지혜롭게 살아날 방법을 찾는 것이다. 어느 해 경상북도 봉화에 있는 광산이 붕괴되어 광부 두 분이 10여 일 동안 지하 갱도에 갇혀 있었다. 그중에서 경력 20년이 넘는 광부 한 분은 그 절체절명의 위기 상황 속에서도 놀라울 정도로 침착하게 마음을 다스려 생존 방안을 찾았다. 마침내 이분들을 구조했을 때 그의 침착함과 생존을 위한 지혜로운 조치에 119 구조대원들은 경탄했다고 한다. 율곡은 어떤 상황에서든지 가장 중요한 것은 마음을 잘 주관하는 것이며, 그 마음을 주관하는 것은 경을 통해서 가능함을 각성하였다.

5) 신독(愼獨)해야 한다

"항상 경계하고 두려워하고 혼자 있을 때 마음을 경건하게 하는 뜻을 지닌 채 생각해야 할 것이니, 이렇게 하여 게으르지 않으면 모든 잘못된 생각이 저절로 일어나지 않는다. 모든 악(惡)은 혼자 있을 때 마음을 경건하게 하지 않기 때문에 일어난다. 혼자 있을 때 마음을 경건하게 한 후에야 '욕기영귀(浴沂詠歸)'의 의미를 알 수 있다."

우리는 보통 혼자 있을 때나, 혼자만 아는 자기 마음의 은밀한 곳에서는 게을러지고 악을 생각하게 되어 마음의 선량함을 잃게 된다. 그러므로 율곡은 마음에 사욕이 일어나지 않도록 조심하고 경계해서 마음을 선하게 잘 유지해야 한다고 다짐한다. 이렇게 할 때만이 '욕기영귀(浴沂詠歸)'의 참의미를 향유할 수 있다. '욕기영귀'는 공자의 제자인 증점(曾點)이 늦봄에 야외에서 유유자적(悠悠自適)하며 하루를 보낸 것을 의미한다. 율곡이 여기서 '욕기영귀'를 언급한 까닭은 자신의 선을 잘 지킨 다음에야 비로소 평안한 마음으로 자연을 누릴 수 있다는 것을 강조하기 위함이다. 도덕적으로 잘못된 일을 하고서도 마음이 즐겁다고 하는 사람이 있다면, 이는 선한 마음이 악으로 점령당했기 때문이다. 승려 운문(雲門)이 던진 '일일시호일(日日是好日)'이라는 불가(佛家)의 화두가 있다. '호일(好日)' 즉 좋은 날은 어떤 날일까? 불가의 사연은 제쳐 두고, 율곡의 인생관으로 말하면 인(仁)을 잘 실천하는 날일 것이다. 그리고 인을 잘 실천하는 것은 마음의 선함을 잘 보존할 때 가능하다.

6) 해야 할 일을 미리 생각하고, 독서는 도리의 실천을 위한 목적으로 해야 한다

"새벽에 일어나서는 아침에 해야 할 일을 생각하고, 식후에는 낮에 해야 할 일을 생각하며, 취침 시에는 내일 해야 할 일을 생각한다. 일이 없으면 그만이지만 일이 있으면 반드시 합당하고 마땅한 도리로 처리할 것을 생각한다. 그런 후에 글을 읽어야 하니, 글을 읽을 때는 옳고 그름을 구분하여 이를 실제의 일에서 적용해야 한다. 만약 일을 살피지 않고 별생각 없이 글을 읽는다면 이는 헛되게 학문을 하는 것이다."

성인이 되기로 작정한 율곡이 중점을 두는 공부와 독서는 옳고 그름이라는 도덕적 이치를 밝히는 것이 주된 목적이다. 오늘날에는 독서의 목적, 특히 젊은이들의 독서 목적이 대학 입시를 위한 스펙으로서의 독서이거나, 재(財)테크 관련 독서가 주류를 이룬다는 설문을 본 적이 있다. 인문학 고전 읽기의 열풍도 그렇다. 그냥 고전이기 때문에 읽는 것이어서는 큰 의미가 없다. 자신의 삶에 어떤 변화와 각성을 주고 이를 토대로 깨달은 바를 실천할 수 있는 고전 읽기를 해야 할 것이다.

7) 돈과 이익에 사로잡히면 안 된다

"재물과 이익에 대한 생각을 쓸어내서 없애야 한다. 만약 일에 처했을 때 조금이라도 자기의 편리함만을 택한다면 이 또한 재물과 이익에 대한 마음이 있는 것이니 더욱더 성찰해야 한다."

우리 사회에서 돈은 모든 것을 집어삼키는 괴물과 같다. 프란치스코(Francesco) 교황은 "돈은 악마의 배설물이다."라고 규정했다. 그러나 돈은 죄가 없다. 단지 돈을 대하는 사람들의 마음이 문제일 뿐이다. 율곡은 자신의 마음이 돈에 사로잡히는 것을 극도로 경계하고 있다. 돈을 지나치게 추구하면 필연적으로 마음이 사욕에 물들게 된다. 그렇게 되면 마음의 선(善)을 유지할 수 없으니 자연스럽게 악(惡)의 길로 들어선다. 재물과 이익과 편리만을 따르는 삶은 자기의 진실된 마음을 해치게 된다는 점을 청년 율곡은 단단히 각성하고 있는 것이다. 율곡이 자경(自警)한 바와 같이, 좋은 인간이 되고 가치 있는 삶을 살아가는 데 있어서 재물과 이익을 추구하는 마음을 경계하고 성찰해야 한다는 것은, 동서 고금(古今)의 현인(賢人)들이 한목소리로 설파한 진리이다.

8) 일을 할 때는 성실(誠實)해야 한다

> "만약 할 만한 일을 해야 하는 상황에서는 곧 성실을 다해서 이를 처리할 것이며, 염증을 내거나 권태로운 마음을 가져서는 안 된다. 만약 할 수 없는 일이라면 딱 잘라 끊어버리고 옳고 그름이 마음속에서 다투어 갈등을 일으키게 해서는 안 된다."

율곡이 언급한 '일'은 인간관계에서 일어나는 모든 일들을 망라하지만 특히 도덕적인 일에 대한 맥락을 중점으로 삼고 있다. '성실'은 '진실무망(眞實無妄)'이다. 그러므로 성실하게 일을 처리하라는 것은 참되고 올바르게, 거짓 없이 하라는 것이다.

일을 할 때 늘 도리에 맞도록 하고 선하게 하는 것은 마음이 성실해야만 가능하다. 그러므로 율곡은 '불성무물(不誠無物)' 즉 "마음이 성실하지 않으면 물(物)이 없다."라고 한 것이다. 여기서 '물'은 인(仁), 효, 사랑, 정의 등의 가치 실천적 성과를 의미한다.

9) 아무리 경미한 불의(不義)라도 행해서는 안 된다

> "불의(不義)를 한 번이라도 행하고, 죄 없는 자를 한 번이라도 해치고서 천하를 얻는다고 할지라도 이를 행하지 않겠다는 생각을 항상 마음속에 간직해야 한다. 좋지 않은 일을 당하면 스스로 반성하고 깊이 성찰해야 할 것이다. 한 집안 사람이 교화되지 않음은 곧 성의(誠意)를 다하지 않았기 때문이다."

단 한 번의 불의와 악행이라도 해서는 안 된다는 것을 율곡은 결심하고 있다. 비록 천하를 얻는다고 할 정도로 엄청난 이익을 준다고 할지라도 악을 행해서는 안 된다. 악을 행하면 이미 참된 자신을 잃는 것이므로 사실상 그에게는 천하를 잃은 것과 마찬가지이다. 살아가면서 의로움과 이익이 충돌할 때, 택해야 할 것은 의로움이라는 것을 마음에 다지는 청년 율곡의 각오는 맹자의 '사생취의(捨生取義)'의 의지와 다르지 않다. 한편 우리는 자신에게 좋지 않은 일을 당하면 화를 내면서 그 일의 원인과 화풀이 대상을 다른 사람에게서 찾는 경우가 적지 않다. 그러나 세상일이라는 것이 자신의 동력 없이 일어나는 것은 없다. 스무 살의 청년 율곡이 좋지 않은 일이 닥치더라도 그 이유를 타인에게서 찾지 않고 자신을 먼저 돌아보아야 한다는 마음을 가진 것은 좋은 인간이 되고자 하는 인생의 목표가 확고하기 때문이다.

10) 공부할 때는 잠을 이겨 내야 한다

> "밤에 잠을 자거나 병이 났을 때가 아니면 쓰러지듯이 눕지 말고, 비스듬히 기대지도 말고, 비록 밤중일지라도 졸음이 오지 않으면 눕지 말 것이나 억지로 하지는 말라. 낮에 졸음이 오면 마땅히 정신을 깨어 있도록 하며, 그래도 심하게 졸음이 와서 눈을 뜨려 해도 눈꺼풀이 무거우면 일어나 몇 바퀴를 걸으면서 잠이 달아나도록 해야 한다."

모름지기 수양을 하고, 가치 있는 일을 할 때 잠을 이겨 내지 못하고 이루었다는 말을 듣지 못했다. 조계종 종정을 지낸 바 있는 성철(性徹) 스님이 팔공산 성전암에서 수행할 때, 10여 년간을 '장좌불와(長坐不臥)' 즉 몰려오는 수마(睡魔)를 물리치고 편안하게 앉기는 하되 드러눕지 않았다는 것은 유명한 일화이다. 결국 잠을 이긴 성철 스님은 깨달음을 얻고 열반송(涅槃頌)을 터뜨렸으니 유교나 불교를 막론하고 참된 자기, 참된 삶을 위해서는 잠을 잘 이겨 내야 한다는 점은 불변이다. 율곡이 생각하는 잠을 쫓는 방법이 오늘날의 우리가 행하는 그것과 다르지 않다는 점은 친근한 대목이다.

율곡의 「자경문」은 사상을 심층적으로 논한 것이 아니라, 자기 삶의 방향과 주요 실천 방법을 명시적으로 제시한 것이어서 간결하고 분명하다. 그리고 그 핵심은 성인이라는 좋은 인격자가 되겠다는 것으로 집약된다. 좋은 인격자는 참된 인간이며, 인간다운 인간이다. 인간의 몸으로 태어나서 살아가지만, 인간이라고 보기 힘든 행위를 하거나, 동물보다 더 못된 짓을 하는 사람도 있다. 현실적으로 큰 재물을 가지고 있거나 권세가 있다고 하더라도 좋은 사람이 되지 못하면 그 삶은 진정으로 가치 있는 삶이 되기 힘들다는 것을 우리는 안다. 좋은 삶은 좋은 인간이 될 때 비로소 가능하다. 좋은 삶은 자기 각성이 뚜렷한 삶이며, 삶의 가치적 방향성이 확실한 삶이라는 것을 생각하면, 「자경문」을 지어 주체적이고 아름다운 삶을 꿈꾸었던 청년 율곡의 자세는 우리가 본받아야 할 귀감이다.

누구나 자기 나름의 자경문이 있을 것이다. 송(宋)나라의 왕신민(汪信民)은 "사람이 항상 나물 뿌리를 씹을 수 있다면 세상의 모든 일을 다 이룰 수 있다.[人常能咬菜根卽百事可成]"라는 말을 마음에 새기며 어려움을 이겨 내고 자기를 단련했다. 자신의 가치 실현과 아름다운 삶을 위해서 '쓰디쓴 나물 뿌리를 기꺼이

씹으며[咬菜根]' 노력한다면 무엇인들 불가능하겠는가! 달콤한 것, 편한 것, 쉬운 것만을 찾는 경향이 뚜렷한 오늘날, 스스로 자신을 단련하고 덕을 키울 수 있도록 어렵고 힘든 과정을 감내하겠다는 마음을 갖는 것은 무척 소중하게 여겨진다. 율곡의 「자경문」은 바로 쓰디쓴 나물 뿌리를 씹는 자기 수양의 결기였던 것이다.

4
인(仁)을 실천하는 삶

인간으로서 좋은 삶을 산다는 것은 곧 인간다운 삶을 사는 것을 의미한다고 율곡은 생각한다. 그렇다면 인간다운 삶은 어떻게 사는 삶을 말하는가? 우리는 인정머리 없는 매정한 사람을 일컬어 "인간도 아니다!"라고 말한다. '인정머리 없다.'는 것은 곧 '인정이 없다.', '어질지[仁] 못하다.'는 뜻이다. 즉 우리는 어진 행위를 인간다운 삶을 산다는 핵심 증표로 삼고 있다. 율곡은 말한다.

> "인(仁)해야만이 사람이라고 할 수 있다." —「성학집요」

인(仁)하지 않으면 사람이 아니다. 참된 사람이라고 불릴 수 있는 사람은 인(仁)을 잘 실천하는 사람이다. 『중용(中庸)』에서도 "인(仁)한 것이 사람다움이다."라고 규정하고 있다. 사람다운 삶이 바로 좋은 삶이다. 그러므로 좋은 삶은 바로 인을 잘 실천하는 삶이다. 이 점에서 볼 때, 특히 유학자들에게 인은 인간다운 삶, 좋은 삶의 준거가 되는 핵심적인 덕이다. 이러한 맥락에서 율곡은 좋은 인간으로서 삶을 살아간다는 것은 곧 인을 충실하게 행하는 것이라고 주장한다.

> "군자(君子)로서 멈춤 없이 나아가고 나아간다면 어찌 성인(聖人)의 경지에 이르지 못하겠는가? 처음에는 바람직한 선(善)에서부터 시작하여 마침내 천지의 조화로운 질서에 참여하여 만물을 잘 생육하도록 돕는 것은 앎을 이루고 행을 지속해서 인(仁)을 숙달되게 하는 데 있을 따름이다. 성현이 인생의 올바른 도를 명백하고 쉽게 보여 주었지만 이 길을 따르는 사람이 드무니 탄식하지 않을 수 없다."
>
> —「성학집요」

군자(君子)는 자신의 삶이 최선을 이룰 수 있도록 노력하는 사람이며, 성인(聖人)은 최선의 삶을 살아가는 이상적인 윤리적 인격자이다. 성인이나 군자 같은 고매한 인격은 한순간에 이룰 수 있는 것이 아니라 늘 자신의 마음을 성찰하고 선을 실천하는 가운데 형성될 수 있다. 이 점에서 율곡은 사람은 모름지기 "멈춤 없이 나아가고 나아가야 한다."라고 강조하면서 인격적 성장을 위한 정진을 요청한다. 공든 탑은 한순간에 이루어지지 않는다. 마지막 한 장의 벽돌을 올림으로써 50미터 혹은 100미터 높이의 탑이 만들어지지만 터를 파고, 돌무더기를 깎고 나르며, 쌓고 다지는 긴 인고(忍苦)의 과정을 통하여 비로소 탑이 완성되는 것이다. 탑도 그러한데, 사람은 말할 것도 없다. 사람은 일생을 통해서 진실하고 성실하게 자신을 수양해야만 비로소 좋은 삶을 살았다고 평가될 수 있다. 삶이 끝나는 그 순간까지도 삶은 완성된 것이 아니기 때문이다.

사실 우리는 일상에서 인(仁)을 행해야 할 상황을 흔히 직면한다. 한번은 이런 일이 있었다. 비 오는 어느 날 나는 자동차를 운전하여 차도를 지나가고 있었다. 초여름의 비는 갑자기 거세게 쏟아졌다. 교통신호를 기다리면서 대기하던 중에 나의 바로 오른쪽 보행자 도로에서 한 고등학생이 비를 흠뻑 맞은 채로 고장난 자전거를 끌고 가고 있었다. 그 남학생의 얼굴은 다소 상기되고 부끄러운 듯이 보였는데, 아마도 난처함 때문에 그러한 듯했다. 나는 순간적으로, 차를 세워서 그 학생에게 내 차에 자전거를 싣고 학생의 집까지 타고 가자고 할까 고민했다. 그러나 내가 망설이는 사이에 신호가 바뀌었고 그 학생은 앞으로 걸어가고, 뒤차들은 내 차가 출발하지 않자 경적을 울려 대기 시작했다. 나는 결국 그 학생을 도와주지 못하고 그대로 지나치고 말았다. 그날 이후 비 오는 날이면 그 학생이 생각났다. 그리고 나의 용기 없음을 자책했다. 비에 젖어 상기된 학생의 얼굴 표정이 마치 부끄럼이 많았던 청소년 시절의 내 모습과 닮은 듯하여 더욱 그러했다.

신문에 보도된 경기도의 어느 여성의 일화도 기억난다. 비가 흠뻑 쏟아지던 여름날, 비를 온몸으로 맞으면서 폐지를 실은 수레를 힘겹게 밀고 가는 할아버지를 본 이 여성은 우산을 할아버지께 씌워 드리면서 함께 천천히 빗속을 걸어갔다. 자신의 몸은 반 이상이 젖은 채로. 이러한 선행이 담긴 사진을 보면서 마음이 따스해지고 한편으로는 숙연해졌다. 나의 인생에서 비 오는 날의 기억이 밝은 파스텔 톤의 감동적인 그림으로 채색된다는 것은 몹시 기분 좋은 일이다.

세상살이가 아무리 힘들다지만 그래도 살 만한 세상이라고 위안할 수 있는 것은 함께 살아가는 사람들 즉 우리의 가족과 이웃과 모르는 어떤 사람들이 어진 행위, 자비로운 행위, 사랑의 실천 행위를 해서 우리를 감동시키기 때문이다. 이때 우리는 진정한 행복감과 신뢰감을 느낀다. 삶이 살 만하다고 느낀다. 그래서 공자는 "어진 마을[里仁]이 아름답다."(『논어』「이인(里仁)」)라고 하지 않았던가! 여기서 '아름답다'는 것은 인을 실천하는 선한 사람들이 넘쳐 나므로 그들의 삶, 그곳에서의 삶이 진정으로 가치 있고 행복하다는 의미일 것이다.

율곡이 바라보는 인생이 바로 이러하다. 율곡은 극기복례(克己復禮)를 인(仁) 실천의 핵심적인 방법으로 제시한다. 인을 행한다는 것은 자기의 이익을 도모하는 것이 아니라 다른 사람을 진정으로 사랑하는 마음을 실천하는 것이다. 그렇기에 사사로운 이익을 취하려는 이기심을 이길 수 있어야 한다. 인을 행하는 것은 처음에는 쉽지 않다. 그러나 인을 행할 때 다른 사람에게 도움이 되고, 그러한 행위를 한 자신을 발견할 때 진정한 마음의 희열과 행복감을 느끼는 경험이 하나하나 쌓여 간다면, 인을 행하는 즐거움은 세상 그 무엇에도 비할 바 없는 가치를 지닌다는 것을 깨닫게 된다.

인을 실천해야 하는 상황은 일상에서 늘 직면하지만 사람들이 실제로 인을 일관되게 실천하기는 쉽지 않다. 아니 오히려 인을 저버리고 자기의 사사로운 이익을 도모하는 데 더욱 집착하는 것은 아닌지 의문이 든다. 좋은 인간의 길, 좋은 삶의 길을 두고 인간으로서의 가치를 약화시키는 이기적인 삶으로 빠져드는 우리에게 율곡은 말한다.

> "성현이 인생의 올바른 도를 명백하고 쉽게 보여 주었지만 이 길을 따르는 사람이 드무니 탄식하지 않을 수 없다."
>
> —「성학집요」

성현이 보여 주고, 율곡이 강조하는 인(仁) 실천의 삶은 인간의 본성에 따른 삶이므로 가장 쉬운 길일 수 있다. 그리고 좋은 삶을 위한 가장 명확한 길이다. 그렇기에 율곡은 인을 실천하는 그 삶의 길을 성현들이 명백하고 쉽게 보여 주었다고 말한다. 생각해 보면, 우리가 살아가면서 부모로서, 자식으로서, 동료로서, 선후배로서, 친구로서, 이웃으로서 어진 행위를 한다는 것은 진정한 인간의 길, 모든 사람들이 행복해질 수 있는 길로 가는 것임이 명백하다. 그런데 왜 우리에게는 이 가치 있는 길을 가는 것이 그렇게 어려운가?

인천의 어느 빌라에서 화재가 발생했다. 바로 옆 카센터에서 일하던 한 직원이 이 빌라의 주민 대부분이 나이가 많은 어르신들임을 알고서 상황이 매우 위급하다고 판단하고는 곧바로 불이 보이고 연기가 피어나는 곳으로 뛰어갔다. 그는 마스크나 방호복 등의 장비도 갖추지 못한 채로 이미 유독가스가 가득 찬 건물의 1층부터 5층까지 오르내리며 벨을 눌러 불이 났음을 알리고 어르신 여덟 명을 무사히 건물 밖으로 대피시켰다. 그런 후 곧 소방차가 와서 불을 진화했다. 이 빌라의 주민들은 카센터 직원 덕분에 목숨을 건질 수 있었다. 그러나 이분은 구조 과정에서 많은 연기를 흡입하여 가슴에 큰 통증이 와서 병원에 응급 이송되었고, 각종 응급처지를 받고는 자비(自費)로 치료비를 감당했다. 율곡이 그리워한 진정한 인자(仁者)·성인(聖人)이 그날 우리 곁에 나투었던 것이다.

5
의(義)를 실천하는 삶

우리는 살아가면서 다른 사람을 도울 때도 있지만 불가피하게 다른 사람의 도움을 받을 때도 있다. 그런데 나를 돕는 사람이 악을 즐겨 행하는 사람이고, 또 악한 행위를 통하여 취득한 물품으로 나를 도와주려고 한다면 그 도움을 받아야 할 것인가? 예를 들면 누군가가 훔친 돈을 나의 긴급한 생활비로 준다면 나는 그것을 받아야 하는가 받지 말아야 하는가?

율곡은 제자들과 공부할 때 일방적인 지식의 전수(傳授)가 아니라 문답하고 토론하는 공부법을 다양하게 구사하면서 삶을 살아가는 길에 대해서 논하는 것을 즐겨 했다. 어느 날 율곡은 제자들에게 질문을 던진다.

> "어떤 사람이 열흘 동안 굶어서 아침에 죽을까 저녁에 죽을까 하는 즈음에 한 강도가 쌀을 주어서 죽음을 면하게 하려고 하는 경우, 이것을 받으면 살고 안 받으면 죽게 될 때, 그것을 받는 것이 옳겠는가?" —「어록(語錄)」

죽을 정도로 굶주린 사람이 강도가 주는 쌀을 받아먹고 생명을 유지하는 것이 옳은가, 아니면 강도는 악한 자이므로 그가 주는 쌀을 거부하고 의(義)로운 죽음을 택하는 것이 옳은가가 율곡이 제기하는 문제이다. 제자들이 답하지 못하고 망설이자 율곡은 자답(自答)한다.

> "열흘 동안이나 굶고 있는데도 돌보아서 구해 주는 사람이 없다면, 이것은 하늘이 이미 나를 죽음에 이르게 한 것이다. 하늘이 이미 나를 죽음에 이르게 했는데, 억지로 구차하게 살 계책을 생각하여 마침내 사람을 살해하여 강탈한 물건을 받는다면 이것은 하늘을 거역하는 것이다. 차라리 죽을지언정 하늘을 거역하고 살아서는 안 된다."
>
> —「어록」

불의(不義)한 강도가 주는 음식을 먹고 목숨을 부지하는 것은 하늘을 거역하는 역천(逆天)의 삶이다. 따라서 강도의 도움을 받아서는 안 된다는 것이 율곡의 생각이다. 도덕적으로 옳지 못한 자의 조력으로 삶을 구하는 것은 도학을 공부하는 유학자의 행위로서는 적절하지 않으므로 율곡은 '사생취의(捨生取義)'해야 한다고 단언한 것이다. 이러한 율곡의 입장이 윤리적으로 매우 급진주의적이고 근본주의적이라고 생각한 유생도 있었던 듯하다. 그는 내심으로는 강도에게 쌀을 받아 목숨을 구하는 것이 비록 옳지는 않지만, 부득이 취할 수밖에 없지 않겠느냐고 생각했을 것이다. 이러한 입장을 가진 오결(吳潔)이라는 제자가 율곡에게 다음과 같이 물었다.

> "선생님, 그러면 만약 날이 저문 산길을 걸어가다가 갑자기 다리를 삐어 걸을 수 없어 바위 밑으로 가서 잠을 자려고 하는데 호랑이와 표범이 많아 위험해서 마음이 불안할 때에, 마침 전에 알던 도적이 말을 몰고 지나가다가 위기에 처해 죽게 된 형편을 동정하여 함께 말을 타고 가기를 간청한다면 어떻게 해야 하겠습니까?" —「어록」

오결이 질문한 핵심은 '전에 알던 도적'이 위험한 상황에 처한 사람을 동정하여 함께 말을 타고 가자고 간곡하게 요청하면 어떻게 해야 하겠는가이다. 이 상황에서 볼 때 오결은 도적이라는 악인(惡人)을 마땅히 미워하고, 그와 함께해서는 안 된다는 것을 알고 있다. 그러나 생명이 걸려 있는 문제에서 도적이 도와주려고 한다면 어떻게 해야 할 것인가, 더구나 그 도적은 전부터 알던 사이여서 자신에게 정(情)이 있으며, 또한 도적이라고 하더라도 본래 측은지심(惻隱之心)이 있어 그 마음으로 사람을 구하고자 한 것이므로 불가피하게 도적의 도움을 받아야 하는 것 아니냐는 생각을 함의한 질문이었다. 그러나 오결의 숨은 뜻을 알아차린 율곡은 이를 못마땅하게 여겼던 듯하다. 이에 율곡은 오결의 물음에 대해서 다음과 같이 답한다.

> "사람이 죽고 사는 것은 모두 하늘에 달려 있다. 내가 만일 죽을 운명이라면 그 말을 타고 간다고 하더라도 어찌 죽지 않겠는가? 내가 만일 죽을 운명이 아니라면 저문 산길에서 잔다고 하더라도 어찌 살지 못하겠는가? 그 말을 타지 않는 것은 의로움이요, 도적의 말을 타는 것은 이로움을 좇는 것이다. 의(義)를 생각지 않고 이(利)만 취하려고 한다면 어찌 군자라고 할 수 있겠는가?" —「어록」

우리는 율곡의 답에서 도덕적 원리주의와 같은 입장을 읽게 된다. 율곡은, 비록 도적이 죽을 수도 있는 상황에 처한 지인(知人)을 살리려고 하지만, 이는 악인의 행위에 불과하므로 결코 받아들여서는 안 된다는 강고한 윤리의식을 표명하고 있다. 율곡은 차라리 의(義)롭게 죽음을 맞이할지언정 한 점이라도 불의(不義)와 연루된 것은 절대 용납할 수 없다고 강조한 것이다. 이 상황만을 전제로 하면 율곡의 입장을 그대로 받아들이기는 쉽지 않다. 그러면 그냥 산속에서 호랑이에게 물려 죽으라는 말인가? 형식 논리적으로 말하면 율곡의 의도는 그러하다. 그러면 율곡은 사람의 생명을 경시하는 것인가?

율곡이 이렇게 답한 본의는 무엇일까? 그것은 당시의 유생들이 윤리를 하찮게 여기고 오로지 자기 이익만을 추구하는 데 혈안이 된 시대 상황을 직시한 연유일 것이다. 율곡의 입장이 너무나 완고한 도덕주의적 생각이라고 판단한 다른 제자의 말에 율곡이 답하는 가운데서 이러한 뜻이 드러난다.

> "이유경이 자리에서 말하기를, '저의 의견으로는 비록 그가 도적이지만 원래 아는 사이고, 또 다른 악한 뜻이 있는 것이 아니라면 우선 옷이라도 벗어 주고 사례하면서 말을 타고 가도 될 것 같은데 이 생각이 어떻습니까?'라고 하니, 율곡이 답하기를 '이런 것은 반드시 그때 가서 형편을 보아서 처신할 것이지 미리 작정할 수 없는 것이다. 그러나 군자가 평소에 마음을 가지는 것은 반드시 의(義)로 이(利)를 삼아야만 천하의 일을 처리하는 데 잘못이 없을 것이다.'라고 하였다." —「어록」

유생들이 공부함에 있어서는 엄정한 도덕 실천적인 입장에 준거를 두고 마음을 다져 나가야 할 것이며, 공부하는 처음부터 상황을 변명으로 삼아 도덕적으로 느슨한 입장을 취하려고 하는 것은 선비의 공부에 합당하지 않다는 것이 율곡의 참된 의도이다. 즉 율곡은 생명의 가치를 소중하게 여기지 않는 것도 아니며, 사람이 살 궁리를 하지 말아야 한다는 것도 아니다. 다만 공부하는 사람의 기본 입장은 살아가는 중에 어떤 상황에서도 반드시 도리를 실천하겠다는 도덕 실천적인 의지가 견고해야 한다는 점을 일깨운 것이다.

제자들과의 대화에서 표명한 바와 같이, 율곡은 배우는 사람들이 자기 이익을 취하는 데 중점을 두지 말고 '의(義)를 지키는 데' 주력해야 한다고 강조한다.

> "배우는 자는 무엇보다도 의(義)와 이(利)를 밝게 분별하는 것보다 더 급한 것이 없다. 의로움이란 자기 이익만을 위하는 것이 아니다. 조금이라도 자기 이익만을 위한 목적으로 올바름을 해친다면 이는 모두 도둑의 무리와 같다. 어찌 경계하지 않겠는가? 선을 행하면서 명예를 구하는 자 또한 자기 이익만을 위하는 마음이니 군자는 그것을 담장을 넘고 벽을 뚫는 도둑보다 더 심하게 본다. 하물며 선하지 않은 일을 행하면서 이익을 보겠다는 자는 말할 것도 없다. 배우는 자는 털끝만큼의 이욕(利欲)도 마음에 두어서는 안 된다." —「학교모범」

말하자면 율곡은 윤동주 시인이 노래한 "죽는 날까지 하늘을 우러러/ 한 점 부끄럼이 없기를/ 잎새에 이는 바람에도/ 나는 괴로워했다."라는 마음과 같이 엄정한 윤리의식을 가지고 살아야 한다는 결기를 표명한 것이다. 율곡이 생명을 경시하는 것은 절대 아니다. 오히려 율곡은 도덕적인 삶을 통해 인간의 고귀한 생명을 더욱 고귀하게 할 수 있다는 실천 윤리적·인간 존중적 관점을 표명한 것이다. 이러한 입장에서 우리는 율곡이 자신의 도덕적 본성의 근원이자 생명의 근원인 하늘을 의식하며 견지하는 경건한 삶의 태도를 확인할 수 있다. 일상에서 늘 도덕적으로 의롭게 살아간다면 하늘이 의롭게 도울 것이고, 또 어느 시점에 명(命)을 거두어 가는 것도 하늘의 뜻이므로 천리(天理)·천명(天命)에 따르는 것이 삶의 마땅한 도리임을 율곡은 일깨우고 있다.

살아가다 보면 우리는 옳지 못한 행위를 하면서 자신의 이익을 도모하려고 할 때가 있다. 어떤 이들은 자신의 욕망을 채우기 위해서 다른 사람을 해치거나 인권을 유린하기도 하고, 어떤 이들은 명예와 권력을 얻기 위해서 거짓말과 협잡을 일삼기도 한다. 이러한 삶은 진정으로 자신을 위한 삶이라고 할 수 있을까? 이러한 삶을 통해서 진정한 행복을 누릴 수 있을까? '한 가지라도 의롭지 못한 일을 하거나, 죄 없는 사람을 죽여서 천하를 얻을지라도 그것을 하지 않겠다는 뜻을 항상 마음에 간직해야 한다.'는 율곡의 인생관은 자신의 삶을 가치롭게 하고, 자신을 가치롭게 하는 철학이다. 율곡은 강조한다.

'윤리적이지 않은 삶은 자기를 해치는 삶이다!'

오늘날 우리는 자기 이익을 극대화하기 위해 전쟁과도 같은 삶을 살고 있는 듯하다. 아무리 큰 이익이라고 하더라도 다른 사람을 해치거나 불편하게 하면서 이루어서는 안 된다고 율곡은 일깨운다. 우리 모두는 자기가 꿈꾸는 삶의 목표와 이익이라는 '천하'를 마음에 세우고 있다. 자기가 추구하는 그 천하를 얻기 위해서 윤리적인 가치와 어긋난 행위를 한다면, 그 삶은 오히려 자신이라고 하는 '세상에서 가장 중요한 천하를 잃는 삶'이 될 것이다. 율곡은 우리가 마음에 보물처럼 간직해야 할 것은, 도덕적으로 의로운 삶을 살고자 하는 마음가짐임을 일깨운다.

6
성실하게 사는 삶

창의력을 중시하는 현대사회에서는 창의적인 역량의 가치를 매우 높이 평가한다. 그렇기에 '성실(誠實)'의 가치는 상대적으로 약화된 듯이 보인다. 그러나 창의력이라고 하는 것도 성실의 가치가 기반이 되어서 이루어지는 역량이라는 점을 깨닫게 되면 성실의 의미를 중시할 수밖에 없다. 즉 성실하게 노력하다 보면 창의력이 더욱 계발되고, 창의적인 성과를 내게 되는 것이다. 유교에서는 성실의 의미를 '진실무망(眞實無妄)' 즉 참되어서 거짓이 없다는 뜻으로 이해한다. 그렇기에 성실은 곧 진실됨, 참됨을 의미한다. 율곡은 특히 성실한 마음, 성실한 삶을 강조한다. 이는 그가 성실함을 주제로 한 「성책(誠策)」이라는 글을 썼다는 점에서도 확인된다. 율곡은 성실의 의미를 강조하는 핵심적인 구절을 자주 인용한다.

> "성실하지 않으면 사물도 없다.[不誠無物]" ―「성책(誠策)」

'불성(不誠)' 즉 마음에 성실함이 없기 때문에, '무물(無物) 즉 일의 효과가 이루어질 수 없다고 주장한다. '성실하지 않으면 사물도 없다.'라는 말의 의미를 율곡은 마치 보는 데 있어서 마음이 진실하지 않으면 보아도 바르게 볼 수 없고, 듣는 데 있어서 마음이 진실되지 않으면 바르게 들을 수 없는 것과 같다고 이해한다. 예를 들면 효도를 함에 있어서 성실함이 없으면 효가 온전히 이루어질 수 없으며, 공경을 하되 성실함이 없으면 공경이 온전히 이루어질 수 없는 것과 같다.

그렇기에 율곡은 "배우는 자는 성실하지 않을 수 없으니 성실하지 않으면 선(善)해질 수 없고, 성실하지 않으면 군자가 될 수도 없다."(「성학집요」)라고 규정한다. 나는 이 율곡의 금언(金言)을 신입생들을 맞이할 때에도 확인한다. 나는 신입생이 입학하면 지도학생과 처음 면담할 때, 학생들이 인사하는 모습을 유심히 본다. 언제부터인가 학생들이 인사를 제대로 할 줄 모른다는 생각을 하게 되었기 때문이다. 학생들이 인사를 할 때, 대개는 구부정하고 어정쩡하여 어색하기 그지없다. 그럴 수밖에 없다. 이해한다. 고등학교에서는 그저 입시 공부를 했을 따름이니 말이다. 그래서 처음 면담을 할 때에는 먼저 대학 생활에서 인생관과 윤리관 정립의 중요성을 강조한 후, 면담을 마칠 때쯤 되어서 인사를 하는 마음가짐과 자세를 일깨우고 함께 마주 보며 인사해 본다. 공경의 마음, 존중의 마음, 진실된 마음으로 인간을 대하는 성실함을 처음 대면하는 자리에서 나와 함께 각성하는 것이다. 누군가는 나를 '매우 꼰대 같은 인사'라고 치부할지도 모르겠다. 그런데 받아들이는 학생들은 매우 의미가 있었다고 평했다는 말을 들었다. 우리 청년들도 율곡이 지향한 진실된 인격과 삶에 대한 간절함이 있다는 것을 새삼 확인하게 된다.

율곡은 좋은 인간, 윤리적 인격자가 되려면 먼저 삶의 방향을 정립해야 하고, 살아가는 올바른 도리를 알아야 하며, 자신의 기질적인 특성으로 인해 야기되는 문제점을 극복해야 하는데, 이것을 가능케 하는 것이 바로 성실이라고 주장한다.

> "성실하지 않으면 뜻[志]을 정립할 수 없고, 성실하지 않으면 이치를 깨달을 수 없으며, 성실하지 않으면 기질을 변화시킬 수 없다." —「성학집요」

성실해야만 자기 공부를 할 수 있고, 참된 자기 변화를 이룰 수 있다는 것이다. 그러므로 『중용(中庸)』에서는 "성(誠)은 사물의 처음과 마침이 되므로 성(誠)이 아니면 물(物)이 없다."라고 한다. 이러한 맥락에서 성실하지 않으면 자기 수양의 효과를 볼 수 없으며, 인격 형성의 변화를 이룰 수 없다는 점을 율곡은 강조한다. 율곡은 당시 지식인들이 단지 뜬 이름만 숭상하고 실행에 힘쓰지 않으며 문장의 화려함을 즐기는 등 헛된 명성이나 명예만을 추구하는 공명심에 빠져서 실효(實效)을 외면하는 점을 크게 우려하였다. 율곡은 성실한 마음이 결여된 채 헛된 말로 희롱하거나 화려한 말만 하면서 수기치인의 실공(實功)을 하지 않는 것을 경계하기도 하고, 어진 정치를 실현하려면 참된 효과를 내려는 '참된 마음[實心]'을 가져야만 한다고 주장하기도 한다.

> "실심(實心)으로 참된 덕을 닦으면 위태로운 것을 편안하게 할 수 있고, 어지러운 것을 다스려지게 할 수 있으며, 망하는 것을 막을 수 있을 것이니 어떤 재앙인들 그치게 하지 못하겠는가?" —「성학집요」

참된 마음 즉 실심은 성실함이 갖추어진 마음인데, 이 마음이 있어야만 덕을 이룰 수 있는 수기(修己)가 가능하고, 어진 정치를 하는 안인(安人) 또한 가능하다. 말하자면, 율곡이 삶에서 지향하는 경국제민을 하는 것 그리고 성인과 같은 참된 인간이 되는 것 모두 마음이 성실해야 가능하다. 율곡이 "한 마음이 진실로 참이라면 만사가 모두 참이니 어떤 것이든지 이루지 못할 것이 없다."(「성학집요」)라고 한 것이 바로 마음의 성실함을 강조한 것이다. 실심은 진실되게 실천하여 일의 효과를 반드시 이루겠다는 도덕 의지적인 마음이다. 이 마음이 충만하다면 인격 함양도 가능하며, 선을 실천하는 것도 흔들림이 없다. 성실은 바른 가치를 실천하는 것이므로 실천을 통하여 반드시 일의 효과를 나타나게 해야 한다. 수기(修己)의 측면에서도 그렇지만, 안인(安人)의 측면에서도 그러하다. 율곡은 말한다.

"아침이 다 지나도록 밥상만 차려 놓고 배 한 번 불러 보지 못하는 것처럼 빈말뿐이고 일의 실효(實效)가 없으면 무슨 의미가 있는가?" —「동호문답」

우리는 간혹 거짓말을 일삼고 잘난 체하며 이름 내기를 좋아하는 사람들을 보면, 그들이 얼마나 허식적이고 허위적이며 거짓된 마음을 가졌는지 단박에 알아차릴 수 있다. 교묘하게 머리를 돌리며 이런저런 꼼수를 쓰는 그들을 보면 한편 안타까운 마음이 드는 것도 사실이다. 도대체 그들은 무엇을 위해서 살고 있을까 하는 의문을 가지게 된다. 거짓된 자기를 만들기 위해 사는 것일까? 율곡은 성실해야만 참된 자기와 대면할 수 있고, 인륜(人倫)을 실현할 수 있으며, 윤리적 인격을 형성할 수 있다고 천명한다.

"성실(誠實)이란 성인(聖人)이라는 윤리적 인격자가 되는 근본이다." —「성학집요」

성실과 관련하여 널리 알려진 것은 중국 당나라의 시인 이백(李白)과 관련된 '마부작침(磨斧作針)'의 고사(故事)이다. 청년 이백이 산에서 공부하다가 학업의 진척이 너무나 없어서 공부를 포기하고 집으로 돌아가기 위해 하산하였는데, 한 노파가 강가에서 도끼를 갈고 있었다. 이를 이상하게 여긴 이백이 도대체 무엇을 하느냐고 물으니, 노파가 답했다.

“도끼를 갈아서 바늘을 만들려고 하네.[磨斧作針]”

이 말을 들은 이백이 헛수고일 뿐이라고 비웃자, 노파는 도끼도 갈다 보면 언젠가는 바늘이 될 것인데 청년이 해 보지도 않고 안 된다고 하니 무엇을 성실하게 하고자 하는 마음이 없다고 일갈한다. 이에 이백은 크게 깨친 바가 있어서 다시 산에 들어가 공부에 정진하여 이후 큰 시인이 되었다.

한 학생이 자신이 살아가면서 마음에 새겨야 할 의미 있는 말을 노트에 적어 달라기에, ‘지성(至誠): 감기(感己), 감인(感人), 감천(感天)’이라는 글을 써 주었다. 이는 ‘지성(至誠)으로 하여 감기, 감인, 감천할 수 있도록 해야 한다.’라는 의미를 함축한 글이다. 자신이 지향하는 가치 있는 일을 함에 있어서 지극한 성실로 하여 자기 스스로를 감동시키고, 다른 사람을 감동시키며, 마침내 하늘을 감동시킬 수 있어야 한다는 것이 그 글의 뜻이라고 학생에게 설명해 주었다. 그 학생은 이후 정말 지성(至誠)으로 공부하고 생활함으로써 학업이나 덕(德)의 측면에서 자신을 감동시키고, 자신의 생활에서 성실함을 증명하는 삶을 살았다. 그 학생이 졸업하고 수년이 지난 어느 날 반가운 메일 한 통을 받았다. 그 학생이 보낸 메일이었는데 내용은 이러했다. “교수님께서 써 주신 그 글을 마음에 새기고 늘 지성(至誠)의 노력을 다하고자 했습니다. 저의 삶을 진실되고 충실하게 하기 위해 노력할 수 있었습니다. 감사드립니다.” 나는 답했다. “나도 제대로 실천하지 못하는 글을 부끄러운 마음으로 적어 주었는데, 그 뜻을 마음에 새기고 실천하는 삶을 살기 위해 힘을 다한다고 하니 오히려 내가 더 감사해야 할 것 같네. 내 말을 허투루 흘려버리지 않았으니 말이네." 청년이 된 그의 삶이 얼마나 아름다울지 굳이 보거나 듣지 않아도 알 것 같았다.

소위 '계란으로 바위 치기'라고 하는 일들을 하는 사람을 보면서 세상은 조롱하지만, 역사는 이러한 일들을 하는 사람의 성실함과 기개에 의해 이루어진다고 해도 과언이 아니다. 삶도 그러한 것 같다. 소중하게 여기는 가치를 포기하지 말고 하루하루 성실하게 실천해 나가야 한다. 이러한 성실한 삶의 길은 근본적으로 '불기자심(不欺自心)' 즉 자기 마음을 속이지 않는 진실한 인간의 길이다. 이렇게 성실하게 살아가다 보면 삶에 대한 눈도 밝아지고, 길도 볼 수 있는 공력이 생길 것이다. 성실은 바로 진실됨을 의미하는 것이니, 성실하게 살면 좋은 인간이 되고, 좋은 삶을 살게 되는 것은 자연스러운 일이다. 그러므로 '성실'은 우리가 삶에서 무엇보다 귀하게 여겨야 할 덕이다. '지성(至誠)이면 감천(感天)!', 이는 한국인의 아름다운 삶의 철학이면서 율곡 인생론의 정수(精髓)라고 할 수 있다.

'퇴계를 만나다
- 인생의 도(道)를 듣고자 할 뿐'

율곡의 나이 23세 때인 1558년에 그의 인생에 큰 계기가 되는 사건이 발생하는데, 그것은 바로 퇴계 이황과의 만남이다. 율곡의 부인 노씨의 아버지가 경상도 성주 목사로 재직하고 있었으므로 율곡은 성주에서 장인을 만난 후 강릉 외가댁으로 가던 길에 예안(지금의 안동)으로 가서 퇴계를 만난 것이다. 이러한 과정은 일견 지나는 길에 퇴계를 만난 듯하여 애초부터 퇴계를 만나는 일이 중요사가 아닌 듯 이해될 수 있다.

그러나 생각해 보라. 스무 살을 갓 넘긴 청년 유생으로서 당대에 명성이 높은 58세의 대학자를 만나는 일이 그저 지나가는 여정의 하나에 불과했을까? 아마도 율곡은 애초부터 퇴계를 만나는 일을 이 긴 여정에서 가장 중요한 일로 마음에 두었을 것이다. 아무리 기개 높은 청년이라고 하더라도 나이가 35살이나 차이 나는 당대 최고의 유학자를 만나는 일을 쉽게 실행하기는 어려웠을 것이다. 그러나 율곡은 퇴계를 찾아가기로 작정했다.

예안으로 가는 그의 마음이 얼마나 설레었을지 가늠하기조차 어렵다.

율곡은 공부의 방향, 인격적인 모범, 삶의 가치를 찾아가며 용맹정진하는 젊은 수행자의 진심을 가지고 퇴계를 만나고자 했을 것이다. 율곡의 이러한 뜻은 퇴계를 만나서 드린 다음과 같은 시에서 표명된다.

시냇물은 수사(洙泗)에서 나뉘었고
봉우리는 무이산(武夷山)처럼 빼어났네
살아가는 계책은 천여 권의 경전이고
거처하는 방편은 두어 칸의 집뿐이네
마음은 비가 갠 후의 밝은 달과 같고
말씀과 웃음은 거친 물결을 멈추게 하네
저는 도(道)를 듣고자 온 것이지
반나절의 한가함을 훔치려는 것이 아닙니다

율곡이 무슨 마음으로 퇴계를 찾았는지 그 연유가 시에 고스란히 나타난다. 청년 율곡은 말했다.

"저는 인생의 도(道)를 들으려고 찾아왔습니다!"

공자는 "아침에 도를 들으면 저녁에 죽어도 좋다.[朝聞道夕死可

矣]”(『논어』「이인」)라고 하였다. 율곡도 이런 마음이었을 것이다. 당대의 대학자 퇴계를 만나서 인간의 도리에 대해 묻고, 또 인품을 직접 느껴 보면서 인생의 사표(師表)로 삼고자 했을 것이다. 이것이 바로 율곡이 한양에서 남(南)으로, 그리고 예안으로 순례(巡禮)한 진정한 이유였을 것이다.

그렇다면 율곡이 온다는 기별을 듣고 퇴계는 어떤 마음이었을까? 놀랍게도 그 당시에 이미 청년 유생 율곡의 명성은 조선에 널리 알려져 있었다. 그 젊은 나이에 율곡의 명성이 높았던 것은 직접적으로는 그가 쓴 과거 답안지「천도책(天道策)」으로 인함이다. 천도에 입각해서 인간의 도리를 논한 이 답안은 조정(朝廷)의 과거(科擧) 심사위원들을 놀라게 했으며, 그의 학문적 탁월함은 중국에까지 알려지게 된다. 퇴계는 율곡의 학문적 비범함에 대해 이미 알고 있었기에 이 청년을 만난다는 기대감이 있었을 것이다. 율곡을 만난 퇴계는 다음과 같은 답시(答詩)를 전했다.

> 병든 나는 문 닫고 누워 봄이 온 줄을 몰랐는데
> 그대가 와서 이야기하자 마음이 상쾌해지네
> 이름난 선비 헛소문 없다는 것을 비로소 알겠네
> 전부터 나는 몸가짐을 제대로 못 한 것이 부끄럽소
> 좋은 곡식에는 강아지풀을 용납할 수 없고
> 티끌은 갈고 닦는 거울에 쌓일 수 없네

정(情)에 겨워서 표현한 시어(詩語)들은 모두 버리고
노력하고 공부하여 각각 날로 친해지세

퇴계는 율곡에 대해서 큰 인상을 받은 것으로 보인다. 이미 율곡을 '이름난 선비'로 칭하면서 그의 출중함을 인정한다. 퇴계는 겸손함의 덕을 갖춘 유덕한 학자였으니 청년 학자를 보고도 자신의 수양이 잘되었는지를 반성하는 계기로 삼고 있다. 퇴계는 청년 율곡에게 다짐한다. "노력하고 공부하여 각각 날로 친해지세." '날로 친해지세[日親]'라는 표현에는 앞으로 서로 인간적인 정을 더욱 도탑게 하자는 의미도 있을 것이다. 그러나 퇴계가 뜻한 핵심은 '도학(道學)을 이룰 수 있도록 노력하고 공부하여' 날로 친해지자는 것이다. 그렇다면 '날로 친함[日親]'의 의미는, 도학을 공부하고 실천함에 더욱 힘을 다하여 참된 인격자로서 그 덕을 나누는 사이가 되자는 것이 본질이다. 가히 '퇴계답다.'라고 평가할 만하다. 퇴계는 나이 차이도 잊고 또 자신의 덕을 더욱 겸허하게 표현하면서, 청년 율곡이 인생의 참된 도(道)를 찾는 길을 격려하며 이 길을 함께하자고 다짐하는 것이다. 이러한 맥락에서 본다면, 퇴계가 말한 '일친(日親)'은 『대학(大學)』의 한 구절인 "나날이 새롭게 하고 또 날마다 새롭게 한다.[日日新又日新]"의 '일신(日新)'의 의미 또한 내포하고 있다고 보아도 좋을 것이다. 이와 같이 퇴계는 먼 길을 온 총명한 청년 유학자의 학문과 덕행을 진지하게 권면(勸勉)하고 있다. 이 만남 이후 퇴계는 율곡이 강릉으로 돌아간 후에 그에게 편지를 보내서 공부에 매진할 것을 거듭 당부한다.

> "세상에 영재가 어찌 한둘이겠습니까. 그런데 그들은 도무지 옛 학문에 마음을 두려고 하지 않아서 흙탕물 같은 세속의 가치에 쓸려 가고 있습니다. 세상의 속된 물결을 떨치고 나아간 사람이 간혹 있으나, 그릇이 안 되거나 이미 늙어 버렸습니다. 그대는 재주가 뛰어나고 나이 아직 젊으니 바른 길로 나아간다면 장차 큰 성취가 있을 것입니다. 오로지 더욱 원대(遠大)하기를 자신에게 기약할 것이며, 작은 성취에 만족하지 마십시오." —「쇄언(瑣言)」

퇴계가 말하는 '옛 학문' 즉 고학(古學)은 바로 공자와 맹자가 지향했던 실천적인 공부로서 도덕 실천학, 인격 함양의 학, 진정한 위기지학(爲己之學)을 의미한다. 퇴계는 재주 있다고 하는 청년 유생들도 모조리 세속의 이익을 따르는 공부에 치중하는 현실에서 율곡과 같이 뜻이 바르고 능력이 출중한 청년이 참된 학문을 해 주기를 바라는 기대감이 남달랐을 것이다. 퇴계는 율곡을 인격 형성의 공부에서 대성할 인재로 보고 "작은 성취에 만족하지 마십시오."라고 당부한 것이다. 이후에도 율곡과 퇴계는 여러 번 편지를 주고받으며, 나이 차이를 뛰어넘어 학문적으로 그리고 인격적으로 교유(交遊)하는 아름다운 정을 나누게 된다.

한편 퇴계는 율곡을 만난 그해에 제자 조목(趙穆, 1524~1606)에게 편지를 보내어 율곡을 만난 소회를 다음과 같이 피력하였다.

> "일전에 한양에 사는 선비 율곡이 성산(성주)으로부터 나를 찾아왔었네. 비로 인해 사흘을 머물고 떠났는데, 그 사람됨이 밝고 쾌활하며 기억하고 본 것이 많고 우리 학문에 뜻이 있으니, '후생을 두려워할 만하다.[後生可畏]'라는 성현의 말씀이 참으로 나를 속이지 않았네. 일찍이 그가 화려한 시문(詩文)을 너무 숭상한다고 들었으므로 이를 억제하고자 시를 짓게 하지는 않았네. 떠나는 날 아침에 눈이 내리기에 시험 삼아 시를 짓게 했더니, 그 자리에서 몇 수를 지었네. 시는 그 사람만 못하지만, 그래도 볼만하여 지금 여기에 동봉하니 읽고 나서 다시 돌려보내 주게. 학문이 날로 새로워지기를 바라면서 이만 줄이네."
>
> —『퇴계전서』「답조사경」

퇴계는 『논어』의 '후생가외'를 떠올리며 청년 율곡이 대단한 학문적 역량을 가진 선비임을 인정하고 있다. 퇴계는 밝고 시원한 성품에 인격적 성숙미가 드러난 청년 학자 율곡에게 매료된 듯이 보인다. 그러므로 퇴계는 자신의 제자 조목에게 율곡의 시와 면모를 소개하는 글을 보내어 제자들이 더욱 분발하여 공부하도록 일깨운 것이다.

예안에서의 청년 율곡과의 만남을 회억하며 다시 퇴계가 지어서 율곡에게 준 시와 율곡이 퇴계에게 드린 시가 있는데, 여기에도 그들의 만남이 가진 인간적인 아름다움이 드러난다.

「이이(李珥) 수재(秀才)가 계상으로 만나러 오다」(퇴계)

예로부터 이 학문 세상이 놀라고 의심하여
이익(利益) 위해 경전을 읽으니 도(道)에서 더욱 멀어지네
감격스럽네, 그대만이 홀로 깊은 뜻 가졌으니
그대의 말 들으면 누구나 새로운 앎이 피어날 것이네

「퇴계 선생이 부쳐 준 시에 차운을 써서 짓다」(율곡)

도(道)를 배우면 어떤 사람이 의혹 없는 곳에 이르게 될까
병폐의 뿌리가 내게서 완전히 떨어지지 않았네
생각이 응당 그러하네, 차가운 퇴계(退溪)의 물 받들어 마시니
마음과 창자가 온통 시원해짐을 다만 스스로 알겠네

율곡의 인생에서 퇴계와의 만남은 아마도 '가장 중요한 사건'이 되었을 것이다. 청년 율곡이 남긴 여러 글들을 통틀어 보더라도 어떤 이를 만나면서 '도(道)를 듣고자 왔다.'라는 표현은 하지 않았다. 이 점은 율곡에게 있어서 퇴계와의 만남이 인생의 스승에게 삶의 도를 묻고, 참된 학문의 길을 거침없이 나아가는 데 일대 계기가 되었음을 보여 준다. 퇴계라는 대학자를 직

접 찾아간 용기는 그와 같은 큰 학문과 인격을 이루겠다는 의지의 발현이다. 그러한 뜻이 없었다면 율곡은 퇴계를 만나지 못했을 것이다. 퇴계를 만나서 격려의 말을 들은 율곡은 그 후 퇴계와 모두 다섯 차례의 편지글을 주고받게 되는데, 이러한 퇴계와의 만남은 율곡의 학문적 진보를 추동하는 엄청난 동력이 되었다.

나는 젊은 시절에 홀로 태백산 각화사(覺華寺)로 가서 조계종의 선지식(善知識) 고우(古愚) 스님을 만난 적이 있다. 봉화의 전통시장에 들러 5천 원을 주고 산 떡을 드리고 문답하면서 나는 맑은 마음, 자비로운 덕이 훤히 드러나는 우리 시대의 선지식을 보았다. 두어 시간의 담화를 통해서 인간의 겸손함, 수행의 치열함, 대중을 위한 자비심을 배웠다. 그날 이후 늘 고우 스님의 덕이 나의 마음에 자리하면서 정진하도록 일깨웠다. 세월이 흐른 어느 날 '부처님 오신 날'에 주요 일간지에 실린 고우 스님의 기사를 접했다. 대담 기자가 "스님은 깨쳤습니까?"라는 우문(愚問)을 던지자, 고우 스님은 "나는 턱도 없어요!"라고 답했다. 이 문답을 보면서 나는 생각했다. 내가 마음에 담아야 할 한 폭의 아름다운 호수가 있다면 바로 고우 스님과 같이 치열한 선(禪) 수행자가 "나는 턱도 없어요!"라고 말할 수 있는 겸손함, 진실함, 청정함일 것이라고.

우리 시대의 청년들도 삶을 일깨워 주는 선각(先覺)을 만나기 위해 노력하는 과정이 있으면 좋겠다. 인생길에 대해서 물을 수 있는 인격과 역량을 갖춘 큰사람을 과감하게 찾아 나서기를 기대한다. 친구들 사이에서만 머물러 있는 것이 아니라 사회 각계에서 활동하는 경륜 있는 선각과 선배를 찾아서 자신의 미래를 꿈꾸고 의지를 다지면서 역량을 함양할 필요가 있다. 이렇게 하는 과정에서 마침내 어느 날, 마치 율곡처럼 스스로 퇴계와 우뚝 마주 선 큰 산이 될 수 있을 것이다. 인생이나 인격 면에서…….

제3장

좋은 삶을 위한 수양의 길

마음은 쟁반의 물 같아 가장 잡기 어려우니
도랑이나 구덩이에 빠져드는 것은 눈 깜박할 사이로세
그대들에게 부탁하노니 지조(志操)를 굳게 지켜서
번거로운 세상 속에서 우뚝이 변치 말게

—「정사(精舍)의 학도(學徒)에게 부치다」

1
가치로운 뜻을 정립함

인생을 살아가는 데 있어서 가장 기본적으로 요청되는 것은 바로 삶의 방향을 정하는 것이다. 가령 비행기가 이륙해서 어디로 갈 것인지 방향을 정하지 못하고 이리저리 배회하기만 한다면 그 비행의 목적성이 상실되고 결국은 연료만 소비하는 결과를 초래하게 될 것이다. 인생도 그러하다. 먼저 자신의 삶을 가치롭게 할 수 있는 뜻을 세우는 것이 중요하다. 인간은 자기 삶의 가치와 의미에 대해서 물을 수 있는 유일한 존재이다. 그러나 많은 현대인들은 자기 밖의 물질과 대상에 대해서는 관심을 갖고 강력하게 끌리지만, 자신의 정체성과 삶의 근본적인 방향에 대해서는 깊이 있는 고민을 하지 않고 있다. 요하네스 헤센(Johannes Hessen)은 자신의 저서 『현대에 있어서 삶의 의미』에서 이러한 실상을 묘사하고 있다.

> 나는 왜 태어났는지 모른다.
> 나는 누구인지 모른다.
> 나는 어디로 가고 있는지 모른다.

내가 나에 대해서 아무 것도 모른 채로 살고 있다는 것이 참으로 이상하다.

우리가 휴대폰과 반려견에 대해서는 잘 아는 반면 자기 자신이 도대체 누구이며, 자기 삶의 주인이 무엇이며, 자기가 어디로 가고 있는지를 모른다는 것은 슬픈 일이다. 자신이 어떤 사람이 되어야 하며, 어떤 삶을 살아야 하는지 그 방향을 정하는 것이야말로 자기 삶을 참되게 영위하는 주체적인 인간의 면모이다. 율곡은 자기의 삶, 자기다운 삶에 대한 정립 문제를 각성하면서 입지(立志) 즉 '가치 있는 뜻을 세움'을 강조하였다.

> "공부를 시작하는 사람은 먼저 '뜻을 세워[立志]' 반드시 성인(聖人)이라는 윤리적 인격자가 될 것을 스스로 기약해서 조금이라도 자신을 하찮게 여겨서 포기하려는 생각을 해서는 안 된다. 일반 사람도 그 본성은 성인(聖人)과 똑같다. 비록 기질에는 맑고 흐림과 순수하고 뒤섞인 차이가 없을 수 없으나, 참되게 알고 실천하여 오랫동안 젖어 온 나쁜 습관을 버리고 그 본성을 되찾을 수 있다면, 털끝만큼도 더 보태지 않아도 온갖 선함을 다 드러낼 수 있다."
>
> —「격몽요결」

율곡이 강조하는 입지는 성인이라는 윤리적 인격자가 되는 데 핵심이 있다. 성인이라고 하면, 공자나 퇴계 같은 역사적인 인물을 떠올리기 쉽지만 율곡이 입지하고자 한 목적으로서의 성인은 일상에서 도덕적인 사유를 하고 실천하는 윤리적 인격이다. 즉 일상생활에서 기본 도리를 충실하게 실천할 수 있는 사람이 되어야 한다는 것을 율곡은 입지의 핵심 가치로 삼은 것이다.

사람은 모두 본성적으로는 선함을 타고났기에 누구나 윤리적 인격이 될 수 있다는 것이 율곡의 관점이다. 이 점에서 인간은 존엄하고 존귀하다. 그렇기에 자신의 본래 품성이 좋은 인격자가 되는 데 부족하지 않은지 의문을 품고 스스로를 비하해서는 안 된다. 율곡은 사람은 본성적으로 모두 선하게 태어났으나, 기질에 있어서는 개인마다 맑고 탁한 차이가 있어서 이로 인해 욕심이 많거나 적은 특성이 나타나기도 한다고 본다. 실제로 사람은 태어날 때부터 어느 정도는 개인마다 선호하는 것과 욕구의 차이가 있는 것이 사실이다.

그렇다면 기질적·육체적 욕망이 강해서 다른 사람의 소유물을 탐하는 사욕이 활활 타오른다면 이를 극복할 수는 없을까? 율곡은 이를 극복할 수 있다고 단언한다. 어떻게 하면 그것이 가능한가? 율곡은 "참되게 알고 실천하여 옛 습관에 물든 것을 버리고, 본성을 회복할 수 있다면 가능하다."라고 말한다. 잘못된 행위를 습관처럼 한 것을 반성하면서, 윤리를 잘 알고 실천해서 악습을 이겨 낼 수 있다면 곧 일상에서 충실하게 선을 실천할 수 있다는 것이다. 이렇게 하는 사람이 바로 윤리적 인격자이며, 성인이다. 사람들은 누구나 성인이 될 수 있는 선천적인 품성을 갖추고 있으므로 온전한 윤리적 인격자가 되려는 뜻을 세우고 노력해야만 한다고 율곡은 강조한다.

> "보통 사람들이 스스로 뜻을 세웠다고 하면서도 노력하지 않고 미루는 것은, 뜻을 세웠다고 말만 하는 것에 불과할 뿐이어서 실제로는 성의껏 배우겠다는 마음이 전혀 없기 때문이다. 진실로 학문하는 데 뜻을 둔다면, 착한 일을 하는 것은 자신에게 달려 있어서 하고자 하면 이룰 수 있다. 그러니 남에게서 얻으려 하며 나중의 일로 여겨서는 안 된다. 뜻을 세우는 것이 중요한 이유는 공부에 착수해서는 혹시라도 미치지 못할까 염려하고, 한 생각도 여기서 물러서서는 안 되기 때문이다. 만일 뜻이 성실하지 못한 채로 그럭저럭 시간만 보낸다면 늙어 죽을 때가 된다고 한들 무슨 성취가 있겠는가?" —「격몽요결」

자기가 어떤 사람이 될 것인지는 물질이나 환경, 부모 탓이 아니라 전적으로 자신에게 달려 있음을 일깨우고 있다. 이러한 입장이 바로 인격 형성에 있어서의 자기 주체성을 담보하는 관점이다. 좋은 인간이 되려는 뜻을 이루는 것은 아무리 단단히 각오해도 쉽지 않다. 왜냐하면 인간은 육체를 가진 존재로서 자신의 욕망과 복잡다단한 사회적인 관계망에서 도덕적 순수성을 견지하는 것이 만만치 않기 때문이다. 그러므로 율곡은 뜻을 세우면 물러나지 않는 마음 즉 '불퇴전(不退轉)'의 마음으로 수행해야 함을 강조한 것이다. 이러한 마음을 오늘날 청년들은 '중꺾마' 즉 '중요한 것은 꺾이지 않는 마음'이라 부르기도 한다.

대학 졸업을 유예하고 취업 준비를 하는 한 학생을 면담한 적이 있다. 이 학생은 공기업 시험을 준비 중이었는데, 열심히 공부하는 것 같지 않았다.

나는 그 학생에게 물었다.
"삶의 꿈이 무엇인가요?"
잠시 망설이던 학생이 답했다.
"남을 도우면서 사는 것입니다."

나는 먼저 그의 꿈을 격려한 후, 지금까지 남을 지속적으로 도운 일이 있는지를 다시 물었다. 그는 제대로 남을 도운 적이 없다고 말했다. 나는 이 말을 듣고, 그가 실은 남을 돕는 삶을 살겠다는 뜻을 제대로 정립한 것이 아니라, 그저 막연하게 상상한 것에 불과하다고 말했다. 진정으로 '남을 돕는 삶'을 살려고 한다면, 대학에서 공부하는 동안에 봉사 동아리, 사회복지 단체에 가입해서 활동하거나, 아니면 다른 방법으로 남을 돕는 일을 적극적으로 했어야만 할 것이었다. 나는 그 학생에게 가치로운 삶의 꿈을 이루기 위해서는 실천에 더욱 주력해야 한다고 조언했다. 삶에 대한 뜻이 없는 것보다는 낫다고 할 수 있으나 생활하면서 그 뜻을 제대로 실천한 적이 없으니, 이는 곧 율곡이 말한 바대로 실제로는 아무런 뜻이 없는 것과 다를 바 없다고 함이 적당할 것이었다.

대학 시절 알게 된 친구가 있었다. 어느 날 그 친구와 나눈 대화 중의 한 대목이 나를 크게 각성시켰다. 그는 말했다.

> "나는 인생 50대의 정점에서 어떤 사람이 되어 있을지를 생각하고, 대학 시절부터 그에 합당한 능력을 기르려고 한다."

장차 무엇이 되고 싶다는 바람 정도를 이야기하는 것이 보통 청년들의 일반적인 경향인데, 그 친구는 '인생의 정점'이라는 목표 지점을 확실하게 정해 두고, 실제로 이를 위해서 대학 생활을 했다. 나는 그때의 신선한 충격을 잊을 수가 없다. 그 친구는 지금 서울의 큰 교회에서 담임 목사직을 수행하고 있는데, 그 시절 아름다운 뜻을 가진 친구의 자기 다짐의 말은 청년 시절의 나를 일깨우는 빛과 같았다.

우리는 간혹 친구나 지인 중에서 인품이 좋은 사람을 지칭하여 '성인군자' 같다고 말하기도 한다. 이때 말하는 '성인군자'는 생활 가운데서 선을 잘 실천하는 윤리적 인격자이며, 이는 율곡이 말하는 '성인'과 실제적으로 다르지 않다. 율곡은, 인간은 선한 본성을 타고났으므로 일상의 삶에서, 다른 사람과의 관계에서, 일을 처리하는 과정에서 인간으로서의 기본 도리를 충실하게 실천하는 인간이 되는 것이야말로 가장 가치 있는 삶의 목표라고 규정하고, 이를 위한 뜻을 정립해야 한다고 주장한다. 율곡이 말하는 윤리적 인격자는 곧 일상의 선을 잘 실천하는 사람이다. 진리는 일상에 있고, 일상에 진실된 사람이 선한 사람이며 윤리적 인격자라는 것을 우리는 알고 있다. 유교 윤리는 일상의 철학이며, 일상의 가치를 중시한다. 인간다운 삶은 배려, 존중, 우정, 사랑[仁], 효도, 관용, 겸손과 같은 덕을 실천함으로써 이루어질 수 있다는 것이 율곡의 생각이다.

오늘날 현대인이 살아가면서 안고 가는 중심 화두는 '사람다운 삶을 살아가고 있는가?'가 아닌 듯하다. 현대인들이 추구하는 많은 돈, 비싼 옷, 좋은 차와 같은 것들이 사람다운 삶의 가치와 일치되는 목록은 아니다. 현대인들은 마음이나 인격이 아니라, 물질적인 것으로 자기 자신과 자기의 삶을 규정하는 데 익숙해져 있다. 돈과 옷과 차와 아파트로 사람의 가치를 평가하는 시대에 율곡의 입지(立志)를 생각하면, 우리 인생에 대한 잊혀진 소중한 길을 다시 보게 되는 빛나는 '별의 순간'을 경험하게 될지도 모를 일이다.

2
마음의 사욕을 제거함

어떠한 일을 처리하든지 간에 이를 잘하기 위해서는 자기 마음을 다스리는 것이 가장 중요하다. 마음의 중요성을 강조한 하나의 구절은 단연 불교의 『화엄경』에 등장하는 '일체유심조(一切唯心造)' 즉 '모든 것은 마음이 짓는다.'이다. 어떠한 마음을 갖느냐에 따라 삶의 안정, 행복, 성취 등 사실상 모든 것이 좌우된다고 해도 과언이 아니다. 율곡 역시 마음의 중요성을 특히 강조하면서 어떻게 하면 마음을 잘 다스릴 수 있을 것인가에 집중했는데, 그는 마음을 다스리는 핵심적인 방법이 바로 '경(敬)'이라고 주장한다.

> "경(敬)은 성인(聖人)이라는 좋은 인격자가 되는 공부의 처음이자 마지막을 이루는 것이다." —「성학집요」

인격 형성 공부의 시작과 마침은 경에 의하지 않고는 불가능하다는 것이 율곡의 생각이다. 왜 율곡은 경에 이런 중요한 의미를 부여하는가? 그것은 경을 하면 마음을 잘 다스릴 수 있다고 생각하기 때문이다. 사람의 마음은 그 본바탕은 선하지만, 생물적 욕구와 악한 생각이 일어나기도 한다. 보통 사람의 경우 마음을 잘 다스리지 않고 흘러가는 대로 두면 악한 생각을 하게 되고, 사사로운 욕망에 사로잡히기 쉽다. 그렇기에 마음을 다스리는 것이 반드시 필요하며, 그 마음 다스림의 핵심적인 방법이 바로 경이라고 율곡은 인식한 것이다.

> "인(仁)은 이치가 사람에게 부여된 것이니, 경(敬)으로써 예(禮)를 회복하면 이것이 곧 지극히 성실한 도이다."
>
> —「사자입언부동의(四者立言不同疑)」

예를 회복하는 것은 선한 덕인 인(仁)을 잘 실천하는 것이다. 예를 회복하는 것은 '극기(克己)' 즉 '극기복례(克己復禮)'이다. '극기'는 사사로운 자기를 극복한다는 것인데, 이는 마음의 사욕을 이겨 낸다는 의미이다. 극기는 자기 마음을 다스리는 것으로부터 가능하며, 그 마음 다스림의 실제적인 방법이 바로 경(敬)이다. 마음을 집중하여 사욕이 생기지 않도록 하는 것이 '경을 함' 즉 '거경(居敬)'이다. 그렇다면 거경의 핵심은 무엇인가?

> "거경(居敬)은 일이 없어서 마음이 고요할 때와 일이 있어서 마음이 움직일 때에 모두 통하는 것인데, 일이 없어서 마음이 고요할 때에는 잡생각을 하지 않고 조용히 마음을 밝게 가지며, 일이 있어서 마음이 움직일 때에는 일을 하

되 전심하여 마음을 둘이나 셋으로 갈라지게 해서는 안 되고, 조금도 지나치거나 모자람이 없도록 해서 몸가짐은 반드시 가지런하고 엄숙하게 하며, 마음가짐은 반드시 경계하며 삼가고 두려워해야 하는 것이다." —「만언봉사(萬言封事)」

경을 한다는 것은, 일이 없어서 마음이 고요할 때는 마음을 잘 보존하면서 깨어 있고, 일이 있어서 마음이 움직일 때는 마음을 그 일에 전념하여 도리에 맞도록 하는 것이다. 마음을 전념하고 전심한다는 것은 마음이 이리저리 가지 않도록 마음을 둘이나 셋으로 나누지 않는 것을 말한다. 이와 같이 일이 있거나 없거나 간에 마음을 집중하고 전심하는 것은 마음을 깨어 있도록 해서 그 주재적인 능력을 잘 발휘할 수 있도록 하는 것이다. 예를 들면 일이 없을 때는 마음을 차분하게 유지하면서 늘 깨어 있도록 하고, 일이 있을 때는 그 일에 마음을 전념해야 한다는 것이다. 또한 율곡은 경을 한다는 것은, 마치 집에 도둑이 들어오지 못하게 하는 것과 같으니, 이는 곧 마음에 사욕(私慾)이 일어나지 않도록 해서 악행을 결단코 방지하는 것이라고 여긴다.

경과 관련된 하나의 예로 『맹자』「고자상(告子上)」에서 맹자는, "바둑의 기예가 비록 하찮다고 하나 마음을 전심(專心)으로 하고 뜻을 다하지 못하면 터득하지 못한다."라고 하면서, 혁추(奕秋)라는 사람과 관련된 이야기를 예로 들고 있다. 혁추는 나라에서 바둑을 가장 잘 두는 사람이었다. 혁추가 두 사람에게 바둑을 가르치는데, 한 사람은 마음을 전심으로 하고 뜻을 다하여 바둑에 집중했다. 그러나 다른 한 사람은 비록 혁추의 말을 듣기는 하지만 마음 한편에는 기러기와 큰 새가 나는 것을 보면 어떻게 활을 당겨서 잘 맞힐까 하는 생각에 몰두했으므로 이 사람은 비록 함께 배우지만 반드시 전심을 다하는 사람보다 나아지지 않을 것이라고 맹자는 말한다. 이 예화는 일이 있을 때 자기 마음을 다하는 전심의 경에 대해서 일깨우는 것이다.

거경을 하는 것은 비단 마음에만 그치는 것이 아니다. 왜냐하면 몸을 단속하는 것이 바로 마음이므로 경을 한다는 것은, 마음가짐에서는 반드시 경계하고 삼가고 두려워하는 것은 물론, 몸가짐도 바르게 하고 엄숙하게 하는 것을 의미한다. 이와 같이 거경을 한다는 것은 마음이 깨어 있도록 하고 사악한 욕망이 일어나지 않게 해서 선한 마음이 발현될 수 있도록 마음의 주재력을 잘 발휘하는 것이 핵심이다. 율곡은 다음과 같이 경을 실천하는 의미를 집약하여 퇴계에게 말한 바 있다.

> "일이 없어서 마음이 고요한 가운데 전심하는 경을 잘한다면, 일이 있어서 이에 대응할 때도 마음의 주재력을 잘 발휘할 수 있습니다." —「상퇴계이선생별지(上退溪李先生別紙)」

마음이 본래의 선한 주재력을 잘 발휘한다면 상황의 판단과 적절한 행위가 가능하다는 것이 율곡의 견해이다. 율곡은 공부하는 사람들이 경을 어렵게만 생각하는 경향에 주목하면서 쉽게 경을 할 수 있는 방법으로 흩어진 마음을 잘 거두어 모으는 '수렴(收斂)'을 제시한다. 수렴에는 몸가짐, 언어, 마음의 수렴이 있다. 즉 몸가짐을 반듯하고 바르게 하며, 말을 선하게 하는 것이다. 『시경(詩經)』에서 "함부로 말하지 말고 구차하게 말하지 말라. 나의 혀를 잡아 줄 이가 없으니, 함부로 말을 내뱉지 말라."라고 한 것이 이에 해당한다. 마음의 수렴은 '놓쳐 버린 마음을 구하는 것[求放心]'으로서, 항상 마음에 사악한 생각이 일어나지 않도록 해야 한다는 것이다.

율곡은 경을 잘해야만이 인격 형성 공부의 참된 성과를 얻을 수 있다고 보았지만, 당시 사회에서 이러한 경의 공부가 소홀히 되고 있음을 직시하고 이를 개탄하였다. 율곡은 말한다. "지금 사람들은 어려서부터 마음을 다스리는 경(敬) 공부는 하지 않으니 마음이 혼란스러워지고 행동이 규범에 어긋나서, 그 공부가 있는 듯도 하고 없는 듯도 해서 결코 이룰 수가 없다."(「성학집요」) 마음 수양의 공부를 하지 않아서 어떠한 공부도, 어떠한 일도 잘 이루어지지 않는다는 율곡의 탄식은 우리의 가슴을 울린다. 우리 시대에도 이렇지 않은가? 마음을 수양하기보다는 자신의 욕망에 사로잡혀서 사익을 추구하는 세태가 심화되어 마음을 바르게 유지하기가 쉽지 않다. 그렇기에 삶이 흔들리고 참된 인생길을 가지 못하게 되는 경우가 많다.

『지선아 사랑해』의 저자 이지선 교수는 대학 시절에 당한 큰 교통사고로 심각한 부상을 입었다. 다행히 건강은 회복했지만, 얼굴에는 큰 화상 흉터가 남았다. 이후 살아가면서 자신의 철학을 정립하고 마음을 다스린 이지선 교수는 예전과 같은 얼굴을 가지지는 못하지만 지금의 삶이 더욱 가치롭다고 여긴다.

> "사고 이전의 과거의 저로 돌아가겠느냐고 묻는다면, 저는 돌아가지 않을 것이라고 말할 것입니다. 그 이유는 지금의 저는 삶의 진정한 행복을 깨닫고 있기 때문입니다."

사고 이전과 이후 달라진 것은 그의 얼굴뿐만이 아니다. 마음도 달라졌다. 얼굴이라는 물질에 사로잡힌 마음과, 달라진 얼굴을 계기로 진정한 자신과 삶에 대해서 눈뜬 각성된 마음의 차이가 있다. 어떤 마음으로 살 것인가, 마음을 어떻게 다스릴 것인가를 깨치면, 우리 삶의 참된 가치와 의미 그리고 행복을 찾을 수 있지 않을까? 진정한 행복은 마음을 잘 다스리고, 선한 마음으로 세상을 따스하게 바라보는 데서 온다고 생각한다. 그런 인생길을 가는 데 바탕이 되는 것이 바로 경(敬)이다.

3
선(善)을 정밀하게 탐구함

인간이란 무엇인가? 삶이란 무엇인가? 선한 행위란 어떻게 하는 것인가? 이와 같은 문제들에 대해 묻고 답하는 것은 실제적으로 좋은 사람이 되고, 가치로운 삶을 살며, 선을 행하기 위해서 반드시 필요한 공부이다. 이는 유학에서 궁리(窮理)라고 하는, 선을 탐구하는 공부에 해당한다. 유학 공부는 이치를 묻고 분석하며 탐구하는 과정 없이 덕의 일방적 실천을 강요하거나 주입하는 것이라고 생각하기 쉽다. 그러나 이는 편견이다. 유학에서는 묻고 탐구하며 성찰하는 과정이 매우 중요한 공부로 간주되는데, 율곡은 이를 다음과 같이 표명한다.

> "반드시 이치를 탐구하고 선을 밝힌 연후에야 마땅히 행할 도리가 밝게 보여서 진보할 수 있다. 그러므로 인생의 도(道)에 들어가는 데는 이치를 탐구하는 것보다 우선한 것이 없다." —「격몽요결」

인생에 있어서 진리는 무엇인지 우리는 궁금해한다. 그래서 그 진리를 찾기 위해서 노력한다. 율곡은 인생의 진리는 '선의 실천'에 있다고 생각한다. 그렇기에 선이 무엇인지, 어떻게 하면 선을 행할 수 있는지 탐구하는 공부가 무엇보다 중요하다고 보는 것이다. 율곡은 「격몽요결」에서 이에 대해 간명하게 규정하여, "거경(居敬)으로써 근본을 세우고 궁리(窮理)로써 선(善)을 밝힌다."라고 말한다. 경이 바탕이 되지 않는다면 궁리를 제대로 할 수 없으며, 선의 실천도 불가능하다. 그러므로 궁리하여 선의 본질과 실천 방법을 밝혀야 한다는 것이다. 그렇다면 왜 선을 탐구해야 하는 것일까? 이에 대해서 율곡은 말한다.

> "그 마땅한 바[所當然]와 그러한 까닭[所以然]을 아는 것이 바로 도덕적 상황에서 선한 이치를 탐구하여 그 앎을 극진히 하는 것이니, 만약 그러한 까닭을 알지 못하면 어떻게 해야 할지 그 참된 이유를 안다고 말할 수 없다."
>
> —「회재대학보유후의(晦齋大學補遺後議)」

'소당연(所當然)'은 인간이 마땅히 해야 할 당위적인 규범 즉 인(仁), 효, 충, 배려와 같은 것이다. 사람들이 이 마땅한 바를 행한다는 것은 곧 선을 실천하는 것이다. 그리고 '그러한 까닭[소이연]'은 '마땅한 바'가 왜 마땅한 바가 되는지 그 당위적인 법칙이 되는 연유와 까닭에 해당한다. 즉 '그러한 까닭'은 어떤 규범이나 윤리가 당위적인 것이 되는 이유이다. 그러므로 선을 탐구한다는 것은 무엇이 당위적으로 해야 할 도덕 규범인지 밝히고, 또한 그 당위적인 규범이 왜 당위적인 것이 되는지 그 까닭을 밝혀서 깨닫는 것이다. 이렇게 하지 않으면 도리에 합당한 행위를 일관되게 하는 것이 불가능하다.

율곡은 궁리를 통해서 도덕적 탐구를 함으로써 윤리 규범에 대한 이해를 심화하고, 이러한 기반에서 실제적인 도덕적 사태에서 선을 잘 실천할 수 있다고 인식한다. '소가 뒷걸음치다가 개구리를 잡는 식'의 우연적인 해프닝으로서의 선의 실천이 아니라, 선에 대한 정밀한 이해를 토대로 선을 실천하는 도덕적 능력과 인격을 함양해야 한다는 점을 율곡은 강조하고 있다. 이렇게 할 때만이 합리적이고 자율적으로 선을 실천할 수 있다. 율곡은 말한다.

> "도리를 알지 못하면서 모르는 사이에 저절로 도리에 합치되는 사람은, 익히면서도 그 연유를 살피지 못하는 사람이다. 도리를 안 뒤라야 신하로서 충성을 다하고, 아들로서 효도를 다할 수 있다. 만약 도리를 알지 못한다면 비록 우연히 충(忠)과 효(孝)를 한 번쯤 한다고 한들, 어찌 행하는 것이 모두 도리에 합치할 수 있겠는가?" —「어록」

충과 효라는 도리를 탐구하여 그 의미를 제대로 파악해야만 항상 충과 효를 상황에 맞게 잘 실천할 수 있다는 말이다. 좋은 삶이란 선을 실천하는 삶이라고 할 수 있으며, 선을 잘 실천하기 위해서는 필히 선에 대해서 잘 이해하고 알아야 한다. 충과 효 같은 덕을 처한 상황과 맥락에 따라 잘 행하려면 덕에 대한 정밀한 이해와 성찰이 필요하다. 그렇다면 선을 탐구하는 구체적 방법에는 어떤 것이 있는가? 율곡은 이에 대해서 세 가지 요목을 제시한다.

> "선을 탐구하는 궁리에는 많은 실마리가 있는데, 책을 읽어서 도덕적 이치를 탐구하기도 하고, 옛날이나 지금 사람의 행위와 상황을 논하여 그 옳고 그름을 분별하며, 현재의 도덕적인 상황에 직면하여 올바르게 처리하려고 하는 것이 모두 궁리에 해당한다." —「성학집요」

첫째, 책을 읽어서 도덕적 이치를 해명하는 것은 인륜(人倫), 선(善), 의(義), 덕(德) 등의 도덕적 개념과 가치의 특성을 이해하는 것을 의미한다. 이는 선이란 무엇이며, 효란 무엇인지를 개념적으로 이해하는 것이다. 예를 들면 마이클 샌델(Michael J. Sandel)의 『정의란 무엇인가(Justice)』를 읽으며 정의에 대해서 개념적·실제적인 이해를 할 수 있을 것이다. 이는 정의의 실천을 위해서 반드시 필요한 공부이다.

둘째, 옛날이나 지금의 특정 사람의 행위를 논하여 그 옳고 그름을 분별하는 것은 사람들의 행위에서 올바름과 당위적 규범을 성찰하는 것을 말한다. 조선왕조실록에 나오는 이야기를 예로 들면, 한 아버지가 관청에서 금 50돈을 훔쳤다는 사실을 아들이 알고서도 아버지의 행위를 숨겨 주는 것은 정당화될 수 있는가의 문제를 탐구하는 것은 행위의 올바름을 판단하는 공부이다.

셋째, 현재 자신이 특정한 상황과 사건에 직면하여 판단하고 실천하는 도덕적 행위를 성찰함으로써 도덕적 문제 상황에서의 처신이 정당한지 아닌지를 파악하는 것이다. 이는 자신이 처한 문제 상황에서 도덕적 대응의 합당함을 이해하고 판단하는 것이다. 이에 대해서는 『논어』「공야장(公冶長)」에서 공자가 식초를 빌려주는 상황을 논한 내용을 오늘날의 상황으로 변형하여 예를 들어 생각해 보자. 지인이 노트북을 빌리러 왔는데, 집에 노트북이 없어서 지인 몰래 뒷집 이웃에게 가서 사연을 이야기하지 않은 채로 노트북을 빌려서 지인에게 주는 행동이 정직(正直)한가 아닌가를 탐구하는 것이 실제 상황에서 자신의 대응의 타당성에 대한 공부가 될 것이다.

이렇게 본다면 율곡이 강조하는 궁리는 선(善)과 같은 도덕적 개념에 대한 이해, 인간의 도덕적 행위에 대한 판단, 도덕적 문제 사태에서의 대응의 타당성 등을 성찰하고 해명하는 성찰적 공부이다. 즉 궁리는 사람들이 일상생활에서 직면하게 되는 문제 상황에서 윤리적으로 타당한 도리를 이론적으로 탐구함으로써 자신의 선 실천 능력을 강화하는 것이다.

지금 우리 시대의 학교 공부는 좋은 삶을 위한 자기 인격 함양의 공부라기보다는 지식 축적의 공부 혹은 시험을 위한 공부가 주류를 이루고 있다. 그렇기에 자신이 자기 삶의 가치를 규정하는 입법자로서 선이나 덕 그리고 윤리 문제를 사유하고 탐구하는 것이 아니라, 시험을 위해서 주어진 답을 찾는 데 모든 에너지를 소모하고 있다. 이러한 공부는 자기 삶을 가치롭게 하는 데 오히려 장애를 초래한다. 요즈음의 대학생들은 강의 시간에 강의 내용을 요약한 슬라이드나 자료를 집요하게 요구한다.

"교수님, 이 책의 내용을 정리한 자료가 없습니까? 정리된 PPT 내용이 없습니까?"

지금의 대학생들은 긴 분량의 논문이나 책을 읽으면서 자율적으로 사유를 심화하고, 자신의 관점에서 묻고 성찰하는 공부를 꺼려 한다. 고등학교에서 대학 입시 공부, 수능 공부를 하면서 선생님이 정리해 준 자료, 요약된 참고서 내용, EBS 교재, 핵심을 적은 프린트물 등을 보면서 암기한 습관으로 인해 자기 스스로 이해·정리·심화하려는 노력은 하지 않고, 강의 내용의 요약문을 요구하는 것이다. 이는 단순히 암기를 위한 것이며, 사실상 생각하기를 포기한 공부로서 자기 삶의 주체적인 윤리적 사유·탐구·각성을 방해하는 것이다.

율곡이 자기 수양 공부에서 지향한 바와 같이, 우리 교육은 우리 삶의 문제를 고민하고 사유하며 탐구하여 가치 있는 삶이 무엇이며, 진정으로 행복한 삶이 무엇인지를 깨닫는 공부가 중심이 되도록 해야 한다. 선에 대한 탐구와 사유의 공부는 곧 좋은 인간, 좋은 삶에 대한 탐구와 사유의 맥락에서 이루어지는 것이다. 주체적으로 묻지 않고 깨닫지 않는 공부를 한다면 생각은 닫혀 있고, 자기 삶의 진정한 주인이 될 수 없으며, 주어진 것들만을 비판 없이 수용하는 비주체적인 인격의 소유자가 된다. 그러므로 율곡이 선을 탐구하면서 묻고 성찰하였듯이, 겸허하고 열린 마음으로 삶에 있어서 무엇이 옳고 무엇이 선하며, 무엇이 행복한 삶인지 묻고 또 묻는 것이 의미 있을 것이다.

선문(禪門)의 이야기다. 어떤 사람이 생각 없이 하루 종일 돈을 세고 있었다. 그렇게 돈을 세며 하루, 한 달, 일 년, 십 년, 오십 년이 흘렀다. 어느 날 한 나그네가 그 집에 머물다가 묻는다.

"여보시오, 그렇게 열심히 세는 그 돈이 당신 돈이요? 아니면 다른 사람 돈이요?"

그는 돈을 세던 손을 멈추고 생각해 본다. 아뿔싸, 자기 돈이 아니었다. 그는 탄식한다.

"어떡하나, 나는 평생 동안 남의 돈만 세었네!"

진리를 탐구하지 않고, 삶을 성찰하지 않고 살면, 살아가되 자기 삶의 주인으로서가 아니라 남의 뜻으로 살게 된다. 남의 종으로 살아가게 되는 것이다.

4
항상 선한 생각을 함

『좋은생각』이라는 잡지가 있다. 무척이나 오래된 잡지로 기억하는데, 젊은 시절에 서점에 들렀다가 책 표지의 '좋은 생각'이라는 글귀를 보는 것만으로도 마음이 맑아지는 듯한 느낌이 들고 기분이 좋았다. 좋은 생각이란 어떤 생각일까? 그것은 간명하게 말하면 '선한 생각'일 것이다. 율곡은 마음에서 늘 좋은 생각, 선한 생각을 하는 것이 중요하다고 말한다. 행위는 근본적으로 생각에서부터 비롯된다. 대개의 경우, 선을 생각하면 선을 행하게 되고, 악을 생각하면 악을 행하게 된다. 윤리적인 삶에서 생각이란 그렇게 중요한 것이다. 그래서 불교에서는 업(業)을 구분할 때, '생각으로 짓는 업[思業]'과 '생각이 이미 행으로 나타난 업[思已業]' 두 종류로 보기도 한다.

율곡은 매사에 선을 생각하는 것의 중요성을 인식하면서 뜻을 참되게 하고 생각을 선하게 하라는 '성의(誠意)'를 강조한다. 생각은 마음에서 일어나는 헤아림, 비교함, 사유함을 통칭하는 개념이다. 이것을 유학자들은 '의(意)'라고도 표현한다. 그러므로 '성의(誠意)'는 '뜻이나 생각을 참되게 하는 것'으로서, 마음에서 선(善)한 뜻을 갖도록 하는 것이다. 율곡은 말한다.

> "정밀하게 살피는 것과 살피지 않는 것은 모두 의(意)가 하는 것이므로 자기 수양의 공부는 생각을 참되게 하는 성의(誠意)보다 우선시되는 것이 없다." —「답성호원」

> "생각을 참되게 하는 성의(誠意)와, 마음을 바르게 하는 정심(正心)을 하지 않으면서 선을 실천하려는 것은, 비유하면 한 걸음도 옮기지 않고 태산이나 화산에 올라가려는 것과 같다." —「역수책(易數策)」

율곡이 설명한 이 내용에 대해 생각해 보자. 도덕적 문제 상황에서 성의는 가장 우선시되어야 한다. 왜냐하면 도덕적으로 사유·결단·실천해야 할 실제적인 상황에 직면하여 성의하지 않는다면 그대로 악한 생각에 빠져 버리게 되기 때문이다. 성인(聖人)의 도를 아는 것이 선의 탐구에 의거한다면, 성인의 도를 행하는 것은 성의와 정심에 의거한다. 평소에 마음을 항상 바르게 유지하지 않는다면 생각을 선하게 하는 성의는 불가능하다. 선을 실천하기 위해서는 선한 뜻을 가져야 하므로 실제적인 도덕적 상황에서 도리를 실천할 수 있게 하는 행위의 시발(始發)이 바로 성의라고 율곡은 주장한다. 그는 성의의 효과를 다음과 같이 제시한다.

> "성의와 정심의 효과가 몸에 쌓이면 덕 있고 화평한 모습이 온몸에 나타나고, 집안에 모범을 세워 형제들이 본받을 만하게 되고, 그것이 온 나라에 미치게 되어 교화(敎化)가 행해지고 풍속(風俗)이 아름답게 된다." ―「만언봉사」

성의와 정심의 실천 공부의 효과가 자신에게 온전히 구현되어야 비로소 제가(齊家)·치국(治國)·평천하(平天下)가 가능하다고 율곡은 주장한다. 성의의 구체적인 예를 한 가지 들어 보자. 중요한 일이 있어서 급하게 이동 중인데, 길에서 어린아이가 혼자 크게 울고 있다. 이 상황에서 어린아이를 그냥 지나치지 않고 걸음을 멈추어 도와주어야겠다고 생각하는 것이 바로 성의이다. 그러므로 성의는 바로 도덕적 실천을 가능케 하는 진실된 뜻이며 생각이라고 할 수 있다. 중국의 유학자 주희(朱熹)는 성의에 대해서 의미 있는 언급을 하였다.

> "그 뜻을 성실하게 한다는 것[誠其意]은 자기를 속이지[自欺] 않는 것으로서, 마치 악취(惡臭)를 싫어하고 호색(好色)을 좋아함같이 하는 것이니, 이것을 자겸(自謙)이라고 한다. 그러므로 군자는 홀로 있을 때를 삼간다. 소인은 혼자 있을 때는 불선(不善)한 짓을 하다가 군자를 보고 겸연쩍게 그 불선을 감추고 선(善)함을 드러내지만, 남들이 자신의 폐와 간을 보듯이 할 것이니 무슨 이익이 있겠는가? 이것을 일러서 '안에서 성실하면 밖으로 드러난다.'라고 하는 것이다. 그

러므로 군자는 홀로 있을 때를 삼간다. —『대학장구(大學章句)』

여기서 '자기(自欺)'는 선(善)을 행하고 악을 버려야 한다는 것을 알면서도 마음에서 불선(不善)이 나타나는 것을 의미하며, '자겸(自謙)'은 스스로 유쾌하고 흡족한 것을 의미한다. 즉 성의는 타인에게 보여 주기 위한 것이 아니라, 자기 마음에서 선을 위한 뜻을 참되게 내어서 스스로 흔쾌함을 느끼는 것이어야 한다. 이와 같이 뜻을 참되게 하면 선을 행할 수 있기 때문에 몸과 마음이 덕으로 충실해진다. 이러한 맥락에서 율곡은 성의의 실천과 실효의 의미가 중요하다고 인식한 것이다.

"성의를 하고자 한다면 선을 좋아하기를 호색(好色)을 좋아하듯이 하여 반드시 뜻을 선하게 해야 하고, 악을 미워하기를 악취를 싫어하듯이 하여 결단코 그것을 버려야 한다. 어둠 속에 홀로 있고 남이 모르는 상황에서도 경외(敬畏)하여 게을리하지 말고 남이 보지 않고 듣지 않는 때에라도 조심하는 것을 잊지 말아서 반드시 모든 생각이 지성(至誠)에서 나오도록 하여 그 성의의 실효를 다해야 한다." —「동호문답」

성의의 수양은 곧 '선한 뜻은 반드시 가져야 하고, 악한 뜻은 반드시 버려야 한다.'라고 요약할 수 있다. 율곡이 성의를 언급하면서 '뜻을 성실하게 한다는 것은 자기를 속이지 않는 것으로서, 마치 악취를 싫어하고 호색을 좋아함같이 하는 것'이라고 한 것은, 인간이 본래 기질적으로 좋아하고 싫어하는 것을 비유로 들어 성의의 윤리적 의미를 새긴 것이다. 인간이 기질적으로 '호호색(好好色)'하는 것은 필연적으로 하게 되는 바인 것같이, 마음으로 선(善)을 좋아하는 성의도 반드시 할 수 있어야 한다고 주장한 것이다. 성의는 곧 행이며 실천으로 나타나야 할 생각이다. 그러므로 이는 곧 선의 실천을 지향하는 마음의 발현이다. 선을 분별하고 지향하여 악을 버리려고 하는 참된 생각은 좋은 삶을 위한 실천적 기점이다.

풍경 1)

살인죄를 저지른 미국의 한 범죄자가 경찰에게 체포되면서 말했다.

"잡혀가게 되어서 다행입니다."

경찰이 물었다.

"왜 그렇게 말합니까?"

범죄자가 답했다.

"깨어 있는 동안에도 그리고 잠을 자는 동안 꿈에서까지도 남을 해치려는 생각만 들었습니다. 그래서 또 다른 범죄를 저지를 것 같아서 두려웠는데 이렇게 잡혀가니 한편으로는 다시 범죄를 저지르지 않을 수 있어서 다행이라는 생각이 듭니다."

풍경 2)

여고생 다섯 명이 분식집에서 떡볶이를 먹고 있었다. 그때

한 할아버지가 분식집 앞에 내어놓은 폐지를 포대에 담기 위해서 애를 쓰고 있었는데, 몸이 불편하여 쉽게 담지 못하고 있었다. 이때 여학생 한 명이 재빨리 달려가 그 할아버지를 도와서 포대에 폐지를 담았다. 그 여학생의 행동을 물끄러미 바라보던 일행 중의 한 학생은 친구의 선행에 감동한 것 같았다. 슬금슬금 눈물을 훔친 것이다. 할아버지를 도와드린 후 밝게 인사하고 자리로 돌아오는 여학생의 얼굴에는 은은한 미소가 배어 있었다. 물론 자리로 돌아온 그 학생을 바라보는 친구들의 얼굴에도 '우리가 참으로 좋은 친구를 두었구나.' 하는 기쁨이 드리워져 있었다.

늘 악을 생각하는 마음을 가진다면 자연스럽게 악한 행위를 하게 되는 것은 필연적인 사실이다. 한편 늘 선을 좋아하는 호선(好善)의 마음을 가진다면, 위의 여학생처럼 일상에서 남을 도울 일이 생겼을 때 자연스럽게 선을 실천하는 행선(行善)을 하게 되는 것이다. 이것이 바로 우리가 항상 선한 생각을 하는 것이 중요한 이유이다. 공부란 이런 것이 아니겠는가. 선한 마음으로 선을 실천하며 가치 있는 삶을 영위하는 것이 율곡이 강조하듯이 공부하는 가장 중요한 목적이라는 생각이 든다.

5
일상에서 선을 실천함

삶은 '산다는 것'이다. 산다는 것은 그 자체가 관념적인 것이 아니라 행하고 실천하는 것을 의미한다. 그러면 무엇을 행하고 실천해야 하는가? 물론 아는 것을 행해야 한다. 만약 무언가를 해야 하는 상황에서 어떻게 해야 할지를 모른다면 선을 올바로 행할 수 없을 것이다. 그러므로 삶은 탐구하여 알게 된 것을 행하는 연속이며 집적(集積)이다. 선에 대한 탐구는 궁극적으로 선의 실천을 위한 것이다. 율곡은 인생에서 중요한 것은 선의 실천이라고 주장한다. 그러므로 율곡은 먼저 실제적인 상황에서 효(孝)·제(悌)·자(慈)·서(恕)·신(信)과 같은 덕의 실천을 가능케 하는 참된 앎이 수반되어야 한다고 주장한다. 행위나 실천과 무관한 앎이 아니라 실천에 가장 적합한 앎을 이루어야 한다고 율곡은 생각하는데, 이러한 앎이 바로 참된 앎 즉 '진지(眞知)'이다. 진지는 선(善)의 실천을 위해 최적화된 도덕적 앎을 일컫는다.

"개념적인 이치를 깨달아 명료하게 마음에 자리하도록 하고, 또 능히 실천하고 역행(力行)하여 그 아는 바를 채우고,

> 그 지극한 데 이르러서는 직접 그 경지를 행하여 몸소 그 일을 하여, 다만 눈으로 보는 것에 머물지 않도록 해야 하니, 이와 같이 한 뒤라야 비로소 진지(眞知)라고 할 수 있습니다.” —「답성호원」

개념적인 이치는 도덕적 이치·원리·도리를 말한다. 이러한 개념적인 이치·도리를 실제적인 도덕적 상황에서 행함으로써 이론적으로 알게 된 앎의 실천적 미진함을 성찰하고 보완할 수 있다. 그리고 이러한 행을 통하여 보완되고 정밀해진 앎을 그대로 실천하기만 하면 행함에 있어서 미진함이 없는 완결적인 실천적 앎을 갖추게 되는데, 이것이 바로 ‘참된 앎[眞知]’이다. 그러므로 율곡은 진지는 지행병진(知行竝進)으로 가능하다고 생각한다.

지속적이고 반복적으로 도리를 행하면서 실천적인 앎인 진지를 갖추게 되면, 어떤 구체적인 상황에 직면했을 때, 그 지적(知的) 역량은 도덕 실천으로 연결될 가능성이 높다. 그런데 도덕적 지식이 해박한 사람이라도 실제적으로 선을 행해야 할 상황에 직면해서 올바른 도리를 실천하지 않는 경우를 일상에서 흔히 볼 수 있는데, 퇴계도 이 점을 지적한 바 있다.

> “선(善)을 보고도 선임을 알지 못하는 자가 있으며, 선임을 알고도 마음에 좋아하지 않는 자가 있으니, 선을 보았을

때에 이미 스스로 선을 좋아한다고 말하는 것이 가능한가? 불선(不善)을 보고도 미워할 줄을 알지 못하는 자가 있으며, 악임을 알고도 미워하지 않는 자가 있으니, 악을 알았을 때에 이미 미워한다고 말하는 것이 가능한가?"

—『퇴계전서』「전습록논변(傳習錄論辯)」

퇴계는 불선임을 알고, 악임을 알면서도 불선과 악을 행하는 것과 같은 도덕적 지(知)와 행(行)의 실천적 불일치 문제를 제기하고 있다. 일반적으로 많이 배운 사람이라면 무엇이 선이고 악인지를 더욱 잘 알 것인데, 왜 실제로는 악을 행하는 것일까? 이 물음은 삶에서 선의 실천, 덕의 실천을 중시하는 퇴계 등의 대다수 유학자들이 지속적으로 고민해 온 논점이었는데, 율곡은 이 문제점의 원인과 처방을 다음과 같이 제시한다.

"사람에게 실심(實心)이 없다면 천리(天理)에 어긋나게 된다. 부모를 모시는 사람으로서 효도해야 한다는 것을 모르는 자는 없지만 효도하는 자는 드물고, 형을 둔 사람으로서 공경해야 한다는 것을 모르는 자는 없지만 공경하는 자는 적으며, 입으로는 부부(夫婦)간에 서로 공경해야 한다고 하지만 집안을 잘 다스리는 효과를 거두었다는 말은 듣지 못했다. 장유(長幼)와 붕우(朋友)의 경우도 그렇지 않은 것이 없다. 어진 이를 보면 좋아해야 한다는 것을 알면서도 마음은 호색(好色)하는 것으로 옮아가고, 사악(邪惡)한 자를 보면 미워해야 한다는 것을 알면서도 아첨을 받아들임을 사사롭게 좋아한다." —「성학집요」

사람들이 효도를 알고, 공경을 알고, 어진 사람을 좋아해야 함을 알며, 사악한 사람을 미워해야 함을 알지만 효도를 하지 않고, 공경하지 않고, 어진 사람을 좋아하지 않고, 사악한 사람을 미워하지 않는 것은 도덕적 앎이 결여되어서가 아니라는 것이다. 인간은 도덕적 성품이 부여되어 있고, 도덕적 지식을 갖출 수 있으며, 도덕적 역량을 지니고 있는데도 이러한 역량이 도덕 실천으로 곧바로 이어지지 않는 것은 바로 '실심(實心)'이 결여된 결과라고 율곡은 생각한다. 실심이란 말 그대로 참된 마음, 진실된 마음, 선을 실천하려는 의지가 충만한 마음이다. 비록 선에 대해서 안다고 하더라도 이 선을 실천하려는 참된 마음이 결여되어 있으면 선을 제대로 실천할 수 없다. 율곡은 선을 알면 선을 실천할 수 있지만, 실심이 없다면 실천으로 이어질 수 없기 때문에 반드시 선을 실천하려는 의지가 갖추어져 있는 마음인 실심을 잘 함양해야 한다고 주장한다.

오늘날 사람들은 올바른 가치와 삶의 참된 도리를 행하려면 자기의 현실적인 이익을 포기해야 한다고 생각하기 때문에 자기 이익을 추구하는 욕망을 이기지 못한다. 그러나 올바른 가치의 실천, 선의 실천이 결여된 삶은 결국 자기 존엄성을 해치고 자기 신뢰성을 약화시키기 때문에 자존감과 삶의 행복도를 떨어뜨린다. 일시적인 욕망의 성취가 영속적이고 참된 삶의 행복을 저해하는 것이다. 그러므로 진정으로 자신의 삶을 사랑하는 사람들에게 주는 율곡의 조언은 이러할 것이다.

> "인간적인 도리를 실천하려는 참된 마음의 소리를 들으십시오. 비록 처음에는 그 소리를 듣고 행하는 것이 다소 힘들다고 여겨질 수 있으나, 행함으로써 얻게 되는 만족감과 행복감은 충만할 것입니다. 그러한 진실되고 성실한 마음으로 천천히, 차근차근, 하나씩 선을 실천하는 삶을 살아가다 보면 행복한 삶을 이루어 나갈 수 있을 것입니다."

율곡의 이러한 소리를 듣는 것은, 실은 우리의 선한 마음의 소리를 듣는 것이다. 우리는 어느 순간부터 마음에서 울부짖는 욕망의 소리에는 귀를 쫑긋 기울이지만, 아름다운 덕을 일깨우는 소리에는 무심했던 적이 많았다. 율곡의 인생에 대한 성찰은 마치 우리의 삶을 각성케 하는 아름다운 종소리와 같다는 생각이 든다.

한 청년의 선행을 기억한다. 어느 날 오후 연구실에서 3학년 복학생 한 명과 학업 관련 면담을 하고 있었다. 예정된 30분간의 면담 시간을 넘겨서 40분이 지날 무렵 남학생이 말했다.

"다음에 면담을 더 진행하면 어떻겠습니까?"

그날 오후 뒤 시간에 그 학생의 수업이 없다는 것을 알았던 내가 무슨 약속이라도 있느냐고 묻자 그 학생이 답했다.

"20분 뒤에 학교 북문 앞에 있는 '헌혈의 집'에서 친구와 함께 헌혈을 하기로 했습니다."

나는 곧바로 면담을 마쳤다. 다음 면담 시간에 그 학생을 만나서 헌혈을 자주 하느냐고 물었는데, 놀라운 답이 돌아왔다. 고등학교 1학년 이래로 6개월마다 한 번씩 헌혈을 하는데, 군복무 기간을 포함해서 7년간 한 번도 빠짐없이 총 14번을 했다는 것이다. 선행을 이렇게 지속적으로 일관되게 해 온 그에게 "참으로 가상하다! 나보다 훨씬 낫다!"라고 감탄하며 격려했다. 그 학생의 인간됨을 거듭 확인한 그날, 나에게도 큰 자극과 분발의 계기가 되었음은 물론이다.

6
기질적인 문제를 극복함

우리 사회를 떠들썩하게 했던 '대구 지하철 방화 사건', '숭례문 방화 사건'. 이 두 비극적인 사건의 원인 가운데 하나는 '화'를 이기지 못하고 불을 질러서 돌이킬 수 없는 결과를 초래했다는 것이다. 사람들은 어떤 상황에서 화를 벌컥 내면서 타인을 공격하고, 심지어는 자신을 해치기도 한다. 그러고는 나중에 자신이 왜 그렇게 했을까 두고두고 후회한다. 그런데 어떤 사람은 쉽게 화를 내는데, 어떤 사람은 화를 잘 내지 않는다. 그 이유는 무엇일까? 여기에도 개인별로 다양한 이유가 있을 것이나, 타고난 기질적인 문제로 인해서 화를 잘 내는 경우가 많다. 그러므로 자신의 기질적인 특성을 파악하고, 그 문제점을 잘 극복하는 것이 매우 중요하다. 율곡은 이러한 논점에 주목하면서 자신의 인격 형성 문제에 크게 각성한다.

율곡은 좋은 삶을 위한 수양의 핵심으로 기질적인 문제의 극복을 거론한다. 인간은 기질을 가지고 태어나는데, 이 기질은 모든 인간에게 동일한 것이 아니라, 그 특성의 차이가 있다는 것이 과학적으로 증명된 바 있다. 어떤 사람은 태생적으로 성격이 안온하고 부드러운 반면에 또 어떤 사람은 성격이 급하고 강박하다. 무엇이 이러한 특성을 결정하는지 해석이 다양한데, 율곡은 이는 '기질(氣質)의 차이' 때문이라고 규정한다. 율곡은 인간을 리(理)와 기(氣)의 조화로 이루어진 존재라고 본다. 그렇기에 리의 품부로 인해 선한 성품을 가지지만 품부받은 기로 인해서 악한 감정, 악한 생각, 악한 마음이 일어나기도 하며 그 결과 나쁜 습관이 형성된다는 것이다. 이와 같이 율곡은 본래 선한 바탕을 가진 마음이 악하게 되고 어두워지는 것은 기질 때문이라고 주장한다.

> "마음이 혼매하고 산란해지는 까닭은 기질(氣質)에 구애되기 때문입니다." ―「답성호원」

마음이 혼란하여 그 영험함이 잘 나타나지 않는 것은 자신의 기질적 특성 때문이라고 율곡은 판단한다. 그러므로 선한 마음을 발현하기 위해서는 기질의 구애됨을 극복하려는 기질 변화의 노력, 기질을 다스리려는 노력 즉 '교기질(矯氣質)'의 노력이 필요하다. 반려견을 여러 마리 키우는 사람이라면 개도 그 기질적인 특성이 각각 다르다는 것을 안다. 그러나 개와 같은 동물은 스스로 그 기질적인 특성을 고치지 못한다. 반면에 인간은 스스로 그 기질을 다스리고 변화시킬 수 있다.

> "동물은 기질이 치우치거나 막히게 되면 이것을 변화시킬 수 없으나, 사람은 기(氣)의 맑고 탁하고 순수하고 잡박한 차이가 있다고 하더라도 마음이 비어 있으면서도 밝기 때문에 기질을 변화시킬 수 있다." —「성학집요」

마음의 밝음은 무엇에서 비롯된 것인가? 인간의 마음은 맑고 바른 기로 이루어져 있어서 신령하고 밝다. 이러한 마음이 있기에 맑고 탁하고 잡박한 기질을 변화시킬 수 있다고 율곡은 주장한다. 또한 마음은 모든 이치를 갖추고 있으며, 모든 것을 꿰뚫어 볼 수 있다. 그러므로 이러한 마음의 역량을 발휘함으로써 탁한 기질을 맑아지게 할 수 있고, 잡박한 기질을 순수하게 할 수 있다는 것이다.

율곡은 기질로 인해 형성된 도덕성과 지·행의 능력은 결정론적(決定論的)인 것이 아니라 가변적(可變的)임을 강조한다. 그러므로 율곡은 스스로 공부를 통해서 자신의 기질적인 문제를 극복하기 위한 노력을 중시한다. 기질의 문제를 극복하는 공부는 지속적인 실천을 통해서 가능하다. 율곡은 "학문을 하는 데는 그 기질에 따라서 편벽된 것과 미진한 것을 살피되, 가장 긴요한 기질의 문제를 극복할 수 있도록 자신의 힘을 다해야 한다."(「성학집요」)라고 스스로 각성한다. 율곡은 기질의 편벽한 것을 극복하는 방법으로 사욕을 다스리는 극기(克己)를 강조하면서 구체적으로 색욕(色欲)과 이욕(利欲)을 거론한다.

"색욕(色欲)이 지나치면 먼저 그 색을 절제하고, 이욕(利欲)이 지나치면 먼저 그것을 끊어 버리는 것이 바로 용기 있게 극기하는 요법이다." —「성학집요」

색욕(色欲)과 이욕(利欲)은 인간에게 있어서 매우 강력하고 뿌리 깊은 탐욕이다. 이것들을 어떻게 해결하느냐가 극기의 가장 중요한 초점이 된다. 색욕과 이욕을 잘 다스리지 못하면 몸의 노예나 돈의 노예가 될 수 있다. 이 점에서 극기는 바로 자신의 주체적인 삶을 담보할 수 있는 방법이 된다고 할 수 있다. 또한 율곡은 분노(憤怒)가 극기의 중요한 대상임을 강조하면서, 분노 극복에 대해서 언급한다.

"분노는 다스리기 어렵고, 두려움 또한 극복하기 어렵지만 극기를 통해 분노를 다스릴 수 있고, 이치를 밝히는 것을 통해 두려움을 극복할 수 있다." —「성학집요」

분노는 개인의 기질적 성향에 따라 그 촉발됨이 격렬하기도 하고, 또 그 영향이 자신이나 타인에게 매우 심각하다는 점에서 율곡은 극기해야 할 중요한 대상으로 분노를 제시한 것이다. 한국인은 '화병(火病)'이라는 민족 질병이 있을 정도로 분노를 감정적으로 표출하는 것이 과도하다. 분노는 기질적인 특성에 기인하는 바 크다고 하겠는데, 태생적인 기질의 문제로 인해 야기되는 것이기 때문에 쉽게 고치기 어렵다고 율곡은 자각한다. 그러나 우리가 알다시피 일상에서 타인에게 분노를 표출할 경우 얻는 것보다 잃는 것이 더 많으며, 무엇보다 평정심을 잃게 된다는 점에서 자신에게 해악이 더 크다. 그러므로 분노를 극복하려는 극기의 노력이 필요하다.

또한 율곡은 기질 변화의 핵심 방법으로 양기(養氣)를 강조한다. 양기의 기질 수양법의 핵심은 모든 사람이 가진 인의(仁義)의 마음인 양심(良心)을 기르는 것이다. 양심은 인간이 본래 품부받은 선한 마음이지만, 이는 기질적 품성에 따라 가리어질 수 있으므로 인의의 마음을 잘 길러 천부의 선한 본심을 온전하게 드러낼 수 있도록 해야 한다. 그렇다면 선한 마음은 어떻게 기를 수 있는가? 율곡은 '의(義)를 쌓는 것'을 중심으로 그 실천 방법을 설명한다.

> "'의(義)를 쌓는다.'는 것은 일상에서 선을 행한다는 말인데, 일마다 의(義)에 합당하게 한다는 것이다." —「성학집요」

율곡은 인의지심(仁義之心)을 기르는 핵심은 바로 호연지기(浩然之氣)를 기르는 데 있다고 생각하면서 선의 실천을 강조한다. 호연지기를 기르는 것은 일상의 상황에서 의(義)를 실천하면서 스스로 마음을 곧게 하는 것이다. 율곡이 선의 실천을 통해 호연지기 함양을 주장한 것은 내향적인 수양에 중점을 두기보다는 실제 삶에 있어서 올바른 도리 실천이라는 생활 중심적·실천 중심적인 수양 방법을 중시한 것이다. 좋은 덕을 십수 년 동안 실천하면 선이 자신에게 충실하게 쌓여서 선한 인품이 형성된다. 이것이 율곡이 말하는 '의(義)를 쌓는다.'는 것이다. 이는 갑자기 취해진 것이 아니라 일상에서 덕을 실천함이 일관되게, 지속적으로 이루어져야 가능하므로 유학자들은 이런 사람을 보고 군자(君子)의 기품이 있다고 했으며, 우리는 그를 '훌륭한 인격자'라고 부른다.

어떤 천주교 신자는 40대 때부터 돌볼 사람 없이 돌아가신 분의 시신을 염습(殮襲)하는 봉사 활동을 아무런 물질적인 대가 없이 해 왔다. 어려운 사람들이 외롭게 떠나는 인생의 마지막, 시신을 정결하게 해 드리고 정성을 다해서 모시는 그의 마음이 참으로 숭고하다고 여겨졌다. 그는 사립대학의 교수로 재직 중이셨는데, 한 행사에서 그분을 처음 뵀다. 그때 그에게서 드러나는 덕의 면모와 수행자적인 품격을 볼 수 있었으며, 선한 인격자의 호연지기(浩然之氣)를 느낄 수 있었다. '호연지기'라고 하는 것은 우리가 흔히 생각하듯이 산 정상에 올라가서 '야호!' 하고 크게 외치거나, 중고등학생이 친구들 사이에서 쓸데없이 거친 만용을 부리는 것과는 전혀 다르다. 참된 호연지기는 바로 덕을 쌓고, 선행을 함으로써 마음에 길러지는 진실되고 의로운 기품이다. 분노와 색욕 그리고 기질적인 악습을 잘 극복하면서 선한 뜻을 마음에 두고 이를 어김없이 지속적으로 일상에서 실천하는 것이 바로 호연지기를 기르는 것이라고 율곡은 강조한다.

7
나쁜 습관을 고치는 방법 -「격몽요결」

율곡은 기질의 문제점을 논하면서, 기질적인 문제로 인해 야기되는 나쁜 생활 습관을 고쳐야 한다고 강조한다. 이에 대해 율곡이 「격몽요결」 '혁구습(革舊習)'에서 언급한 내용 전문을 아래에 제시하고 그 의미를 구체적으로 살펴보려 한다.

「격몽요결(擊蒙要訣)」 '혁구습(革舊習)'

사람이 비록 학문에 뜻이 있어도 용맹스럽게 앞으로 나아가 성취할 수 없음은 옛 습관이 방해하기 때문이다. 아래에 열거한 옛 습관의 조목들을 확실히 끊어 버리지 못한다면, 끝내 공부할 바탕이 없을 것이다.

1. 뜻을 게을리하고 몸가짐을 함부로 하며, 다만 편히 지낼 것만 생각하고 구속되기를 몹시 싫어하는 것
2. 항상 돌아다닐 생각만 하고 조용히 안정하지 못하며, 분주히 드나들며 떠들면서 세월을 보내는 것
3. 같은 것은 즐기고 다른 것은 미워하여, 속된 데로 빠져

들었다가 좀 바르게 해 보자니 무리와 어긋날까 두려워지는 것

4. 글을 꾸미기를 좋아하여 세상에서 칭찬받기를 좋아하며, 경전의 글을 인용해서 문장을 화려하게 꾸미는 것
5. 편지글을 짓고 거문고 타고 술 마시는 것을 일삼으며 일없이 세월을 보내면서도 스스로는 깨끗한 풍류라고 여기는 것
6. 한가한 사람들을 모아 놓고 바둑이나 장기 두기를 즐기며 종일토록 배불리 먹을 것만을 일삼는 것
7. 부귀(富貴)를 부러워하고 빈천(貧賤)을 싫어하여 나쁜 옷을 입고 거친 음식을 먹는 것을 수치스럽게 여기는 것
8. 욕망을 절제하지 못하여 금전의 이익과 노래와 여색을 꿀맛처럼 달게 여기는 것

옛 습관 중에 마음을 해치는 것이 대개 이와 같은데 그 나머지는 다 열거하기 어렵다. 이러한 습관은 사람의 뜻을 견고하지 못하게 하고 행실도 성실하지 못하게 하여, 오늘 한 것을 내일도 고치기 어렵게 하고 아침에 후회했던 행동을 저녁에 다시 저지르게 하니, 반드시 뜻을 크게 떨쳐서 한칼에 나무를 뿌리째 베어 버리는 것처럼 하고, 마음을 깨끗이 씻어 털끝만 한 찌꺼기도 없도록 해야 한다. 그리고 때때로 통렬히 반성해서 옛 습관에 물든 더러움이 마음에 한 점도 없게 된 뒤에야 인격 형성과 좋은 삶을 위한 학

문에 나아가는 공부를 할 수 있다.

이와 같이 '혁구습'에서 율곡은 공부하는 사람들에게 축적될 수 있는 나쁜 습관을 상세하게 열거하고 있다. 고쳐야 할 나쁜 습관의 핵심을 간명하게 제시한 이 여덟 가지 요목은 당시는 물론 오늘날에도 경계해야 할 것으로 유용하다고 생각된다. 아마도 율곡 역시 젊은 시절에 이러한 나쁜 습관에 빠지지 않기 위해서 자신을 다잡으며 공부했을 것이다. 이러한 경험이 응축되어 「격몽요결」로 정리한 것이니 그 실제적 의미가 더욱 살아난다.

율곡은 나쁜 습관이 생기는 근본 이유는 뜻의 견실함이 약화된 데 연유한다고 보고 있다. 지향하는 뜻이 견고하다면 일체의 유혹과 악습을 이겨 낼 수 있을 것이기에 율곡이 자신의 저술 「격몽요결」, 「학교모범」, 「성학집요」에서 가장 앞부분에 제시한 것이 바로 '뜻을 세움[立志]'이었던 것이다. 이러한 바탕에서 위의 '혁구습' 1과 2는 '뜻의 태만'과 '마음의 불안정'을 중심으로 논하고 있다. 이는 마음의 근본이 서지 못함으로써 야기되는 나쁜 습관을 언급한 것이다. 3~6은 '무리를 따름', '글을 꾸밈', '술을 마심', '오락에 빠짐' 등 친구 관계, 문장, 음주 문화, 놀이와 같은 일상생활에서 자신을 절제하지 못하고 바른 도리를 지키지 못하여 야기되는 나쁜 습관을 경계하고 있다. 그리고 7과 8은 '부귀(富貴)와 빈천(貧賤)에 대한 그릇된 견해', '욕망에 빠짐'을 경계하고 있는데, 이는 올바른 도리에 대한 각성과 욕망의 절제를 교훈으로 제시한 것이다.

나쁜 습관을 가지고서는 결코 좋은 인격자가 될 수 없으며, 행복한 삶을 살 수도 없다. 자신이 뜻을 두고 하고자 하는 모든 것들이 사실상 악습으로 인해 방해받고 좌절되기 십상이다. 그러므로 공부하는 사람, 삶에 있어서 올바른 뜻을 가진 사람은 자신에게 달라붙어서 진보하지 못하게 하는 나쁜 습관을 깨어 버려야 하는 것이다. 이 점에서 율곡의 경계와 일깨움은 결코 가볍지 않다.

'취모검(吹毛劍)'이 있다. 취모검은 문자 그대로는, 터럭 하나를 칼날 위에 올려놓고 가볍게 '후!' 하고 불기만 해도 터럭이 잘려 나갈 정도로 날이 예리하게 서 있는 검을 말한다. 이 칼은 파릉(巴陵) 선사(禪師)가 화두(話頭)로 던진 내용 가운데 등장하는 명검(名劍)이다. 선문(禪門)에서는 취모검을 '깨달은 사람의 지혜'로 본다. 그렇기에 실체가 있는 것은 아니나, 일체의 무명(無明)과 번뇌를 씻어 내는 신통력이 있으니 가히 명검으로 불릴 만하다. 율곡이 제기한 혁구습에 대해서 생각하는 여기서는 선문(禪門)에서의 의미는 제쳐 두고, 취모검을 문자 그대로의 개념만을 빌려 와서 연결해 보고자 한다. 사람들은 누구나 일생일대의 명운을 건 승부를 해야 할 때가 있다. 율곡은 참된 인간이 되는 공부를 하는 때가 바로 그 시점이라고 여긴다. 그렇기에 자신의 악습을 어떻게 끊느냐는 공부의 성패를 좌우한다고 할 정도로 중차대하다. 자신에게 거머리처럼 달라붙어서 가치로운 뜻을 성취하는 것을 방해하는 나쁜 습관을 고치지 않으면 더 이상 진보는 없다. 이때 필요한 것은 무엇인가? 취모검이 아닌가! 자신에게 달라붙은 어떠한 미세한 악습이라도 이제는 더 이상 용납하지 않겠다는 결의와 결행을 해야만 인간다운 인간이 될 수 있고, 인간다운 삶을 살아갈 수 있다는 점을 율곡은 강조하고 있다. 그렇기에 누구나 자신을 단련함에 있어서 조그마한 안일이나 나태 그리고 욕망을 용납지 않고 잘라 버리는 취모검의 예리함과 엄격함이 살아 있도록 해야 할 것이다.

조선시대 유학자 남명(南冥) 조식(曺植, 1501~1572)은 특히 의(義)의 실천에 엄정했다. 남명은 늘 허리에 칼을 차고 다녔다. 이는 의(義) 실천에 철저해야 한다는 스스로의 각성을 위한 것이었다. 그는 자신의 칼에 '내명자경(內明者敬), 외단자의(外斷者義)'라고 새겼는데, 이는 '마음을 밝게 하는 것은 경(敬)이며, 올바른 행동을 결단 있게 하는 것은 의(義)이다.'라는 뜻으로 그가 가장 명심(銘心)한 수양과 실천의 지침이었다. 남명에게 악습을 하고, 악행을 하는 습성이 남아 있었다면 어떻게 했을까? 이에 대해서 남명은 시를 써서 그 태도를 천명한다.

「냇물에 목욕하고서」

사십 년 동안 더럽혀진 몸
천 섬이나 되는 맑은 못에 싹 씻어 버린다

만약 티끌이 나의 내장(內臟)에 생긴다면
지금 당장 배를 갈라 흐르는 물에 부쳐 보내리라

『남명집』에 실린 이 시 「냇물에 목욕하고서」에서 보이는 수행의 엄정함에 오싹함을 느낄 정도이다. 그러나 어쩔 것인가? 누구든 자기 마음의 티끌과 습성의 나태함 그리고 악습의 고루함이 있다면 남명이 스스로 다짐하였듯이 강하게 이겨 내야 할 것이다. 빛나는 인격, 덕 있는 인품의 사람에게 그러한 자기 단련의 수행이 얼마나 엄격했겠는가!

'마음은 쟁반의 물 같아서 잡기 어려우니'

율곡은 43세 되던 해인 1578년에 황해도 해주에 사학(私學)인 '은병정사(隱屛精舍)'라는 서당을 세우고 여기서 유생(儒生)들을 가르쳤다. 율곡은 은병정사의 학생들이 인간다운 삶을 영위하기 위해 공부에 힘써야 한다는 점을 역설하면서 시를 지었다.

「정사(精舍)의 학도(學徒)에게 부치다」

마음은 쟁반의 물 같아 가장 잡기 어려우니
도랑이나 구덩이에 빠져드는 것은 눈 깜박할 사이로세
그대들에게 부탁하노니 지조(志操)를 굳게 지켜서
번거로운 세상 속에서 우뚝이 변치 말게

율곡은 청년 학도들이 어떤 마음으로 살아야 하며, 왜 공부해야 하는지를 시로써 표명하고 있다. 이 시 「정사(精舍)의 학도(學徒)에게 부치다」의 내용을 보면, 공부를 할 때 마음을 다스리는 것이 가장 중요하다는 점을 율곡은 강조하고 있다. 마음을 '쟁반의 물' 그리고 마음잡기를 '쟁반의 물 잡기'로 비유한 것은 재미있는 관점이다. 쟁반은 운두가 매우 낮고 물도 옆으로 퍼져 있다. 그러므로 물을 잡아 손바닥에 담기가 쉽지 않다. 마음을 다스리는 것이 이러하다. 마음을 잘 살피고 다스려서 선하도록 해야 한다. 그런데 그렇게 하는 것이 쉽지는 않다. 그렇기에 잠시라도 마음 다스리기를 소홀히 한다면 마음이란 것은 쉽게 도랑이나 구덩이에 빠져들고 마는 것이다.

공부한다는 것은 마음을 다스리는 데 근본이 있으니, 율곡이 말하는 '지조(志操)'는 마음 공부에 대한 굳은 뜻을 말하는 것이다. 그러나 생각해 보면, 그 공부를 하는 것 또한 쉽지 않다. 책을 보는 것은 쉽지만, 책의 가르침을 실천하는 것은 어렵기 때문이다. 도덕이 약화된 사회에서 살아간다는 것, 그 세상살이란 선을 지키기 어려운 것이어서 율곡은 '번거롭다'고 표현하고 있다. 그러나 공부하는 청년들이 가져야 하는 고귀한 뜻은 좋은 사람이 되는 것, 선한 삶을 사는 것이니, 이를 위해 마음을 굳게 지키고 변치 않아야 한다고 율곡은 당부한다.

오늘날 우리가 학생들에게 당부하는 것은 아마도 율곡의 당부와는 사뭇 다르다는 데 동의할 것이다. '시험 성적 잘 받고', '수능 잘 치고', '사람들이 선호하는 대학에 가기'를 바라는 것이 학생들에게 하는 우리 시대의 당부이다. 이러한 당부와 가르침은 율곡의 당부와 가르침과는 근본적인 차이가 있다. 우리 시대에는 인성 교육이 그저 '구두선(口頭禪)'에 불과하다. 돈을 잘 버는 것을 최고의 가치로 두고 학교나 직업을 선택하도록 '강조'하거나 '강요'하는 것이 우리 세태 아닌가? 이런 세태에서 학생들이 행복한 삶을 살아가기 위해 무엇을 배울 수 있을까?

'번거로운 세상 속에서 우뚝이 변치 말게.'라고 일깨우고 격려하는 율곡의 가르침은 어떻게 살아가는 것이 좋은 삶인지, 어떤 사람이 좋은 사람인지 그 가치적 방향을 보여 주는 것이다. 세상이라는 큰 바다에서 한 인간으로서 좋은 인품을 갖추도록 노력하고, 그 인품을 일관되게 유지하면서 사는 것이 곧 좋은 삶이며, 행복한 삶을 담보하는 것이라는 율곡의 가르침은 인생의 참된 스승이 보여 주는 삶의 진리라고 할 수 있다. 스승으로서, 선각(先覺)으로서 율곡은 학생들이 선한 마음을 지키고, 그 마음으로 세상을 살아가는 것이 천하의 재물을 얻는 것보다 더 중요한 가치가 있음을 알고 있기에, 자기의 기질적인 문제점을 잘 다스리고 변화시켜야 함을 각별하게 역설한 것이다.

한 청년 교사가 있었다. 그는 열심히 교육 활동을 수행하는 성실한 교사였다. 어느 날 그가 재직하고 있는 고등학교에 특강을 갔을 때 우연히 그를 만나게 되어 물었다.

"요즈음은 무엇에 큰 관심을 두고 있는가?"

그가 말했다.

"승진하기 위해서 교육청 사람들을 만나 인맥을 쌓는 데 힘을 쓰고 있습니다."

나로서는 의외의 답을 들었다. 아직 서른 살 초반의 교사가 승진에 그렇게 마음을 두고, 무엇보다 인맥을 쌓는 일에 몰두한다니. 나는 도대체 그가 교사로 임용된 후 6~7년의 교직 생활 동안 무슨 생각을 하며 살았는지 궁금해졌다. 내가 알고 있던 사범대학 시절의 순수한 교육 열정에 충만했던 청년이 아니라는 생각이 들자, 갑자기 그가 낯설어졌다. 율곡이 시에서 말한 '번거로운 세상'이 그에게 어떤 자극을 주었던 것일까? 교육에 대한 순수한 열정을 지키기에 그 6~7년은 너무나 길었던 것일까? 마음이 몹시 복잡했다. 그날 이후로 나는 그에게서 마음이 멀어지게 되었다. 그가 나를 보면서, 자신의 길을 가는 데 마음의 부담을 느끼지 않았으면 했다. 그리고 한편으로는 부디 교육에 대한 초심(初心)을 잃지 않기를 바랐다.

제4장

좋은 삶을 위한 인덕(仁德)의 실천

"반드시 인(仁)을 행하는 것을
배움의 즐거움으로 삼아야 한다.
그렇게 되면 세상의 모든 것이
배우는 일보다 더 중요한 것이 없을 것이니,
어느 겨를에 덕의 성취 이외의 일을 중시하고
배움을 게을리하여 늦추는 일이 있을 수 있겠는가?"

—「성학집요」

1
인(仁)의 덕량을 넓힘

좋은 삶이라고 불리는 삶은 '덕(德)을 행하는 삶'으로 규정할 수 있다. 덕을 행하는 삶은 곧 인의(仁義)를 실천하는 삶, 선을 실천하는 삶이다. 우리는 살아가면서 어떤 난관에 부딪히거나 타인과의 갈등으로 힘든 상황에서 자신을 성찰하면서 '부덕(不德)의 소치'라고 말할 때가 있다. 자신에게 덕이 있었더라면, 덕량이 더욱 넓었더라면 아무런 문제도 없고 갈등도 없었을 것이라는 반성과 자책을 하게 되는 것이다. 율곡은 일생을 두고 인덕(仁德)의 실천을 열망하고 의지(意志)해 왔는데, 인(仁)을 실천하는 덕 있는 삶에 대해서 다음과 같이 언급한다.

> "군자로서 멈춤 없이 나아가고 나아간다면 어찌 성인(聖人)의 경지에 이르지 못하겠는가? 처음에는 바람직한 선(善)에서부터 시작하여, 마침내 '천지의 선한 질서에 참여해서 만물을 잘 길러 나가도록 도와준다.'는 경지에 이르는 것은 앎을 쌓고 행을 지속하여 인(仁)을 능숙하게 하는 데 있을 따름이다." —「성학집요」

성인에 이르는 길은 일상의 선(善)에서 시작하여, 천지의 선한 질서에 참여해서 만물을 잘 길러 나가도록 도와주는 경지에 이르는 인덕(仁德)의 실천에 있다고 율곡은 주장한다. 이 점에서 인덕의 실천은 그 대상이 단지 인간에게만 머무는 것이 아니라 생태계의 만물 전체로 확장되는 전 우주적 실천의 의미를 갖는다. 이러한 경지는 인간뿐만이 아니라 만물이 조화로운 삶을 누릴 수 있도록 하는 것이며, 인(仁)을 온전히 실천하는 것이다. 율곡은 인덕(仁德)의 실천을 수기안인(修己安人)의 실천 가치를 이루는 참된 삶의 길로 여기고 있다.

그렇다면 이러한 인덕(仁德)은 어떻게 확충할 수 있는가? 율곡은 이 문제에 대해서 숙고하면서 '덕량의 넓힘[恢德量]'을 제시한다.

> "마음을 넓게 가져 조금이라도 사사로운 뜻이 없게 하여 천지(天地)와 같게 하면 천하일가(天下一家) 사해동포(四海同胞)의 도량을 갖게 된다." —「성학집요」

누구든지 사사로운 뜻을 갖게 되면 다른 사람의 뜻과 이익을 무시하면서 자기만의 독단적인 이익을 추구하게 된다. 사사로운 뜻은 바로 도덕률에 의해서 성찰되지 않은 개인적 욕망과 이기심의 발로인데, 이러한 마음은 악으로 나아갈 수밖에 없다. 좋은 삶은 자신의 사사로운 욕심을 버리고 인덕(仁德)을 실천함으로써 타인을 도와주는 이타적인 삶이다. 이러한 삶을 가능케 하려면 마음을 넓게 가지며, 마음의 덕량을 넓혀야 한다고 율곡은 생각한다. 이 점에서 율곡은 '덕량을 넓히는 것'을 좋은 삶을 위한 핵심 방법으로 여긴다.

덕량을 넓게 한다는 것은, 잘한 것은 남의 공으로 하고, 잘못한 것은 나의 책임으로 돌리는 어진 마음의 확장이다. 덕량이 넓은 사람은 자신이 무엇을 잘한다고 해서 이로써 다른 사람을 힘들거나 수치스럽게 하지 않고, 남이 잘하지 못한다고 해서 그 사람을 부끄럽게 하지 않는 사람이다. 이것이 율곡이 뜻하는 회덕량의 진면목이다.

어느 유명 정치인의 국제회의 참석 소식을 보도하는 뉴스 장면을 오래전에 본 적이 있다. 미국인 발표자의 발언을 경청하고 있던 그에게 행사 진행 요원이 다가가서 조심스럽게 귀에 꽂는 동시통역 이어폰을 주자, 그는 자신이 영어를 듣고 이해할 수 있는데 통역 이어폰을 주니 다소 무시당했다는 기분이 들었는지 진행요원의 손등을 가볍게 쳤다. 그러자 진행요원이 민망하여 재빨리 통역 이어폰을 가지고 자리로 돌아가는 모습이 눈에 들어왔다. 짧은 순간이었지만 이 장면을 통하여 진행요원을 세심하게 배려하지 못한 그의 덕량이 다소 아쉽게 느껴졌던 기억이 난다. 율곡은 스스로 자랑하지 않고, 다른 사람을 위해 자신을 낮출 줄 아는 것을 덕량을 넓히는 방법으로 제시했는데, 이 장면에서 덕량에 대해서 다시 생각해 볼 수 있었다.

율곡은 마음의 도량이 작은 자의 문제점을 세 가지로 제시하면서 덕량을 함양하는 마음가짐을 새롭게 새긴다.

> "도량이 작은 자는 그 병통이 세 가지가 있으니, 첫째, 치우치고 왜곡된 것이요, 둘째, 스스로 잘난 체하는 것이요, 셋째, 이기기를 좋아하는 것이다. 치우치고 왜곡된 자는 막혀 있고 두루 통하지 못하여 공평한 마음으로 이치를 살피지 못하며, 스스로 잘난 체하는 자는 조금 얻은 것에도 만족하여 덕에 나아가지 못하며, 이기기를 좋아하는 자는 잘못을 감추어 자기를 비우고 선(善)을 따르지 못하니, 세 가지가 모두 하나의 사사로움일 뿐이다." —「성학집요」

도량은 곧 덕량을 의미한다. 도량이 작은 자의 병통은 '치우치고 왜곡된 것', '스스로 잘난 체하는 것', '이기기를 좋아하는 것'이라고 율곡은 규정한다. 치우치고 왜곡되면 공평한 마음을 낼 수 없어서 자기 이익만을 따지게 되며, 스스로 잘난 체하면 겸손(謙遜)의 덕을 잃고 오만하게 되어 남에게 미움을 받는 것은 불문가지(不問可知)이며, 이기기를 좋아하면 승부심(勝負心)에 사로잡혀서 다른 사람을 누르려고 하는 무례와 강박을 일삼게 된다. 이렇게 보면 덕량이 작은 것은 결국 자기 자신에게 해를 끼치는 결과를 초래하게 될 것이다.

율곡은 사람의 덕량이란 학식(學識)을 따라 자라지만, 학식이 높은데도 덕량이 자라지 못하는 사람이 있으니, 이것은 학식이 실제로 덕을 함양하는 데 이르지 못하기 때문이라고 지적한다. 이는 우리 시대 공부가 안고 있는 문제점의 정곡을 찌르는 것이라고 할 만하다. 공부하면 할수록 자기 이익만을 챙기고 인덕(仁德)의 실천과는 멀어지는 이상한 공부에 몰입된 가식적인 지식인들에게는 일침이 되는 바라고 하겠다. 율곡은 사사로운 마음으로 공부하고, 자기 이익만을 위해서 공부하는 사람들에게는 진정한 공부가 불가(不可)하다는 입장에서 자신의 덕량을 넓힐 수 있는 참된 공부에 몰입해야 한다고 조언한다.

> "사사로움을 다스리는 방법은 학문하는 것뿐이니, 학문이 진보하면 덕량도 커지므로 타고난 바탕의 좋고 나쁨은 논할 바가 아니다. 힘쓰고 또 힘쓰기를 그치지 않아 마음이 환하게 트여서 사사로운 뜻이 그 사이에 관계하는 일이 없게 된다면, 순(舜)과 우(禹)가 천하를 소유하고도 거기에 상관하지 않고 문왕(文王)이 도(道)를 보고서도 아직 보지 못한 것같이 한 것도 지나친 것이 아니다." —「성학집요」

율곡이 여기서 말하는 학문은 위기지학(爲己之學)으로서, 자신의 마음에서 사욕을 덜어 내는 인격 형성의 공부이다. 이러한 공부를 통해서만이 덕량을 넓힐 수 있으며, 마음의 사사로움을 제거할 수 있다. 이렇게 할 때 천지의 공평함을 덕으로 삼은 인격자가 될 수 있는 것이다. 이러한 인간의 품격을 갖춘다면 온 세상을 가진 왕이라고 하더라도 스스로 겸손할 수 있다. 또한 도(道)를 깨닫고서도 마치 도를 보지 못한 듯이 더욱 자신을 수양하는 겸허와 인덕(仁德)을 갖출 수 있다.

덕량이 작은 사람은 누군가 정당한 이유로 자기를 비판하더라도 분노하고 그를 미워한다. 그러나 덕량이 넓은 사람이라면 이에 대처하는 바가 다르다는 점을 율곡은 상세하게 일깨운다.

> "나를 비방하는 자가 있으면 반드시 나 자신을 돌이켜 살펴보아야 한다. 만일 내가 정말 비방을 받을 만한 행동을 한 적이 있었다면 스스로를 꾸짖어 허물 고치기를 꺼리지 말고, 만일 나의 과실이 매우 적은데 그가 보태어 말했다면 그의 말이 지나쳤더라도 나에게 실로 비방 받을 근거가 있었으니, 역시 이전에 행한 잘못을 철저하게 끊어 털끝만큼도 남기지 말아야 하고, 만일 나에게는 본래 허물이 없는데, 헛된 말을 지어낸 것이라면 그는 거짓된 사람일 뿐이니 거짓된 사람과 어찌 허실(虛實)을 따지겠는가? 그리고 헛된 비방은 바람이 귓가를 스치고 구름이 허공에 떠 있는 것과 같으니 나와 무슨 상관이 있겠는가? 그러므로 비방이 생겼을 때 내게 허물이 있으면 고치고, 없으면 허물을 안 짓도록 더욱 힘쓴다면 나에게 유익하지 않은 것이 없다. 만일 그런 비방을 듣고 시끄럽게 변명하여 자기가 허물이

없는 사람이 되려고만 한다면, 그 허물은 더욱 깊어지고 비방은 더욱 심해질 것이다." —「격몽요결」

오늘날은 자기가 기준이 되고, 자기 이익이 전부인 양 나서는 시대가 된 듯하다. 물러나고 겸손하면 약한 자로 여겨서 무시하고 핍박한다. 그렇기에 사람들은 다른 사람에게 경계심과 적대감을 가지는 경우가 적지 않다. 그러나 율곡의 말처럼 다른 사람의 비판적인 말, 비방적인 말도 자신의 마음을 성찰하는 계기로 삼는 겸손과 덕스러움이 갖추어져 있다면 세상을 살아감이 한층 여유롭고 행복할 것이다. 우리는 살아가다가 가끔 자기를 이유 없이 비방하는 말을 듣곤 한다. 이 경우 황당하고 억울하여 견딜 수 없는 분노에 사로잡히는 것은 자기 자신을 초라하게 만드는 것이다. 왜냐하면 자신을 그런 유의 사람과 동일하게 하는 자기 마음의 협량함을 드러내기 때문이다. 그러므로 그런 경우를 당했을 때, 거칠게 응대할 가치도 없으니 단지 겸허하고 진실된 마음으로 자신을 자유롭게 하면 그만일 듯싶다.

이쯤에서 퇴계 이황의 덕량을 생각해 보면 율곡도 기쁘게 여길 것이다. 퇴계는 훌륭한 인품의 소유자였기에 그의 덕량은 깊은 감동을 준다. 어느 날 퇴계는 지인의 상가(喪家)에 문상(問喪)을 해야 할 일이 있었다. 그래서 부인 권씨에게 문상 시에 입는 두루마기 예복을 꺼내어 준비해 달라고 부탁했다. 잠시 후

부인이 가져온 옷에는 붉은색 천이 커다랗게 덧대어 있었다. 부인의 말로는 옷이 좀 해어져서 붉은 천을 덧대어 꿰맸다고 했다. 퇴계는 내심 그 옷을 입고 문상을 가는 것이 적절치 않다고 생각했을 것이다. 그러나 퇴계는 부인에게 고맙다고 말하고는 그 옷을 입고 그대로 문상을 갔다. 상가에서 퇴계의 복장을 본 문상객들은 수군대기 시작했다.

"도대체 퇴계는 무슨 생각으로 붉은 천이 크게 덧대진 옷을 입고 문상을 왔단 말인가? 예를 중시하는 퇴계인 줄 알았는데, 이제 보니 예의를 아주 무시하는 사람이네!"

사람들은 수군수군했지만 퇴계는 아무런 변명도 하지 않았다. 그러나 수일이 흐른 후 사람들은 퇴계가 왜 그런 옷을 입고 왔는지 사연을 듣게 되었다. 그러고는 자기 부인을 배려하는 마음이 깊고, 자신에 대한 비난을 변명 없이 기꺼이 감수한 퇴계의 넓은 덕량에 모두가 감탄하였다.

2
인덕 실천을 위한 인격자의 도움

누구나 처음부터 온전하게 덕을 행할 수는 없다. 부족하고 미진하기 때문에 온전하게 덕을 행하려면 지속적으로 노력해야 함은 물론이며, 덕행을 잘하는 어진 사람의 도움이 필요하다. 율곡은 덕행을 잘하기 위해서는 반드시 타인의 조력이 있어야만 한다고 생각한다. 실제로 우리는 젊은 날에 아무렇지 않게 처신한 것들이 나이가 더 들고 덕이 쌓였을 때 문득 돌이켜 보면, 과거에 행했던 많은 행위들이 적절치 않음을 깨닫고 스스로 부끄러워하는 경우가 적지 않다. 이때 우리는 그 젊은 시기에 누군가가 조언을 해서 자신을 일깨워 주었으면 좋았을 것이라는 아쉬운 마음을 갖게 된다. 이러한 맥락에서 율곡은 덕을 행하기 위해서 예외 없이 누구나 어진 사람, 어진 친구의 도움이 필요하다는 점을 언급한다.

> "천자(天子)로부터 보통 사람에 이르기까지 어진 친구가 없으면 덕을 이룰 수 없으니, 증자가 '벗으로 인(仁)을 돕는다.[以友輔仁]'라고 한 말이 이것이다." —「성학집요」

덕을 이룸에 있어서는 반드시 조력(助力)이 있어야 한다는 말이다. 살아가면서 "좋은 친구를 사귀어야 한다.", "어진 사람과 함께해야 한다."라는 조언을 귀가 따갑도록 듣게 되는 것은 세상을 더 오래 산 사람들이 이에 대해서 절실하게 느낀 바가 있기 때문임은 물론이다. 율곡은 왕이나 보통 사람이나 가릴 것 없이 덕을 이루려면 반드시 덕을 도와주는 친구가 있어야 한다고 주장한다. 이러한 맥락에서 증자는 일찍이 '이우보인(以友輔仁)'이라고 말했던 것이다.

율곡은 「성학집요」에서 자신이 덕행을 잘하기 위해서 필요한 요목을 세 가지로 압축하여 논하면서 '바른 선비를 가까이하는 것', '간언(諫言)을 따르는 것', '허물을 고치는 것'을 제시한다. 율곡은 '바른 선비를 가까이하는 것'을 언급하면서, 덕을 이해하고 실천하는 데 도움이 되는 좋은 친구의 존재가 인생에서 필수적이라고 마음에 새긴다. 친구가 곧으면 자기의 허물을 듣게 되고, 친구가 진실하면 자신이 성실하게 되며, 친구가 현명하면 자신을 현명하게 할 수 있기 때문에 자기 잘못을 수정하고, 일에 정성을 다하고, 도리에 밝게 행하는 것들이 모두 어진 친구의 도움으로 가능하다는 입장을 취한 것이다.

특히 율곡은 친구가 바른 소리로 자신의 잘못을 일깨워 주면 이를 잘 수용할 수 있어야만 덕행을 잘할 수 있다는 맥락에서 '간언(諫言)을 따르는 것'을 중요하게 여긴다. 자신의 잘못을 지적하거나 일깨워 주는 사람에 대해서 불편해하거나 미워하는 마음이 생길 수 있다. 친한 친구 사이에도 잘못을 지적하는 것이 몇 차례 반복되면 불편해하거나 싫어해서 어느 순간 오랜 우정이 깨어지는 것을 드물지 않게 볼 수 있을 정도로 간언을 듣는 것은 부담스럽다. 그러나 자기 진보와 자기 성실성을 우선적으로 추구하는 사람이라면 자기를 깨우쳐 주려고 하는 어질고 바른 친구의 간언을 마음 깊이 받아들이는 태도가 반드시 필요하다고 율곡은 생각한다. 잘못을 지적하는 말을 마음에 기꺼이 받아들여서 자기의 덕을 함양하는 자양분으로 삼아야 한다는 것이다. 율곡은 또한 '허물을 고치는 것'을 덕행을 이루는 핵심 방법으로 삼는다.

> "간언이 있으면 반드시 좇고, 허물이 있으면 반드시 고치는 것은 곧 덕(德)을 진취시키고 업(業)을 닦는 데 도움을 얻으려는 것이다. 만일 그저 어진 선비의 명성만을 흠모하여 공연히 측근에 두고는 간하는 말이 있어도 좇지 않고, 허물이 있어도 고치지 않는다면, 어진 선비가 어찌 바른 소리를 하려고 하겠는가?" —「성학집요」

율곡이 주장하는 '허물을 고치는 것'은 반성적(反省的) 성찰에 근거한다. 어진 벗이나 현명한 사람이 자신의 잘못을 비판하고 덕 있는 길로 나아가도록 조언한다면 이는 자신이 인격적으로 진보할 수 있는 더할 나위 없이 좋은 기회이다. 허물이 없는 사람은 없다. 그 허물을 알고서도 못 고치는 사람이 있고, 알지 못해서 못 고치는 사람도 있다. 진정한 친구나 현자는 칭송하는 말을 빈번하게 하는 사람이 아니라 허물을 일깨워 주는 사람이다. 그러한 사람들을 자신을 험담하고 비난한다고 여길 것이 아니라 자신의 덕을 길러 주기 위한 귀인(貴人)이라고 생각하는 태도가 중요하다는 점을 율곡은 강조한 것이다. 주위에 인자(仁者)가 있다는 것은 큰 복이다. 자신을 수양하는 데 있어서 비록 친구라고 하더라도 그 인자를 선생으로 여겨서 자신의 허물을 고치지 않는다면, 그 친구는 결국 자기를 떠나게 될 것이다.

율곡은 『주역(周易)』을 거론하며, 어진 사람의 도움에 대해서 언급한다. "풍(風)과 뇌(雷)가 서로 보태어 이롭게 하니, 군자는 이것을 본받아 선(善)을 보면 실천하고 허물이 있으면 고친다."(『주역』 '익괘(益卦)')라는 괘사가 있다. 군자는 바람과 우레가 서로 보태는[益] 현상을 보고, 자신의 덕을 기르는 데 도움이 되는 사람을 찾는다. 허물이 있다면 다른 사람의 도움을 받아 이를 진심으로 고쳐 나가려는 노력을 스스로 한다. 이렇게 함으로써 군자는 종국적으로는 그 삶에서 허물 없는 길, 덕 있는 길을 갈 수 있다. 허물을 고쳐 나가려면 반드시 어진 사람의 도움이 필요하기에 우리는 늘 인자(仁者)를 기대하고, 친하게 지내려고 하며, 그로부터 배우려는 마음을 가지는 것이 아닌가?

우리가 인자를 찾아서 자신의 인격과 삶에 어떤 도움받기를 원하는 마음을 가진다면 우리 자신이 반드시 갖추어야 할 태도가 있다. 그것은 과연 자신은 남에게 어떤 사람인지, 남이 자신을 통해서 선을 본받을 수 있는 삶을 살고 있는지 성찰할 필요가 있다는 것이다.

여기서 청년 작가 최대호의 시집(詩集) 『이 시(詩) 봐라』에 수록된 「준비물」이라는 시를 인용해 본다. 간명하면서 큰 울림이 있는 시이다.

「준비물」

좋은 일
좋은 사람
좋은 삶을 만나려면
간단한 준비물이 있다.

좋은 나

나를 도와주는 좋은 사람을 만나려면 기본적으로 나 자신이 좋은 사람이어야 한다는 뜻이다. 자신에게 남이 배울 수 있는 아름다운 인격의 면모가 적어도 몇 가지는 있어야 하지 않겠는가? 그래야 내가 찾는 좋은 사람이 나로 인해 마냥 불편해하지는 않을 것이 아닌가? 그도 나를 좋은 이로 생각해서 진심을 다할 것이 아닌가? 증자(曾子)는 다음과 같이 자신을 성찰하는 모범을 보인다.

> "나는 날마다 다음의 세 가지 일로 나 자신을 살핀다. 남을 위하여 일을 함에 있어서 성실하지 못한 점이 있는가? 벗과 사귀면서 신실하지 못한 점이 있는가? 스승에게 배운 것을 잘 익히지 못한 점이 있는가?[吾日三省吾身, 爲人謀而不忠乎, 與朋友交而不信乎, 傳不習乎]" —『논어』「학이」

나는 성찰한다. 나는 진실된 사람인가? 나는 선한 사람인가? 나는 어진 사람인가? 나는 다른 사람이 배울 만한 점이 있는 사람인가? 나는 다른 사람을 도와주려고 적극적으로 노력하는 사람인가?

3
덕행의 지속적 실천

율곡은 덕행(德行)을 함에 있어서 중간에 포기하거나 변심하지 않고 끝까지 돈독(敦篤)하게 행하는 것이 중요하다는 점을 각성하면서, "덕을 행할 때는 반드시 돈독해야 한다."라고 주장한다. 율곡이 말하는 '돈독(敦篤)'은 노력하여 독실하게 하는 것을 말하는데, 이는 덕 실천의 충실함을 의미한다. 율곡은 돈독을 말하면서 "중도에 그만둘 것을 염려한다."라고 하였다. 덕을 실천함에 있어서 중도에 그만두지 않으려면 도덕 의지가 강해야 한다. 그리고 도덕 의지가 강하려면 삶에 대한 소중함과 가치로운 삶에 대한 뜻이 명확해야 한다. 뜻이 명확하고 그것이 마음을 주도하면 중도에 마음을 꺾어서 덕을 포기하는 일이 없게 된다.

율곡은 군자와 같은 인격자는 덕을 실천함에 있어서 게으르지 않고 두려워함이 없어야 한다고 생각한다. 그러므로 설령 사사로운 욕망의 유혹이 순간적으로 일어나더라도 허물을 짓지 않게 되는 것이다. 위태로운 상황에서도 실수하지 않고 도덕적 잘못을 저지르지 않는 것이 덕 있는 사람의 진정한 풍모임을 율곡은 상기한다.

> "군자의 학문은 성실하고 독실(篤實)해야 할 따름이다. 임무는 무겁고 도(道)는 멀어서 전진하지 않으면 후퇴한다. 만약 성실하고 독실하지 않으면 어찌 성취함이 있을 수 있겠는가?" —「성학집요」

효를 예로 들어 보면, 이는 죽을 때까지 해야 하는 도리이다. 의(義)를 예로 들어 보면 이 역시 몸이 다할 때까지 그만두어서는 안 되는 규범이다. 인간의 도리를 다하고자 하면 그 덕의 실천을 우리 생의 마지막 날, 마지막 순간까지 포기해서는 안 된다는 것을 율곡은 바로 '종신(終身)의 도'로 삼은 것이다. 그러므로 율곡은 덕 실천을 위한 자신만의 돈독의 방법을 다음과 같이 구상하여 제시한다.

> "모든 공부를 방해하는 것을 분별하여 그 방해되는 근본을 끊어서 덕을 성취하는 공부를 실천하는 일에 힘쓰고, 어렵고 쉬움을 따지지 말고 용감하게 힘껏 나아가며, 괴로움을 참으면서 단연코 물러서지 않으면, 공부가 진행되는 상태가 처음에는 매우 험난하고 막히지만, 나중에는 점차로 조리(條理)가 시원하게 밝혀지며, 처음에는 매우 혼란하지만 나중에는 점차로 정리될 것이며, 처음에는 매우 어렵고 까다롭지만 나중에는 점차로 통달할 것이다. 처음에는 매우

담박하지만 나중에는 점차로 맛이 있어서, 반드시 인(仁)을 행하는 것을 배움의 즐거움으로 삼게 될 것이다. 그렇게 되면 세상의 모든 것이 배우는 일보다 더 중요한 것이 없을 것이니, 어느 겨를에 덕의 성취 이외의 일을 중시하고 배움을 게을리하여 늦추는 일이 있을 수 있겠는가?"

―「성학집요」

배우는 일을 어렵고 힘들게 여길 것이 아니라, 자기의 허물을 고쳐 더 나은 사람이 되려는 인격 형성의 공부, 덕을 성취하려는 공부가 인생에서 가장 즐거운 일임을 자각하고, 그 깨달은 마음으로 시종일관 돈독을 다하는 것이 바로 율곡의 인생론의 핵심이다. 율곡은 '쉼 없는 노력'과 '게으름의 병폐 극복'을 중심으로 덕행을 초지일관(初志一貫)되게 해야 한다고 강조하면서, 돈독의 공부를 소홀히 하면 결코 인격자가 될 수 없다고 상기한다. 유교의 공부는 선학(禪學)처럼 돈오돈수(頓悟頓修)를 이상으로 삼는 것이 아니다. 돈오돈수는 참선의 수행 중에 단박에 깨치면 닦음도 이루어져서 더 이상 닦을 것이 없다는 입장으로서 닦음의 종결을 전제하지만, 덕의 실천이라는 유교적 과제에 있어서는 생을 마감할 때까지 종결이 있을 수 없다. 그러므로 덕의 완성을 미리 기약하지 말며, 일생을 통해서 성실하게 그것을 이루어 나가야 한다.

"공부가 지극하면 효과가 반드시 나타나기 마련이니, 어찌 미리 이야기할 수 있겠는가? 지금 사람들은 미리 효과를 얻으려고 생각하는 병폐가 있다. 미리 기일을 정해 놓았는데 그때 효과가 나타나지 않으면 행한 지 얼마 되지 않아서 곧 싫어하고 권태로워하는 마음이 생긴다. 이것은 배우는 자의 공통된 병폐이다. 먼 곳에 가는 자가 한걸음에 목적지까지 도달할 수는 없으니, 반드시 가까운 데서부터 점차로 나아가야 한다. 높은 곳에 오르는 자가 단번에 뛰어오를 수는 없으니, 반드시 낮은 곳에서부터 점차로 올라가야 한다. 진실로 그 길을 잃지 않고, 부지런히 점진적으로 질서 있게, 날마다 할 일을 정하여 전진하고 후퇴함이 없으면 멀다고 못 갈 곳이 없고, 높다고 못 오를 곳이 없다."

—「성학집요」

돈독을 강조하는 이와 같은 율곡의 입장은, 참된 덕행이란 요술을 부리듯이 한 번에 뚝딱 이루어지는 것이 아니므로 천리(千里)를 간다는 마음으로 일생토록 진실되고 겸허하게 끝까지 포기하지 않고 덕을 실천해야 한다는 것이다. 우리의 인생길을 아름답게 하는 요체는 일상에서 차근차근 덕을 실천하는 것이다. 이와 같이 율곡은 누구나 가치 있는 뜻을 마음에 품고 덕을 실천하기 위해 노력하는 것이야말로 인생을 아름답게 하는 핵심적인 방법임을 일깨우고 있다.

덕행과 관련해서 『예기(禮記)』「단궁(檀弓)」 편에 기록되어 있는 증자(曾子)의 '역책(易簀)'에 대한 다음과 같은 고사(故事)가 생각난다.

증자가 병이 들어서 방의 대자리 위에 누웠는데 증상이 위독했다. 제자 악정자춘(樂正子春)은 병상 아래에 앉아 있고, 증자의 아들인 증원(曾元)과 증신(曾申)은 옆에 앉아 있었으며, 동자는 멀찍이 앉아 있었다.

동자가 말했다.

"대부(大夫)의 대자리가 화려하고 아름답습니다!"

동자는 증자가 깔고 누운 대자리가 너무나 화려하여 신분에 맞지 않음을 말한 것이다. 이에 증자의 제자 악정자춘이 말했다.

"입을 다물어라!"

동자의 말을 들은 증자가 깜짝 놀라며 탄식했다.

"아!"

동자가 다시 말했다.

"대부의 대자리가 아름답습니다!"

증자가 병으로 인하여 힘겹게 말했다.

"그렇다. 이것은 대부 계손(季孫)이 나에게 준 것인데, 내가 아직 바꾸지 못했구나. 증원아, 어서 이 대자리를 바꾸어라!"

증원이 말했다.

"아버님의 병환이 위중하니, 지금 대자리를 바꿀 수 없습니다. 내일 아침에 바꿀 수 있게 되면 아버님 말씀대로 바꾸겠습니다."

증자가 말했다.

"너희가 나를 사랑함이 저 아이만 못하다. 군자는 남을 사랑함을 덕으로써 하고, 소인은 남을 사랑함을 임시적인 방편으로 한다. 내가 어느 것을 구하겠느냐? 나는 정도(正道)에 따라 죽으려고 하는 것일 뿐이다!"

이 말을 듣고 증원이 마지못해 증자의 몸을 부축해서 대자리를 바꾸었는데, 새 대자리로 옮겨 몸을 미처 안정시키기도 전에 증자는 세상을 떠났다.

증자(曾子)는 인(仁)의 실천에 있어서 흠결이 없다고 할 정도로 엄격하고 온전했다. 그런데 자신의 침상에 깔고 있던 대자리가 대부에게 선물 받은 것이어서 너무 화려하여 자신의 신분에 맞지 않으므로 예가 아니라고 여겼다. 병석에 누운 관계로 그것을 알지 못했던 것인데 어린 동자의 말을 듣고 곧바로 대자리를 바꾸게 한 후에 그 명(命)을 다했다. 이를 '역책(易簀)'이라고 한다. 글자 그대로 풀이하면 '대자리를 바꾸다.'라는 뜻이지만 오늘날에는 덕망이 높은 사람의 임종을 이르는 말로 쓰인다. 이는 곧 성실하고 진실된 사람, 일생 동안 인(仁)의 실천을 위해 덕행을 돈독하게 실천한 인격자의 모범적 행위를 보여 준다. 율곡은 이러한 증자의 역책을 상기하면서 덕행의 돈독을 다짐하는 삶을 기약한 것이다.

비록 물질에 사로잡혀 무엇이 진실인지 알지 못하고, 무엇을 해야 할지 깨닫지 못하는 지금의 시대에도 독실하게 덕행을 실천하는 아름다운 사람을 볼 수 있을 것이다. 그런 사람을 볼 수 있으리라는 기대를 갖는 것만으로도 삶의 큰 동력이 된다.

4
배려하는 혈구지도(絜矩之道) 마음의 실천

유교 윤리의 핵심은 인(仁)이다. 인은 곧 사랑이며, 사랑은 철저하게 다른 사람에 대한 배려와 존중을 실천하는 것이다. 그러므로 율곡과 같은 유교 지식인의 삶은 배려와 존중의 인덕(仁德) 실천의 삶을 이상으로 삼는다. 이 점에서 율곡은 '혈구의 도[絜矩之道]'를 강조한다. '혈구의 도'에서 '혈(絜)'은 헤아린다는 뜻이며, '구(矩)'는 모난 물건을 만드는 법규와 같은 것이다. 그러므로 혈구의 도는 내 마음을 잣대 삼아 남의 마음을 재고, 내 처지를 생각해서 남의 입장을 헤아린다는 뜻으로서, 자기 마음을 미루어 남을 대하는 배려와 존중의 실천적 도를 의미한다. 우리가 살아가는 데 있어서 아마도 기본적이면서 중요한 것이 바로 혈구지심, 그 배려와 존중의 마음이 아닐까 한다.

일을 처리할 때 자신의 이익, 자신의 관점만을 기준으로 삼지 말고 다른 사람의 가치 기준과 마음을 존중하고 배려하는 도리를 실천하는 것이 혈구지도(絜矩之道)를 실천하는 삶이다. 율곡은 '혈구의 도'를 논하면서 『대학(大學)』의 내용을 언급한다.

> "윗사람이 노인을 노인으로 섬기면 백성들이 효도하려는 마음을 가지게 되고, 윗사람이 어른을 어른으로 받들면 백성들이 어른에게 공경하려는 마음을 가지게 되며, 윗사람이 외로운 이들을 가련하게 여기면 백성들이 몰인정하게 되지 않는다. 이 때문에 군자에게는 '혈구(絜矩)의 도'가 있다." —『대학』

혈구의 도는 본질적으로는 윗사람 혹은 생활상의 안락함을 누리는 사람이 아랫사람과 소외된 사람을 어떻게 대하는 것이 바람직한 삶의 태도인지를 보여 주는 도리이다. 윗사람이 효도하고 공경하고 가련하게 여기는 마음을 가지고 아랫사람을 대하면, 아랫사람이 모두 그와 같은 어진 마음을 가지게 된다. 윗사람이 남이 자신을 무례하게 대하는 것을 원하지 않는다면 반드시 이런 마음으로 아랫사람의 마음을 헤아려 무례하게 대하지 말아야 한다는 도리가 바로 혈구의 도이다. 이 점에서 율곡이 삶의 도리로 중시하는 혈구의 도는 배려와 존중을 중핵으로 하는 실천적 인도(仁道)이다.

'배려의 아이콘'이라는 말이 있다. 함께 사진을 찍을 때 키가 작은 사람을 배려하여 다리를 약간 굽힌다든지, 무릎을 구부린 채로 앉아서 어린아이와 눈높이를 맞추면서 대화를 하는 등의 배려의 태도를 자연스럽게 실천하는 사람을 지칭하는 기분 좋은 말이다. 이런 배려가 습관이 된 사람이 바로 율곡이 강조하는 혈구의 도를 생활화한 사람이다. 이런 사람은 자신보다 어렵게 사는 사람, 소외된 사람을 보면 어진 마음이 발동하여 그냥 지나치지 못한다. 혈구지도의 마음으로 공무를 수행하는 사람 또한 민원인들의 절박한 마음을 헤아려서 그들의 일을 해결하기 위해 힘을 쏟는다. 율곡은 사람들이 이런 혈구지도를 잘 갖춘다면 사회적으로 어려운 처지에 있는 이들이 진심으로 위로받고, 또 실제로 삶의 개선이 이루어질 것임을 확신한다. 율곡이 민생을 위해서 부단히 노력한 것 역시 혈구지도의 마음에서 연유한 것이다.

혈구의 도는 곧 충서(忠恕)의 도리라고 할 수 있는데, 율곡은 "충서(忠恕)가 도에서 떨어진 것이 멀지 않다. 나에게 베풀어지기를 원하지 않는 것은 남에게도 베풀지 말라."라는 『중용(中庸)』의 입장이 자신이 어떤 마음으로 다른 사람을 대해야 할지를 잘 보여 주는 모범적인 덕 실천의 모습이라고 생각한다. '충(忠)'은 나의 마음을 다하는 것이며, '서(恕)'는 자신을 미루어 남에게 미치는 것이다. 그러므로 혈구의 도는 충서(忠恕)를 본의로 한 인도(仁道)이다. 진실하고 어진 마음을 다하여 다른 사람에게 혈구의 도를 실천하면 그것이 곧 인덕(仁德)을 구현하는 것이어서 모두가 함께 조화롭고 행복한 삶을 영위할 수 있다. 이러한 혈구의 도가 보편적으로 이루어진 사회를 율곡은 '대동사회(大同社會)'라고 부른다.

대동사회는 사람들이 자기 부모만을 부모로 여기지 않고, 자기 자식만을 자식으로 여기지 않아서, 이웃의 부모를 자기 부모로 여기고, 이웃의 자식을 자기 자식으로 여기는 혈구의 도가 잘 구현된 사랑의 공동체이다. 이 점에서 율곡은 대동사회가 바로 자신이 지향하는 인덕(仁德)이 구현된 사회라고 여긴다. 율곡은 대동사회의 면모를 다음과 같이 묘사한다.

> "성인이 백성들을 잘 살 수 있도록 하는 제도를 만들고, 기거할 집과 옷과 생활용품들을 구비해 주어서, 백성들이 생활필수품을 얻어서 삶을 즐기면서 그들의 생업을 편안하게 여겼다. 또한 가르치지 않으면 예의를 해칠까 근심하여 사람의 마음을 잘 헤아리고 천리(天理)에 근본하면서 사람들을 교화하는 학교를 만들었다. 그리하여 부자(父子)·군신(君臣)·부부(夫婦)·장유(長幼)·붕우(朋友)가 각각 그 바른 도리를 얻으니 이 대동사회에서 천의 바른 이치가 밝아지고 시행되었다." —「성학집요」

율곡이 꿈꾸는 대동사회는 백성들이 삶을 즐기면서 생업을 편안하게 여기는[樂生安業] 사회이며, 인간으로서의 도리를 배워서 알고 실천할 수 있는 윤리적 사회이다. 즉 민중들의 생업과 교육이 조화롭게 이루어지는 공동체가 대동사회인 것이다. 농부이자 작가인 전우익은 『혼자만 잘 살믄 무슨 재민겨』라는 책을 지었는데, 이 혼잣말 같은 제목은 대동사회를 실현하려 한 율곡의 인생관과 다르지 않은 의미를 담고 있다. 그렇다. 아프면 아픈 대로, 슬프면 슬픈 대로, 기쁘면 기쁜 대로 사람들의 마음을 품어서 따뜻하게 함께 가려는 배려와 존중과 사랑의 덕을 실천한다면 그 자리가 바로 우리 모두의 꽃자리인 것이다. 이 점에서 대동사회는 혈구의 도가 이루어진 사회이다.

율곡이 지향하는 대동사회, 인덕 실천의 사회는 생업과 교육을 잘 이루어야 하는데, 그 선후를 정하면 민생을 우선적으로 하고, 교화를 나중에 해야 한다는 '선민생후교화(先民生後教化)'의 가치가 본질이 된다. 즉 사람들을 굶기면서 도리로 옭아매어서는 안 된다는 것이다. 부모를 섬기고 가족을 먹여 살릴 수 있는 민생의 문제를 해결하는 것이 선결 과제임을 율곡은 강조한다. 가난을 경험한 율곡이었기에 민중들의 아픔을 헤아리는 혈구지도의 마음을 뜨겁게 드러낸 것이리라.

> "옛날 어진 군주는 백성의 산업을 제정하는 데 있어서, 반드시 위로는 부모를 섬길 수 있고, 아래로는 처자(妻子)를 먹여 살릴 수 있어서 풍년이 들면 일 년 내내 배불리 먹을 수 있고, 흉년이 들더라도 죽음을 면할 수 있도록 했다. 그런 뒤에 백성을 선한 길로 인도하였기 때문에 백성들이 진심으로 그를 따랐다." —「성학집요」

혈구지도의 덕에 부합하는 감동적인 장면 하나가 내 마음에 깊이 각인되어 있다. 내가 근무하는 대학교 인근에는 닭똥집 골목을 낀 '평화시장'이라는 이름의 작은 시장이 있다. 어느 토요일 아침 9시경 우연히 이 시장을 지나간 적이 있었는데, 생선을 파는 두 가게 중에서 할머니가 운영하는 가게에는 손님이 10명 넘게 몰려 있었고, 젊은 아주머니가 운영하는 그 옆 가게에는 손님이 1명밖에 없었다. 나는 장사가 잘되지 않는 젊은 아주머니의 생선가게를 보면서 마음이 안타까웠다. 짐작하건대 아주머니의 나이로 보아서 자식들이 학생이어서 돈 들어갈 데가 많을 것이었다. 이 점에서 그 시장에서 오래 장사를 한 듯 보이는 할머니와는 사정이 다를 것이라고 생각되었다. 다음 주에 일부러 그 시간에 다시 시장을 가 보았는데, 이전과 마찬가지로 할머니의 생선가게에는 손님이 많았고, 그 옆 아주머니 생선가게에는 손님이 없었다.

나는 두 생선가게를 대각선으로 마주 보고 있는 떡집의 사장에게 낮은 목소리로 물었다.

"앞의 두 생선가게의 주인인 할머니와 아주머니는 사이가 좋지 않겠네요?"

떡집 사장이 대답했다.

"아니요, 사이가 좋습니다."

선뜻 이해하기 어려운 답이었다. 같은 업종의 경쟁 관계에 있는 가게였기에, 장사가 안 되는 가게의 주인은 생계가 어려울 것이므로 마음이 불편해 서로 좋은 관계를 유지하기 어려울 것이라고 생각했기 때문이다. 나는 그 이유를 묻지 않을 수 없었다. 그리고 떡집 사장의 말을 들었을 때, 나의 궁금증과 염려는 한순간에 녹아 버렸다.

> "장사가 잘되는 생선가게의 할머니는 옆 가게의 아주머니가 장사를 잘할 수 있도록 오후 2시가 되면 문을 닫고 집에 가십니다."

그 할머니가 바로 혈구의 도를 실천하는 인자(仁者)였던 것이다. 나는 열심히 생선을 손질하고 계신 할머니를 존경하는 마음으로 바라보면서 시장 밖으로 걸어 나왔다. 시장의 입구 하늘에 아름다운 무지개가 걸린 것 같았다. 아니면 내 마음에 핀 무지개였던가?

'광거(廣居)하는 삶이 참된 삶이니'

우리는 살아가면서 종종 스스로를 돌아본다. 비록 매일은 아니지만 나의 꿈을 잊지는 않았는지, 내가 지향하는 길을 벗어나 멀리 가 버리지는 않았는지 묻고 스스로를 성찰한다.

율곡은 저녁에 글을 보다가 자신의 인생길에 대해서 생각하는 시를 짓는다. 조선시대에는 휴대폰도 없고, 텔레비전도 없고, 심지어는 전기도 없었으니 기본적인 환경 면에서 오늘날의 우리들보다 마음과 삶을 성찰하기 좋았을 것이다. 자신의 삶을 돌아보는 율곡의 짧은 시는 이러하다.

「등불 아래서 글을 보다」

인간의 삶 어디에 진정한 광거(廣居)가 있다는 말인가
백 년이면 다할 이 몸, 잠깐 쉬어 갈 뿐이네
모처럼 바다 건너의 유산몽(遊山夢)에서 깨어나
외로운 등불 아래에서 옛 책을 보는구나

'잠깐 쉬어 감', '외로운 등불'로 표현되는 율곡의 시감(詩感)은 외롭고 고독하며, 존재의 영속성을 부정하는 것으로 표상된다. 율곡은 인간의 길 즉 인생의 참된 도리를 찾아서 공부하고 실천하려고 했지만 길을 헤맨 경험이 있었다. '바다 건너의 유산몽(遊山夢)'이 그것이다. 유학자인 율곡의 입장에서는 '바다 건너의 유산몽'은 불교 공부에 몰입한 것을 의미하기도 한다. 금강산에서 돌아와 유학 공부를 하면서 인생의 길을 찾아가는 소회를 시로 표현하는 의미도 포함되어 있을 것이다. 생각하면 누구나 '유산몽'이 있기 마련이다. 유산몽을 유산몽이라고 깨치면 그로부터 새로운 자기 인격, 자기 삶의 지평이 열린다. 그러나 유산몽에서 깨어나지 못하고 마음이 이리저리 헛된 것에 떠돌면 길게 살아야 백 년일 몸이 부질없는 헛수고로 평생을 보내게 된다.

그렇다면 인간이 가야 할 진정한 길, '광거(廣居)'의 길은 무엇을 말하는가? 율곡은 맹자가 말한 참된 인간이 가야 할 삶의 길을 염두에 두고 있다. 맹자는 어느 날, 위세 있는 인물인 경춘(景春)의 방문을 받게 된다. 이 자리에서 경춘은 맹자에게 공손연(公孫衍)과 장의(張儀) 같은 인물이 한번 화를 내면 제후들이 두려워하고, 조용히 거처하면 천하가 잠잠하니, 이들이 바로 진정한 대장부(大丈夫)라고 말한다. 이에 대해 맹자는 경춘의 도리에 어긋난 말을 나무라며, 진정한 대장부로 불리는 사람의 삶이 어떠한지를 깨우쳐 준다.

> "천하의 넓은 집에 거처하며[廣居], 천하의 바른 자리에 서며, 천하의 큰 도리를 행하여 뜻을 얻으면 백성과 함께 올바른 도를 행하고, 뜻을 얻지 못하면 홀로 그것을 행하여 부귀(富貴)가 방탕하게 하지 못하고, 빈천(貧賤)이 뜻을 바꾸게 하지 못하며, 위력적인 힘이 절개를 굽히게 할 수 없는 것, 이것이 바로 대장부(大丈夫)이다."
>
> —『맹자』「등문공하(滕文公下)」

여기서 맹자가 말하는 '천하의 넓은 집'은 바로 '인(仁)'을 뜻하며, '천하의 바른 자리'는 '의(義)'를 뜻한다. 그러므로 '광거(廣居)'는 어질게 사는 것, 살아가면서 인덕을 실천하는 것을 의미한다. 오늘날에도 권력이 크다고, 재산이 많다고, 학벌이 높다고 위세를 부리는 사람이 적지 않다. 그 위세에 눌려 피하는 사람도 있고, 따르는 사람도 있다. 그렇게 위세 부리는 사람을 보고 참 좋은 사람, 인격자라고 부르지 않는다. 우매하고 허세에 찌든 사람으로 치부할 따름이다. 대장부가 아니라 '졸장부(拙丈夫)'인 것이다. 율곡이 고민한 인간다운 삶은 '광거'의 길에 있다. 인덕을 온전히 구현하기 위한 공부와 실천의 길이 바로 율곡이 지향한 삶의 길이었던 것이다. 인생 백 년이라고 하나, 영겁(永劫)의 시간으로 보면 잠깐의 찰나에 불과하니 무엇을 해야 할지 그 삶의 길을 찾아서 당당하게 가야 한다. 부귀와 빈천이 자기를 유혹하고 위축시키더라도 흔들림 없이 당당하게 인덕(仁德)을 실천하는 길을 율곡은 다짐하고 있다.

그러므로 율곡에게 있어서 '외로운 등불 아래에서 옛 책을 보는 것'은 가치 있는 일이다. 왜냐하면 '광거의 길' 즉 아름다운 인덕(仁德)을 실천하는 참된 인생의 길을 닦아 가는 독서의 밤은 자신의 마음을 수행하는 일상이기 때문이다. 내일 아침이 오더라도 완전하게 인덕을 실천하기는 여전히 어려울 수 있지만, 새롭고 강건한 마음으로 아침을 맞이하고 자신의 삶을 열어 갈 수 있을 것이다. 그러므로 외로운 등불은 자신의 윤리적인 삶을 의지(意志)하는 열화(熱火)와 같이 끓는 마음의 태양과도 같다고 할 수 있다.

한 번 사는 삶, 우리도 대장부의 길을 가야 하지 않겠는가! 율곡은 말한다. "인덕 실천의 참인생의 길을 가야 한다." 이러한 마음과 뜻이 바로 대승의 마음이며, 참된 선비의 뜻이다. 율곡이 인덕을 실천함에 있어서 돕는 사람이 있어야 하고, 끝까지 포기하지 말고 해야 할 것이며, 혈구의 도를 행해야 한다고 역설한 것은 모두 좋은 인생, 행복한 인생을 위한 길을 열기 위한 것이다. 인간이라면 누구나 '크고 편안한 마음의 집'에 살고 싶지 않겠는가! 광거(廣居), 그 어진 마음 실천의 집 말이다. 이러한 율곡의 인덕 실천의 열망은 동짓달 긴 밤을 지새우며 삶을 성찰하는 시로도 표명된다.

「동짓달 밤에 마음에 품은 생각을 쓰다」

20년하고도 5년 동안

깊은 꿈속에 헤매었나니

어제의 잘못, 미루어 생각하면
참으로 놀랍고 두렵기만 하네
나 이제 단호히 맹세하나니
하늘은 필시 이를 듣고 볼 것이네
색(色)은 선한 본성을 치는 도끼인데
어찌 너의 생각에 멈춰 두려고 하는가
만약 경학(敬學)을 주로 닦는다면
더러워진 마음, 어디서 침입할 것인가
……
고요히 천지의 화육(化育)을 살피니
그 덕이 지극히 건전하여 큰 효과가 베풀어지네
사람이 이를 본받지 않는다면
제 몸을 스스로 포기함이니
다만 먼지만 씻어 없애면 그만일 뿐
거울은 원래 더러움이 없네

선한 본성에 힘입어 색(色) 즉 물질과 몸의 욕망을 이겨 내고, 일생을 경(敬)하는 마음으로 전심하면서, 인덕(仁德)을 실천하려고 하는 것이 율곡의 삶의 꿈이다. 동짓날 그 긴긴 밤 내내 사유하고 성찰하면서 율곡은 아름다운 삶을 위한 꿈을 꾼 것이다.

우리 시대에는 자신을 고독하게 성찰할 수 있는 긴 밤도 없다. 시도 때도 없이 어디선가 발사한 카카오톡의 소음과 진격으로 인해 고독한 성찰의 밤은 없다.

우리 시대에는 자신의 욕망을 정화(淨化)할 수 있는 공부도 없다. 사익(私益) 충족을 위해 욕망을 증폭시킬 뿐인 잔혹한 공부만이 광풍같이 휘몰아친다.

우리 시대에는 자신의 삶에 귀감(龜鑑)이 될 수 있는 인자(仁者)도 없다. 인자를 빙자한 거짓된 우상(偶像)이 손 흔들며 현혹하는 무리가 춤을 출 뿐이다.

그러므로 뿌옇고 깊은 시대의 늪을 건널 수 있도록 오직 자신의 깨어 있는 지성(知性)으로 진실을 직관하고 덕을 실천해야 한다. 붓다가 설파한 '자등명 법등명 자귀의 법귀의(自燈明 法燈明 自歸依 法歸依)' 즉 '자기를 등불 삼고, 진리를 등불 삼으며, 자기를 믿고 의지하며, 진리를 믿고 의지하라.'라는 명제는 다름 아닌 율곡의 명제이기도 하다.

제5장

좋은 삶을 위한 가정 윤리의 실천

"세상 사람들이 효도라고 하는 것을 보면
혹 사랑할 줄은 알면서도 공경(恭敬)할 줄은 모르고,
혹 사랑하고 공경할 줄은 알면서도
그 도(道)를 극진히 할 줄을 모르기도 한다.
반드시 사랑은 그 인(仁)을 완전하게 하는 데 이르고,
공경은 그 의(義)를 완전하게 하는 데 이른 뒤에야
낳아 주신 부모를 욕되게 함이 없다고 할 수 있다."

—「성학집요」

1
가족과 함께하는 참된 행복

율곡은 여느 유학자와 마찬가지로 가정의 중요성을 깊이 인식하고 있었다. 유교 윤리에서, 그리고 한국인들의 심성에서 가장 소중하게 여기는 공동체 단위는 가정이다. 율곡은 경제적으로 어려운 상황 속에서도 늘 부모 형제 그리고 친척이 함께 모여서 정을 나누는 따뜻한 가정을 꿈꾸었다. 가정에 대해 율곡이 가진 소망은 1578년에 황해도 해주의 석담(石潭)에 청계당(聽溪堂)을 지은 후 100여 명의 가족이 모인 대가정을 이루는 것으로 성취된다. 율곡은 인간의 삶이란 자기 존재의 혈연적 근원이라고 할 수 있는 가족에 대한 존중감과 사랑을 실천함으로써 진정한 행복감을 누릴 수 있다고 생각했다.

율곡이 해주에서 이룬 대가족 집단의 구체적인 구성과 생활에 대해서는 상세하게 기록되어 있지 않아서 그 대략적인 모습만을 알 수 있다. 먼저 궁금한 점은 어떻게 해서 100여 명의 가족 구성이 가능했느냐이다. 여기에는 율곡의 가족애와 더불어 이웃 사랑의 면모를 볼 수 있다. 즉 율곡의 직계가족과 일찍 세상을 떠난 형의 가족이 첫 번째로 거론할 수 있는 구성 가족이다. 두 번째로는 친척 가운데서 살림이 어려운 사람들이 가족 집단으로 구성되었다. 세 번째로는 율곡의 집에 속해 있었던 노비들이 또 하나의 가족 구성원이었다. 그리고 네 번째로는 이웃 중에서 가난하여 생계를 유지하기 힘든 사람들이 다른 하나의 가족 집단으로 구성되었는데, 이들은 혈연적으로 친척이 아닌 사람들이었다. 이러한 대가족 집단을 구성한 것을 보면, 가히 율곡의 인격과 인생관을 가늠할 수 있다.

율곡이 이와 같이 100여 명의 대가족 집단을 이루어서 생활하게 된 것은 그의 나이 9세 때 중국 당나라의 장공예(張公藝)라는 사람이 9대 친척 100명과 함께 생활한 이야기가 묘사된 『이륜행실도(二倫行實圖)』를 본 것이 계기가 되었다고 한다. 소년 율곡의 마음에 키워진 이러한 가족 사랑의 윤리관과 인생관이 가족 관계를 넘어서 사회적으로 확장된 모습인데, 이는 그가 안인(安人)의 실천을 자기 삶의 소명으로 여긴 것을 생각하면 수긍이 간다.

경제적으로 넉넉지 않았던 율곡으로서는 대가족 집단의 생계를 돌보며 살아간다는 것이 쉽지 않은 일이었을 것이다. 비록 율곡이 짧지 않은 세월 동안 관직에 있으면서 녹봉을 받아왔지만 그것이 넉넉할 리가 없었고, 또 청렴한 관리로서 자기를 엄격하게 관리해 온 율곡이었기에 경제적으로 어려운 상황에서도 뇌물을 받는 것과 같은 부조리를 행하지 않았다. 그러므로 자기의 직계가족뿐만이 아니라, 경제적으로 어려운 여러 가족 집단이 함께 모여 살도록 한 것은 그로서도 쉽지 않은 결정이었을 것이다. 백사(白沙) 이항복(李恒福)은 놀라운 일화를 한 가지 전하고 있는데, 그것은 율곡이 이 대가족 집단을 돌보기 위해서 대장간을 운영했다는 사실이다.

> "율곡 선생은 해주에서 대장간을 차려서 호미를 만들어 그것으로 먹을 양식을 바꾸었다. 이같이 의(義)에 해당하는 일이라면 큰 인물들도 그것을 부끄럽게 여기지 않았던 것이다." —『백사집(白沙集)』

반상(班常)의 계층의식과 차별적인 규범 그리고 법적 규정이 뚜렷했던 당시 조선 사회의 상황을 생각하면 율곡의 가치관과 생활의 실상은 참으로 진보적이며, 실용 정신에 충만했다고 하지 않을 수 없다.

가정의 가치와 의미를 각별하게 생각한 율곡은 가정 윤리의 기본 전범(典範)을「격몽요결」에서 진술하고 있다.

> "지금 배우는 자들은 비록 밖으로는 긍지를 가지고 있으나, 안으로 독실함이 적어서 부부간의 이부자리에서 정욕에 방종하여 그 위신과 예(禮)를 잃기 때문에, 부부 사이에

서로 버릇없이 굴지 않고 서로 공경할 수 있는 이가 매우 적다. 이러고서 몸을 닦고 집안을 바로잡으려 하니 어찌 어렵지 않겠는가? 반드시 남편은 온화하면서 의(義)로써 행하고, 아내는 유순하면서 바름으로써 남편의 뜻을 받들어 부부간에 예의와 공경함을 잃지 않아야 집안일이 다스려질 수 있다. 종전에 서로 버릇없이 굴다가 갑작스럽게 서로 공경하려면 하기 어려울 것이니 반드시 아내와 서로 조심하면서 이전의 습관을 버리고 점차 예의를 갖추어야 할 것이다. 내가 하는 말과 몸가짐이 한결같이 바른 것을 아내가 보게 되면 차츰 믿고 따를 것이다. 자식을 낳으면 조금씩 알기 시작할 때부터 선(善)으로 인도해야 한다. 만약 어려서 가르치지 않으면 자라서는 바르지 않은 것에 습관이 들고 마음이 흩어져 가르치기가 매우 어렵다. 가르치는 순서는 『소학(小學)』에 따라야 할 것이다. 대개 한 집안에 예법이 흥하고 책과 붓과 벼루 외에 다른 잡기(雜技)가 없으면 자식들도 다른 데 마음을 두어 학문을 멀리하는 염려는 없을 것이다. 형제의 자식도 내 자식과 같으니 이들을 사랑하고 가르치는 일도 똑같이 해야 하고 자기 자식과 구별해서 차별을 두어서는 안 된다." —「격몽요결」

여기서는 부부간의 예(禮)와 자식 교육에 대해서 분명하게 언급한 점이 주목된다. 부부간에는 서로 존중하되 예를 잃지 말아야 하며, 남편은 온화하면서도 의(義)로써 행하고 아내는 공경과 바름으로 서로 대한다는 규범은 부부 사이에도 도덕적 올바름을 중시함으로써 가정이 곧 윤리적 공동체임을 각성시키고 있다. 이 점에서 가정에서 행해야 할 교육적 기능으로서 자식 교육을 강조하면서 선(善)의 실천을 중점으로 해야 한다는 가정 윤리관을 표명하고 있는 점도 중요한 의미가 있다고 하겠다. 가정이 사랑의 공동체라고 하지만, 가정은 또한 선을 지키고 배우는 교육 공동체·윤리 공동체라는 점을 율곡은 부각시키고 있다. 율곡의 생각으로는 가족 구성원 사이에 인(仁)·의(義)·선(善)이 잘 지켜질 때 참된 신뢰가 형성되며, 이를 바탕으로 참된 행복이 이루어질 수 있다고 인식한 것이다.

오늘날에는 특히 가정 교육에 있어서 선(善)에 대한 교육이 매우 취약하지 않나 싶다. 맞벌이하는 가정이 늘어나서 가정에서의 자녀 교육이 소홀히 되는 점도 있으며, 교육을 중시한다고 하더라도 그 교육이 입시 교육에 집중되어서 율곡이 생각하는 것과 같은 인성 교육이나 윤리 교육이 잘 이루어지지 않는 점도 있다. 태어나서 갖는 최초의 공동체가 가정이라고 할 때, 가정은 가장 근원적인 교육 단위라고 할 수 있다. 그러므로 가정에서 배운 것은 대개의 경우 그대로 사회에서 행위로 표출된다.

어느 날 전공 강의를 마치고 나가려고 하는데, 모자를 쓴 학생 한 명이 다가와서 물었다.

"교수님, 모자를 쓰고 강의를 듣는 것이 예의에 어긋납니까?"

나는 미소 지으며 물었다.

"갑자기 그것을 묻는 이유가 있는가?"

그 학생이 말했다.

"오늘 아침에 집에서 모자를 쓰고 학교에 가려고 나서는데 어머니께서 '너는 모자를 쓰고 강의를 듣니? 강의 시간에 모자를 쓰는 것은 예의에 어긋나는 행위가 아니니?'라고 하셔서, 요즈음에 많은 학생들이 모자를 쓰고 강의를 듣는다고 말씀드렸더니, 어머니께서는 '우리가 대학 다닐 때는 그게 예의에 어긋나는 행동이었는데 지금도 그렇지 않니?'라고 말씀하시기에 교수님께 여쭈어봅니다."

학생과 어머니의 대화 내용에 대한 나의 의견을 이야기한 후에 강의실을 나오면서 생각했다. 그 어머니께서는 자식의 예절 교육에 대해서 섬세하게 신경을 쓰고 계시며, 학생도 어머니의 말씀을 존중하면서 자신의 행위가 윤리에 어긋나는 건 아닌지 생각했다는 점이 매우 아름답게 여겨졌다. 그 학생이 평소에 늘 성실하고 예의 바르게 행동한 배경과 이유를 짐작할 수 있었다.

2
가정 윤리의 모범 -「동거계사」

율곡은 해주에서 100여 명의 대가족이 모여 살 때, '함께 살면서 지켜야 할 규범'에 해당하는 「동거계사(同居戒辭)」를 지어 대가족이 서로 존중하고 지켜야 할 생활 윤리를 제시했다. 「동거계사」는 말 그대로 가족 간에 지켜야 할 가정 윤리라고 할 수 있다. 율곡은 가족 간에 서로 존중하고 지켜야 할 중요한 가치를 구체적으로 제시하면서 가족 공동체의 화목과 행복을 실천적으로 모색한 것이다. 특히 「동거계사」는 한글로 작성하여 누구나 볼 수 있도록 한 것이 인상적이다. 아래에 「동거계사」의 핵심적인 내용을 나름대로 분류하여 정리·제시해 본다.

① "형제는 부모의 몸으로부터 나누어 태어나 한 몸과 다르지 않으니 서로 사랑하여 조금도 내 것, 남의 것 분별하는 마음이 없이 진실로 사랑하며 살아야 한다."

"형제가 서로 떠나서 살면 사는 보람이 없으므로 동거의 계획을 세우니, 비록 고향을 떠나 해주로 왔으나 일가가 화목하게 즐거이 지내야 한다."

② “모여 사는 우리들이 마음에 새길 일을 기록하여 초하루마다 읽어서 모두가 듣게 해야 한다.”

③ “부모를 봉양하는 젊은 사람은 부모를 향한 마음을 옛 성인이 가르친 대로 하여 효를 이루어야 한다.”

④ “효도는 백행의 근원이다. 부모가 이미 돌아가셨으면 효도할 길이 없으니 다만 정성으로 제례를 지내야 한다.”

⑤ “맏형수가 우리 집안의 가장(家長)이며 제사의 주인이니 특별히 공경하여 어머니같이 모셔야 한다.”

⑥ “아랫사람은 특히 공경하는 마음을 가져야 하고, 궂은 일이 있어도 불평하는 마음을 가지지 말며, 낯빛을 안온하게 하고 말은 온화하게 하여 서로 가르쳐야 한다.”

⑦ “서로를 조금도 탓하지 말고 밖에서 의논하지 말며, 가족을 서로 미워하게 하는 남의 말을 그대로 듣지 말아야 한다.”

⑧ “부모는 자식을 사랑하고, 자식은 부모에게 효도하며, 남편은 아내를 중하게 여기고, 아내는 남편을 공경하며, 형은 아우를 사랑하고, 아우는 형을 공경하며, 아내는 첩

을 불쌍하게 여기고, 첩은 아내를 공경하며, 아랫사람은 윗사람을 정성을 다하는 예(禮)로 대하고, 윗사람은 아랫사람을 진실로 사랑하여 미치지 못하는 일이 있을지라도 조용히 가르치고 서로 다투지 말아야 한다."

⑨ "착한 행실은 다투어서 서로 행하고, 섭섭한 일은 서로 참으며, 주인은 종을 불쌍히 여기고 종은 주인을 사랑하여 불평하는 말을 말고, 불평하는 얼굴빛을 말며, 집안이 그릇 씻는 듯하면, 어질고 귀한 기운이 한집안에 모여 늘 좋은 일이 있으리니 어찌 아니 즐거울까? 모두 이 뜻을 알아 각각 힘을 다해야 한다."

이와 같은 「동거계사」의 내용을 보면, 율곡이 가정 윤리의 핵심으로 삼은 것은 첫째, 가족 구성원들이 서로 화목할 것, 둘째, 배려로 가족들을 포용력 있게 대할 것, 셋째, 가장(家長)의 권위를 인정할 것, 넷째, 어진 마음으로 솔선수범할 것, 다섯째, 효도를 다할 것, 여섯째, 종들의 인권을 존중하면서 자애롭게 대할 것 등을 핵심적인 규범으로 삼고 있음을 알 수 있다. 함께 사는 즐거움과 행복은 서로 사랑하며, 이해하고, 지켜야 할 도리를 마땅히 행하는 데서 가능하다는 입장이다. 가족 구성원들이 모두 모여서 함께 「동거계사」를 읽고, 힘써 그 내용을 실천해야 한다는 의지를 강화하면서 나날이 사랑과 화목을 더욱 깊게 한 실천적 가정 윤리를 보면 율곡이 가정의 가치를 얼마나 중요시했는지를 알 수 있다.

율곡의 「동거계사」는 단순히 집단 생활을 할 때 준수해야 할 경계의 말이 아니라 소중한 혈연적 생활 공동체를 대하는 가치와 태도가 반영된 실천 윤리관이다. 어떻게 보면 오늘날의 민주사회의 가정 윤리의 규범보다 더 섬세하고, 가족 구성원들을 존중하고 배려하는 인생관을 「동거계사」에 집약하고 있다고 할 수 있다. 노비를 대하는 점에 있어서는 다소 엄격한 측면도 있으나, 어질고 관용적인 태도가 그들을 대하는 기본적인 입장이라는 점은 매우 의미가 있다. 안인(安人)의 윤리관을 가진 율곡이 가족과 친지를 편안하고 안락하게 살도록 하기 위해서 노력한 점은 그의 일관된 삶의 태도를 보여 준다.

율곡의 가정에 대한 책임의식과 사랑의 마음은 제자 허극성(許克城)과의 문답에서도 명확하게 표명되고 있는데, 이는 「어록」에 기록되어 있다.

허극성이 물었다.
"형제가 동거(同居)하는 것은 덕 있는 인륜의 일입니다. 지금 여기에 형제 세 사람이 있는데, 한 형의 뜻은 나와 같고, 한 형의 뜻은 나와 같지 않다면, 뜻이 같은 형하고만 같이 살면 됩니까?"
이에 대해 율곡은 답한다.
"그렇게 해도 된다. 그러나 뜻이 같지 않은 형도 반드시 감동시켜서 나중에는 함께 사는 것이 더 좋다."

오늘날은 자기 이익을 우선시하는 풍조가 사회를 지배하기 때문에 전통적인 가족 관계 중시의 문화도 많이 흔들리고 있다. 율곡은 이러한 상황에서 우리가 어떠한 입장을 취해야 하는지를 잘 보여 주고 있다. 편한 것만 생각하면 자신의 마음과 맞지 않는 형제와 멀리하는 것이 좋겠지만, 형제자매는 한 부모로부터 태어난 혈육이니 그 정을 포기해서는 안 되며 노력하고 정성을 다해서 좋은 관계로 복원해야 한다는 것이다. 이는 자기의 편리를 위해서 가족 간의 정을 쉽게 포기하고 내칠 것이 아니라 사랑을 다하는 인륜의 길을 만들어 나가야 한다는 어질고 진실된 마음을 보여 준다.

한국인들에게 가정은 행복의 근원이다. '가화만사성(家和萬事成)'이라고 하듯이 모든 일의 성취는 가정의 화목에 달려 있다는 점에서 가정은 귀중하다. 오늘날 한국인들의 삶이 불안하고 힘든 것은 여러 가지 이유가 있을 것이나, 한 가지 중요하고 근본적인 이유는 바로 가정의 안정감과 사랑이 흔들리는 것이라고 할 수 있다. 가족 내에서 부모를 학대하는 패륜(悖倫) 사건이 크게 증가하고 있다. 한때 큰 인기를 얻은 영화 〈공공의 적〉 제1편은 패륜 행위를 중심으로 일어나는 우리 사회의 가족 관계의 심각한 왜곡 현상을 적나라하게 보여 주었다. 지금 형제간에 재산 분쟁이 빈번하고, 이혼율이 높아지는 등 우리 사회의 가정의 불안정과 사랑의 결여는 곧 삶에 대한 불안·불만·불행으로 이어지고 있다.

과거 전통사회의 대가족 중심의 가족 문화를 그대로 복원하는 것은 시대의 변화에 맞지 않는다. 핵가족화로 인해 변화되어 가는 현상을 자연스럽게 받아들여야겠지만, 가정의 본질이 사랑이라는 점에는 변화가 있을 수 없다. 가정의 안온함과 화평과 사랑이 행복을 좌우한다고 해도 과언이 아니다. 지금 온 세상이 오직 이익만을 추구하는 이익 공동체가 되어 가고 있다. 불행하게도 가정도 이에 물들어 가고 있는 듯하다. 아끼는 마음, 너그러운 마음, 이해하는 마음, 헌신하는 마음, 감사하는 마음으로 가족을 대하는 것이야말로 가정에서 사랑을 강화하는 길이다. 율곡의 「동거계사」는 가족들을 아끼고 사랑하는 마음으로 가정에서의 행복을 추구한 아름다운 삶의 길을 구체적으로 보여 준다.

오래전에 어느 사립대학의 재단 이사와 인연이 있어서 여러 대화를 나눈 적이 있다. 대화 중에 그 학교에서는 학생들에게 가정 윤리를 매우 강조해서 교육한다는 말을 들었다. 그래서 나는 그분의 가정에서는 어떤 규범을 실천하는지 물었다. 지금 기억하는 내용은, 매일 아침 7시면 가족이 모두 한자리에 모여서 서로 마주 보며 큰절을 한 후에 하루를 참되게 보내자는 인사를 한다는 것이다. 생각해 보면, 그렇게 하는 것이 많이 어려운 일 같지는 않은데, 실제로 행하는 것이 쉽지는 않을 듯했다. 나는 경탄하면서 그분을 바라보았다. 그분의 연세가 나보다 꽤 많아서 여전히 건강하신지 모르겠다. 건강하셨으면 좋겠다. 세월이 많이 흐른 지금도 그 댁에서는 그토록 아름다운 가정 문화를 잘 유지하고 있는지 가끔 궁금하다.

부모님이 돌아가시면서 남긴 재산 때문에 인연을 끊은 형제들을 여러 명 본 적이 있다. 그들이 서로에게 보인 공통적인 태도는 욕심, 갈등, 비난, 경멸이었다. 혈육 간의 다툼으로 인연을 끊으면서까지 재산을 차지하면 과연 그 삶은 행복할까? 형제의 인연을 끊을 정도로 돈의 힘은 절대적인가? 돈은 피보다 진한가? 가족 간의 본질인 사랑, 형제 관계의 근간인 혈육의 정, 부모와 자식이라는 천륜(天倫)의 관계는 이제 돈의 지배를 받는 하찮은 것에 불과한가? 율곡의 「동거계사」를 읽으며, 무거운 마음으로 다시 물어본다.

3
효행(孝行) 실천의 아름다움

유교 윤리에서는 "효제(孝悌)는 인(仁)의 근본"(『논어』)이며, "효는 백행(百行)의 근본"(『효경』)이라고 할 정도로 효는 최고의 행위 규범이다. 율곡은 어린 시절부터 효행이 지극했던 것으로 알려진다. 율곡의 나이 5세 때 어머니 신사임당이 병이 나서 위독하자 가족들의 근심이 매우 컸다. 이때 율곡은 돌아가신 외할아버지의 사당(祠堂)에서 어머니의 회복을 간절하게 기도했다는 일화가 전해진다. 어린 나이를 감안하면 그의 효행이 탁월했다고 여겨진다. 율곡과 같은 유학자들의 인생관에서 효의 의미는 가히 절대적이라고 할 수 있을 정도로 중요했다. 그렇기에 율곡은 일생에서 효의 실천에 전력을 다하는 모습을 보여 준다.

율곡이 남긴 시 중에는 그의 효에 대한 마음을 담은 것이 있다.

「효녀비(孝女碑)」

같은 천륜(天倫)으로 어느 누가 부모 없으련마는
짧은 비석 만지면서 갑절이나 아픈 마음이 드네

이전의 부미(負米) 때를 그리워했다는 말을 들었더니
평생토록 부모 여의었다는 것이 슬프구나

율곡이 몇 살 때 지은 시인지는 알려져 있지 않으나, 추정해 보건대 양친 모두 별세하신 후이니 최소한 서른은 넘어서인 듯하다. 보통은 '효자(孝子)'를 많이 기리는데, 율곡이 어느 마을을 지나가면서 '효녀(孝女)'의 비석을 보고 마음이 각별히 동하였던 것 같다. 효녀의 효행을 마음으로 느끼면서 '부미(負米)'의 고사(古事)를 상기하고 있다. 『공자가어(孔子家語)』에 의하면, 공자의 제자인 자로(子路)가 가난했을 때 백 리 밖에서 '쌀을 짊어지고[負米]' 와서 살아 계신 부모를 봉양했으나, 관직을 맡아 생계가 나아졌을 때는 이미 부모가 세상을 떠나셨으니 쌀이 있어도 모실 부모가 없음을 한탄했다고 한다. 자로는 비록 힘들었지만 부모가 살아 계실 때인 부미(負米)의 시절을 그리워한 것이다. 율곡은 효녀비를 어루만지며, 부모 생존 시에 효를 다하지도 못했고, 이제는 효를 더 잘하려 해도 할 수 없는 안타까운 마음을 표한 것이다.

한편 율곡은 『효경(孝經)』에 기술된 효덕(孝德)의 내용을 요약하여 다음과 같이 기술하고 있다.

"효자가 부모를 섬기는 일은 그 부모가 살아 계실 때는 공경을 다하고, 봉양할 때에는 즐거운 마음을 다하고, 편찮

으실 때에는 근심을 다하고, 돌아가시면 슬픔을 다하고, 제사를 받들 때에는 엄숙함을 다할 것이니, 이 다섯 가지를 다 갖춘 연후에야 부모를 잘 섬기는 것이라고 할 수 있다." —「성학집요」

효의 본령은 '공경(恭敬)'이라고 율곡은 생각한다. 봉양이나 편찮으실 때의 돌봄을 공경하는 마음으로 하지 않으면 오늘날 반려동물인 개와 고양이를 먹이고 돌보는 것과 다를 바가 없을 것이니 부모 섬김에 공경이 가장 근본이 되어야 할 것임을 율곡은 주지하고 있다. 또한 부모에 대한 상례(喪禮)와 제례(祭禮)도 모두 효의 연장으로 보고 있다.

효에 대한 율곡의 실천과 공부는 한편으로는 독실하고, 한편으로는 매우 정밀했다. 율곡이 23세 되던 해 예안에서 퇴계를 만났을 때 효에 관해 대화한 내용이 있다. 이 만남에서 퇴계는 율곡에게 다음과 같은 질문을 던졌다.

"주희(朱熹)는 다리 살을 베어 부모의 병을 치료하는 일을 '중(中)에 지나치다.'고 했습니다. 그러나 부모의 병환이 위중하면 자식으로서 급하고 간절한 마음에 못 할 일이 없게 되지요. 혹 다리 살을 베어 부모의 병을 치료하여 병이 낫는다면 이것은 이른바 지성(至誠)이 하늘을 감동시킨 것인데, 이것이야말로 자식으로서 부모에 대한 지극히 선한 마음이니 중(中)이라 해도 좋을 것입니다. 다만 그 살을 베어 낼 때에 털끝만큼이라도 사사로운 생각이 있다면 이것은 효가 될 수 없습니다. 그런데 주희가 이런 것을 분간하여 말하지 않고 다만 '중(中)에 지나치다.'라고 한 것은 무슨 까닭이라고 생각합니까?" —「어록」

효행이라면 퇴계와 율곡 모두 하늘이 내었다고 할 정도로 두터웠다. 그리고 효는 인(仁)의 핵심이기에 퇴계의 질문은 유교 인생론의 본질을 논한 것이다. 퇴계의 뜻깊은 질문에 대해서 율곡은 답한다.

"이것이 비록 자식으로서 부모를 사랑하는 지극한 정성이어서 하늘이 감동할 때도 있지만, 사리로 따진다면 사실은 천하의 상도(常道)는 아닙니다. 더구나 다리 살을 벨 때에 그 사람의 마음속을 다른 사람이 어찌 알 수 있겠습니까? 만일 그것이 과연 지극히 선한 중도(中道)가 된다면 증자(曾子) 같은 효성으로도 어찌 다리 살을 베지 않았겠습니까? 부득이 생각해 보자면 이런 경우가 있겠습니다. 화타(華陀) 같은 신통한 의원이 말하기를, '이 병은 반드시 다른 사람의 피를 받아서 보조해야만 나을 수 있다.'라고 하므로 그 아들이 곧 자기 살을 베어 피를 내어서 부모의 피를 보조하여 낫게 하였다면 이것은 중(中)을 얻은 것이라고 할 수 있을 것 같습니다." —「어록」

모든 인(仁)의 근본이 되는 효에 대해서 퇴계는 질문을 던지고 율곡은 답한다. 효자가 자신의 다리 살을 베어 부모의 병을 낫게 하는 할고(割股)의 사례는 전통사회의 효행으로 적지 않게 기술되어 있다. 퇴계와 율곡이 담론한 이 효의 사례는 '신체발부수지부모, 불감훼상, 효지시야(身體髮膚受之父母, 不敢毁傷, 孝之始也)'(『효경(孝經)』)라는 규범과 상충하는 가치 갈등적 예화에 해당한다. 퇴계는 매우 첨예한 가치 갈등을 함의한 이 예화에 대한 사유를 보면 율곡의 역량을 파악할 수 있다고 여겼을 것이다. 율곡은 모든 경우에 할고(割股)를 하는 것은 '상도(常道)'가 아니며, 오직 그것이 유일한 방도라고 판단될 때 실시하여 부모의 피를 보조하는 '권도(權道)'로 이해하면 참된 효의 도리에 맞는 중절(中節)을 취하게 된다는 입장을 밝혔다. 조선 사회에서는 인륜 가운데 효가 절대적이었다는 점에서 효자라면 어떤 경우에도 반드시 할고를 해야 한다는 과도한 기개를 표명한 사람들이 없지는 않았다. 그러나 할고는 반드시 그 필요성이 절대적으로 인정될 때만 해야 도리에 부합한다는 율곡의 답을 들은 퇴계는 감탄하고 칭찬했다고 한다. 이러한 일화는 효에 대한 율곡의 합리적인 실천 윤리의 입장을 보여 주기에 충분하다고 할 것이다.

율곡은 또한 효의 본령이 공경에 있다는 입장을 견지하면서 '효경(孝敬)'을 강조한다.

"세상 사람들이 효도라고 하는 것을 보면 혹 사랑할 줄은

> 알면서도 공경(恭敬)할 줄은 모르고, 혹 사랑하고 공경할 줄은 알면서도 그 도(道)를 극진히 할 줄을 모르기도 한다. 반드시 사랑은 그 인(仁)을 완전하게 하는 데 이르고, 공경은 그 의(義)를 완전하게 하는 데 이른 뒤에야 낳아 주신 부모를 욕되게 함이 없다고 할 수 있다." —「성학집요」

율곡은 효도란 사랑과 공경을 결함 없이 잘 실천하는 것이므로 사람들이 부모에 대한 사랑과 공경의 도리를 잘하게 된다면 마땅히 인(仁)을 잘하게 되며, 공경의 도로써 의(義)를 잘하게 된다고 이해하고 있다. 이와 같이 효경을 통하여 유가들이 가장 중시하는 윤리적 덕인 인(仁)과 의(義)를 온전하게 실천할 때 비로소 인간의 도리를 다할 수 있다는 것이다. 이러한 맥락에서 율곡은 그 자신이 실제로 늘 효를 정성스럽게 실천하고자 했다.

율곡은 효를 인도(人道)의 지극함으로 연결하면서, 효를 다한다는 것은 곧 인도를 온전하게 다하는 것으로 여긴다. 이는 효가 백행(百行)의 근본인 동시에 백행의 완성이기도 하다는 점을 보여 주는 관점이다. 진정으로 부모를 사랑하는 효를 다하는 사람은 가정 밖에서도 인간의 도리를 다할 수 있어야 한다. 효를 다한다는 것은 마음이 어질다는 뜻이므로 다른 사람을 대할 때도 인덕(仁德)을 어김없이 실천할 수 있다고 율곡은 생각한다. 이렇게 할 때 진정한 효의 완성이 이루어진다고 보는 율곡의 입장은 혈연적 규범 실천에 기반하면서 인(仁)의 사회적 실천을 지향하는 것으로 이해된다.

율곡에게는 신사임당 외에도 어머니가 한 분 더 계셨다. 신사임당이 세상을 떠나자, 아버지 이원수 공은 몇 년 후 새 부인을 맞게 되는데, 이분이 곧 율곡의 서모 권씨이다. 새어머니는 처음에는 율곡을 홀대하였다고 한다. 그러나 율곡의 효도하는 마음은 새어머니라고 해서 다르지 않았다. 율곡은 더욱 정성을 다하여 새어머니를 모셨다. 율곡의 새어머니는 술을 즐겨 드셨던 모양이다. 새어머니가 밤늦게까지 술을 드신 다음 날이면 율곡은 아침에 어김없이 해장국을 준비해서 드렸다고 한다. 이러한 율곡의 효성에 감복한 서모 권씨는 마침내 "우리 아들 율곡이 최고!"라고 자랑하면서 율곡을 극진히 사랑하고 아꼈다고 한다. 생각하면, 이러한 율곡의 효행은 어머니 신사임당의 뜻과 교육 그리고 사랑의 마음을 가장 잘 따른 것이 아니었을까?

내 어머니의 연세가 93세 되시던 해 5월의 어버이날이었다. 진밭골에 있는 식당에서 어머니와 점심을 먹고 나오면서 식당 정원에 만개한 붉은 철쭉을 배경으로 함께 사진을 찍게 되었다. 식당 사장이 사진을 찍어 준다기에 철쭉을 뒷배경으로 자리를 잡고 어머니와 나란히 섰다. 내가 유아였던 때 아버지가 세상을 떠나셔서 어머니는 홀로 긴 세월을 지내 오셨다. 그래서 평소에 나는 어머니의 여성으로서의 삶이 너무나 애처로워 눈을 깊이 있게 마주 보지 못했다. 어머니 역시 마찬가지셨다. 아들이 어릴 때부터 아버지를 모르고 자랐으니 그것을 크게 애처롭게 여기셔서 내 눈을 깊이 쳐다보지 못하셨다. 모자(母子)간에 눈을 보면 서로가 너무나 애처로웠던 것이다. 그날 어머니는 나의 오른쪽 팔목을 '꽉' 잡고 사진을 찍으셨다. 그 순간 나는 생각했다. '오늘은 내 팔을 정말 꽉 잡으시네. 다시는 놓고 싶지 않다는 듯이!' 어머니와 나는 평소에 사진을 찍을 때는 그냥 무던히 서서 찍었다. 어머니도 수줍음 많은 성품이셨고, 나 역시 그러해서 한 번도 손이나 팔을 잡고 사진을 찍은 적이 없었다. 집으로 돌아오는 길에도 '오늘은 어머니가 사진 찍으실 때 평소와 참 다르시네.'라는 생각을 여러 번 했다. 그로부터 석 달 후에 어머니는 갑자기 세상을 떠나셨다. 내 팔을 꽉 잡고 사진을 찍던 그때가 생각나서 나는 슬픈 가운데서도 알 수 없는 묘한 감정에 휩싸였다. 어머니는 사랑하는 자식에게 현생에서 마지막으로, 형언할 수 없는 사랑을 표현하기 위해 내 팔을 그렇게 움켜잡으셨던 걸까? 어머니는 마지막임을 알고 계셨던 걸까? 어머니와 아들 간의 천생의 인연의 오묘함과 신비함이 작동한 걸까? 못난 자식에게 애처로운 마음을 표하신 걸까? 그때 찍은 사진을 보면 어머니에 대한 그리움, 미안함, 고마움, 아쉬움 그리고 애처로운 마음이 강하게 든다. 지금도 나는 가슴에 꽃을 달고 내 팔을 꽉 잡으신 그 사진 속 어머니의 눈을 깊이 들여다보지 못한다. 불효자(不孝子)로서, 어머니에 대한 한없는 미안함 때문이다.

4
부모님께 공손하게 의(義)를 말씀드림

부모가 잘못된 행위를 하면 자식은 어떻게 해야 할까? 부모를 잘 모신다는 것, 효를 다한다는 것은 부모의 잘못된 행위를 보고도 그냥 넘어가는 것일까? 유교 윤리에서는 부모에 대한 효를 강조하고, 또 순종의 덕을 강조하기에 부모의 도덕적·법적 잘못에 대해서 자식은 그냥 모른 채 묵과하는 것 외에 아무것도 해서는 안 되는 것인가? 사실 유교 윤리에서는 이 문제에 대해서 하나의 일관된 관점을 보여 주고 있다.

증자(曾子)가 '부모의 명을 따르면 효라고 할 수 있는지'를 묻자 공자(孔子)가 다음과 같이 답한다.

> "천자(天子)에게 간쟁(諫諍)하는 신하가 일곱이 있으면 비록 도가 없더라도 천하를 잃지 않고, 제후(諸侯)에게 간쟁하는 신하가 다섯이 있으면 비록 도가 없더라도 그 나라를 잃지 않으며, 대부(大夫)에게 간쟁하는 신하가 셋이 있으면 비록 도가 없더라도 그 가문을 잃지 않으며, 선비에게 간쟁하는

벗이 있으면 명예를 잃지 않으며, 부모에게 간쟁하는 아들이 있으면 불의(不義)에 빠지지 않는다. 그러므로 불의를 당해서는 자식으로서 부모에게 간쟁하지 않을 수 없고, 신하로서 임금에게 간쟁하지 않을 수 없다. 따라서 불의를 보면 간쟁해야 하는데, 부모의 명을 따르는 것만이 어찌 또한 효가 될 수 있겠는가?" —『효경(孝經)』

공자는 효를 논함에 있어서 부모의 명을 따라야 함을 부정하는 것이 아니다. 당연히 부모에게 순종하고, 부모를 존중하고 사랑하는 것을 지극하게 해야 한다. 이러한 자세를 근본으로 삼는 중에, 부모의 불의(不義)를 알게 된 경우에는 말씀드려서 의롭게 해 드리는 것이 진정한 효임을 강조한 것이다. 자식이 부모의 잘못을 보게 되면 마음이 쓰리고 편하지 않을 것이다. 그러나 그 잘못으로 인해서 부모가 큰 화를 당하게 되는 것은 더욱 견딜 수 없는 일이다. 그렇기에 자식으로서는 어렵지만 부모께 더욱 공손한 마음으로 그 불의를 말씀드려야 한다는 것이다. 이에 공자는 자식의 입장에서 부모께 마땅히 간쟁(諫諍)해야 하며, 또 간쟁을 해야 진정한 효자라고 할 수 있다고 주장한다. 간쟁은 부모나 윗사람의 윤리적인 문제를 일깨워서 고치게 하는 것을 의미하는데, 이는 유학의 효도에서 중요한 위치를 차지하고 있다.

그러나 부모께 간쟁할 때는 반드시 고려해야 할 방법이 있는

데, 그것은 바로 은미하게 간(諫)하는 '기간(幾諫)'이다. 공자는 "부모를 섬기는 데 은미하게 간(諫)하고, 그 뜻을 살펴보아 따르지 않더라도 또 애써서 공경하고 어기지 아니하며 원망하지도 않는다."(『논어』「이인」)라고 했는데, 여기서 기간(幾諫) 즉 '은미하게 간한다' 함은 부모에게 잘못이 있으면 안색을 부드럽게 하여 유순한 음성으로 공손하게 간하는 것을 말한다. 은미하게 간하는 것은 부모를 더욱 사랑하고 존중하는 마음을 가지고 조용히 말씀드리는 것이다. 그리고 자식이 말씀드렸을 때 부모가 잘못을 알고도 고치지 않아도 부모를 공경하는 마음을 놓지 말아야 할 것이며, 부모가 노하여 자식을 나무라더라도 미워하거나 원망하지 않고 더욱 공경해야 한다. 율곡은 이러한 기간(幾諫)의 실천에 대해서 말한다.

> "부모의 뜻이 의리(義理)를 해치는 것이 아니라면 말씀하시기 전에 먼저 받들어 털끝만큼이라도 어기지 말아야 할 것이요, 의리를 해치는 것이라면 화평한 기색과 부드러운 말소리로 간(諫)하고 반복해서 아뢰어 따르시도록 해야 할 것이다." —「격몽요결」

효는 본질적으로 인덕(仁德) 즉 사랑이다. 그러나 인(仁)은 의(義)에 바탕한다는 점에서 효의 실천은 곧 도덕적 올바름을 일깨워 주어서 인간다움을 잃지 않도록 하는 실천적 과정이기도 하다. 그러므로 부모는 자식에게 올바름을 가르쳐야 하며, 자식은 부모로부터 배운 올바른 덕을 잘 실천해야 한다. 이 점에서 유교의 가정은 도덕 공동체이며, 인성 교육의 장이다.

율곡이나 공자가 부모의 불의(不義)를 보게 되면 이를 부모께 말씀드려야 한다는 것을 유교의 가정 윤리로 삼음에 있어서 무척 조심스러웠을 것임은 능히 추측할 수 있다. 왜냐하면 자식이 철없이 율곡이나 공자의 말을 빙자하여 일상적으로 부모의 행위를 지적하거나 윽박지르려고 할 수도 있기 때문이다. 그래서 율곡은 더욱 공손하게, 은미하게, 조심스럽게, 부드럽게, 공경하는 마음을 지극히 하여 부모께 말씀드리라고 한 것이다. 이렇게 해야 부모께 드리는 간쟁이 진정한 효가 된다. 즉 간쟁은 진정한 효자가 할 수 있는 것이지, 패륜아가 할 것이 아니다. 효는 어렵다. 그리고 아무리 노력해도 부모께 효를 다한다고 말할 수 없을 것이다. 그러므로 오직 정성을 다하고, 또 정성을 다할 뿐이다.

한 변호사 댁의 일화이다. 장성한 아들이 어느 날 부모께 오랫동안 교제한 여성과 혼인을 했으면 한다고 정중하게 말씀드렸다. 부모는 아들이 교제 중인 그 여성을 오랫동안 보아 왔기 때문에 신앙심과 성품이 매우 좋다는 것을 잘 알고 있었다. 그러나 그녀의 다리에 약간의 장애가 있다는 이유로 아들에게 그 여성과의 결혼을 재고할 수 없겠냐고 조심스럽게 물었다. 이에 아들은 자세를 고쳐 앉으며 더욱 공손하고 정중하게 말씀드렸다.

> "부모님께서 말씀하신 그 점은 제가 그동안 부모님께 받아 온 가르침과 달라 크게 실망스럽습니다. 부모님께서는 사람을 대하거나 사귈 때에 그런 조건을 보아서는 안 되며, 인격적으로 대하고, 인간적인 신뢰를 지켜야 한다고 늘 말씀하셨습니다. 저는 지금 저희가 오랫동안 교제한 결실로서 가정을 이루어 그 사람과 사랑의 신뢰를 지키고자 합니다. 부모님께서는 그동안 저에게 주신 가르침에 부합하도록 결정해 주시면 좋겠습니다."

그 부모는 아들의 도리에 합당하고 정중한 말을 들었을 때 어떻게 했겠는가? 그들도 인품이 훌륭하신 분이었다. 곧바로 아들에게 미안하다고 사과하고는 결혼을 승낙하셨다. 참된 부모와 자식의 인격적인 모습을 보여 주는 이야기가 아닌가.

5
소외된 가족 구성원을 배려함

율곡 당시의 서자(庶子)는 가족 관계에서도 소외된 존재였지만 대과(大科)에 응시할 수 없는 등 신분적으로 명확한 한계가 있었기에, 사회적으로도 불이익이 큰 사람들이었다. 우리는 『홍길동전』에서 서자인 홍길동이 품은 큰 좌절을 기억한다. 율곡의 윤리관에서 또 하나 주목할 만한 것은 가정에서 서자를 대하는 입장이 매우 너그럽고 진보적이라는 점이다. 율곡의 진보적인 윤리관·인생관은 여러 측면에서 드러나지만, 가정 윤리 차원에서 견지하고 있는 그의 입장을 보는 것은 또 다른 의미가 있다.

율곡의 나이 33세 되던 해에 장인 노경린(盧景麟)이 세상을 떠났다. 노경린은 병석에 있을 때 가족들에게 집안의 중요한 일은 사위인 율곡이 잘 처리할 것이라고 말하며, 율곡에 대한 신뢰를 표했다. 율곡은 장인의 장례 후에 장모에게 말했다.

"장인께서는 적자(嫡子)가 없고 다만 소실에게서 낳은 두

아들밖에 없습니다. 천륜은 마찬가지이니, 우리나라의 적자(嫡子)·서자(庶子) 분재(分財)하는 법을 쓸 필요가 없고, 재산을 동등하게 나누어 주는 것이 옳겠습니다."

—「율곡 연보」

적자와 서자에게 재산을 동등하게 나누어 주는 것이 합당하다는 의견을 개진한 것인데, 그의 의견이 수용되었는지는 알려져 있지 않다. 이러한 율곡의 입장은 노경린에게 적자가 없기에 가능했다고 생각할 수도 있지만, 굳이 적자·서자 분재법에 따를 것이 없다는 주장을 한 점에서 본다면 설령 적자가 있었다고 하더라도 이 입장을 고수했을 가능성이 크다. 서자에 대한 차별이 정당화되고, 그것이 정의(正義)라고 생각한 사회문화적인 체제하에서 이러한 율곡의 사유는 매우 진보적이며, 한편으로는 소외된 가족 구성원에 대한 배려와 사랑의 실천적 면모라고 할 수 있다.

서자에 대한 율곡의 입장은 또 다른 일화에서 그 일관성을 엿볼 수 있다. 이는 『율곡전서』「별집」에 수록된 내용인데, 그 전모는 이러하다. 어느 날 율곡이 친구 성혼 그리고 민성장(閔成章)과 함께 다양한 화제로 이야기를 하고 있었다. 이때 율곡은 서자와 관련한 문제에 대해서 다음과 같이 말했다.

"우리나라에서는 서자들에게 벼슬길을 열어 주지 않아서

요즈음 김훈도(金訓導), 이훈도(李訓導) 같은 이들이 아무 일도 못 해 보고 세상을 떠났으니 참으로 아까운 일이네."

이 말에 대해서 민성장은 생각이 달랐으나 아무 말도 못 하고 있다가 율곡이 먼저 자리를 뜨자 성혼에게 말했다.

"율곡이 정실에게서 자식을 낳지 못하고 다만 소실에게서 자식을 낳았기 때문에 저렇게 애달프게 이야기하는 것이지. 자기 자식들에게 벼슬길을 열어 주려는 생각에서 하는 말이 아닌가?"

민성장의 이 같은 말은 율곡의 절친인 성혼의 마음을 불편하게 했다. 성혼은 율곡이 사사로운 감정으로 서자에 대해서 한 말이 아니라 서자가 겪는 차별과 소외를 안타깝게 여기는 대승적인 차원의 입장임을 안다. 그렇기에 성혼은 민성장을 꾸짖으며 말했다.

"율곡은 결코 자기 사정(私情)을 가지고 말하는 사람이 아니네. 그는 대국적인 큰 안목으로 전체 사회를 보고 말하는 것이네."

율곡은 정부인인 노씨 부인에게서는 아들을 두지 못하고, 소실(小室)로 둔 부인에게서 두 아들을 얻었으니 서자 두 명을 둔

셈이다. 민성장은 이러한 율곡의 사정을 알고는 미루어 짐작하여, 서자를 생각하는 율곡의 마음이 실은 서자인 자기 자식에 대한 마음을 그럴듯하게 포장한 것으로 치부한 셈이다. 말하자면 율곡을 소인으로 본 것인데, 율곡을 잘 아는 성혼으로서는 이러한 민성장의 가벼운 언사가 친구 율곡의 진심과는 다르다고 질타한 것이다.

소외되고 차별받는 가족에 대한 율곡의 배려와 사랑의 마음은 그의 새어머니에 대한 일화에서도 드러난다. 율곡은 어느 해 아버지 이원수 공의 제삿날에, 집안의 제사 형식을 새롭게 할 것을 가족에게 제안한다. 그동안 조선의 제사는 『주자가례(朱子家禮)』에 따랐는데, 『주자가례』에는 장손의 부인인 주부(主婦)가 아헌(亞獻)을 맡아서 제사를 준비한다고 되어 있어서, 정작 돌아가신 분의 부인은 절을 하지 못하는 경우가 많았다. 그리고 장자를 비롯한 아들들만이 돌아가신 아버지께 제사의 예를 드릴 뿐, 여성들은 그저 제사를 보조하는 처지였다. 율곡의 집안에서도 그러했다. 그래서 율곡은 돌아가신 아버지의 부인인 새어머니께서 아버지에게 예를 갖추지 않는 것은 아쉬운 일이며, 도리에도 맞지 않다고 판단하여 새어머니께서 앞에 나와서 절하는 예를 갖출 수 있도록 했다. 이러한 율곡의 결정은 남성 중심, 정부인 중심, 적자 중심의 가족 문화가 강고했던 당시로서는 쉽지 않은 것이었다.

이와 같이 율곡은 여성이 당당히 제사의 주체가 될 수 있도록 했다는 점에서 중국의 사상과 예법을 맹목적으로 추종하는 것이 아니라, 인간 존중적인 가치를 중심으로 조선의 사상과 문화를 독창적으로 형성하려는 주체성 있는 삶을 지향했다. 오늘날에는 일반적으로 제사를 지낼 때 여성도 절을 하지만, 엄격한 유교 문화를 묵수하는 집안에서는 지금도 유교 전통의 관습에 따라 여성이 제사에 참여하여 예를 갖추는 것을 제약하는 곳도 있다. 그러나 여성도 어엿한 가족의 일원이고, 또 봉제(奉祭)되는 분과는 긴밀한 관계에 있으니, 율곡이 주장한 제례의 실천 사례는 새로운 가족 문화를 만들어 나가는 데 있어서 매우 용기 있는 행위라고 할 수 있다. 이러한 측면을 통해서 알 수 있는 점은, 율곡은 정해진 규범이 아무리 공고하다고 하더라도 그 내용의 타당성과 인륜성을 세심하게 검토해 보고, 자신의 생각이 옳다고 판단되면 그것을 구현하려는 진보적이고 열려 있는 마음을 갖추고 있었음을 알 수 있다.

'형제 사이는 산하가 막혔고, 아내의 편지는 오지 않네'

율곡은 황해도 해주에서 대가족이 모여 살도록 하면서 가족들의 행복한 삶을 도모했지만, 실제로 그의 가정생활은 만만치 않았던 듯하다. 율곡을 생각하면 '고독한 선비'의 모습을 떠올리게 된다. 율곡은 당시 사회의 상황을 민생이 어려워 백성들의 생활이 가난하고, 윤리가 약화되어 세상이 어수선하며, 외적(外敵)의 도발로 변방의 안전이 늘 위협받는 실정이라고 인식하고 있었다. 이러한 상황에서 관직에 임하여 세상 걱정으로 마음이 무거운 데다 경제적으로 풍족하지 않은 자신의 가정까지 돌보아야 했으니 현실이 그렇게 녹록하지 않았을 것이다.

율곡이 지은 다음 시를 보면 자신의 삶에 대해서 그리고 가족에 대해서 그가 가진 감정의 일단을 읽을 수 있다.

「9월 보름밤에 달을 보고 감회를 쓰다」

아, 홀로 잠 못 이루어

이불 안은 채 맑은 밤만 깊어 가네
나뭇가지 성기어 평상에 달빛 넘치고
울타리 없으니 산을 맞대고 있네
지난 일 생각하면 눈물이 늘 옷을 적시고
사람을 그리워하다가 몇 번이나 눈을 못 붙이네
평생에 긴 칼 한 자루로
시름의 싹을 잘라 버릴 수는 없네
세상사(世上事) 이제는 말하지 않으려네
내 일생이 가엾을 뿐이라
조상의 무덤가엔 초목 우거지고
형제 사이는 산하가 막혔네
집기를 보면 챙겨 준 형수가 생각나고
시(詩)를 논하다간 「육아(蓼莪)」 편을 그만 덮네
병든 아내 편지마저 오지 않으니
침식(寢食)이 어떠한지 알 수 없네
만물을 그 누가 하나로 돌아가게 하랴
장생(莊生)은 헛된 말만 늘어놓았네
그러나 몸을 부여함은 비록 차별 있어도
명(命)을 맡은 천(天)에는 본래 사(私)가 없네
고니의 흰 것이 씻어서가 아닐 것이니
까마귀 검은 것이 어찌 물들여서이겠는가
궁(窮)하고 통(通)함과 괴롭고 즐거움을
순리대로 받아들임이 대장부라네

음력 9월 보름밤이면 만월(滿月)의 풍만함이 그지없고, 그 밝음이 화사하고 따스하여 마음에 안온함을 느끼는 것이 일반적인 정감일 것이다. 그러나 율곡은 자신의 일생이 가엾다고 정감을 표출하고 있다. '세상사 이제는 말하지 않으려네.'라고 한 것은 물론, 지금이나 앞으로 세상사에 대해서 말하거나 관여하지 않을 것임을 진심으로 작심한 언사는 아니다. 자신의 노력으로는 변화시킬 수 없는 세상일에 대한 무력감도 없지는 않을 것이나, 자신의 삶에 대한 깊은 회한(悔恨)으로 인해 지친 마음의 일단을 토로한 것이리라. 그리고 그 회한의 중심에는 가족에 대한 생각과 번민이 자리하고 있음을 보여 준다.

오늘날에는 고속도로며, KTX 심지어 비행기까지 있어서 먼 지역이라고 하더라도 거리감이 그다지 크게 느껴지지 않는다. 당연한 말이지만, 조선 사회에서는 다른 지역으로 이동하기가 상당히 불편했으며 또 이동 시간도 많이 걸렸다. 가족에 대한 사랑과 그리움을 늘 사무치도록 안고 있었던 율곡에게 떨어져 살고 있는 다섯 남매와 아내를 만나는 것은 쉬운 일이 아니었다. 그러니 형제를 그리워하는 마음, 형을 먼저 떠나보낸 형수를 안타까이 여기는 마음 그리고 아내의 병을 걱정하는 마음이 시문(詩文)에 교차되어 있을 수밖에…….

율곡은 보름달 아래에서, 보지 못하는 가족에 대한 그리운 마음으로 울적했다. 그리하여 『시경(詩經)』을 펼쳐 부모에게 효도를 다하지 못하는 안타까운 마음을 읊은 「육아(蓼莪)」 편을 읽으며 부모와 가족을 그리워했던 듯하다. 그러나 그 마음을 차마 달래지 못하고 율곡은 책을 덮는다. 그렇다. 그 간절함과 외로움과 허전함을 달래기란 아무리 아름다운 시운(詩韻)을 접해도 어려웠을 것이며, 달빛이 아무리 따스해도 쉽지 않았을 것이다.

이제 율곡은 장생(莊生) 즉 장자(莊子)에게 묻는다. 그러나 만물을 차별 없이 본다는 제물론(齊物論)이란 가족의 정을 생각하면 의미 없는 말임을 율곡은 안다. 많은 사람들이 들끓는 한양에서 가족의 정이 그리운 것은 제물(齊物)로는 설명할 수 없으므로 혈연의 간절함이란 단지 사람들이 많다고 해서 해소되는 것이 아님을 토로한 것이다.

그러나 율곡은 도학자로서 늘 올바른 도리를 실천하기 위해서 고독한 정신으로 삶을 이어 온 선비였으니, 그리운 정감에 녹아내릴 수는 없다. 비록 몸으로는 그 차별이 있으나 모든 만물을 낸 천도(天道)는 형체마다 각기 다른 마음을 가지도록 하는 것이 아님을 율곡은 상기한다. 가족을 그리워하는 정감에 마음이 녹아내리려고 하고, 참담한 심정으로 달을 보려는 자신의 마음을 율곡은 어떻게든 이겨 보려고 애쓴다. 고니가 흰 것과 까마귀가 검은 것이 작위적으로 그렇게 된 것이 아니듯이, 지금 자신이 겪고 있는 가족 생활에서 느끼는 궁하고 괴로운 정감 또한 자연스럽게 받아들여야 할 것임을 율곡은 다짐한다. 도학자의 순명(順命)의식 때문일까? 율곡은 보름달을 보며, 가족에 대한 그리움으로 울적하고 무거운 마음을 돌려서 대장부(大丈夫)의 정신을 다지는 것으로 시(詩)를 끊기에 이른다. 인간 율곡의 고독감을 도학자(道學者) 율곡의 담담한 기개로 이겨 내고자 하는 마음의 굳셈이 자못 비장하게 다가온다.

전 국민이 가족을 생각하면서 다 함께 눈물을 흘린, 세계사에 유례없는 일이 있었다. 그것은 1983년에 한 TV 방송국 주최로 〈이산(離散)가족을 찾습니다〉라는 생방송 프로그램이 진행되면서 일어났다. 이 프로그램은 138일 동안이나 진행되어, 단일 프로그램으로는 '세계 최장기간 연속 생방송'이 되었다. '흩어진[離散] 가족'은 바로 1950년에 발발한 한국전쟁 때 헤어져서 생사(生死)도 불명하고, 어디 사는지도 모르는 가족을 말한다. 남한 내의 이산가족의 만남을 기획한 이 프로그램에 대한 국민들의 관심과 열기는 그야말로 거대한 활화산(活火山)과 같았다. '1천만 이산가족'이라고 할 정도였으니, 당시 우리나라 인구가 4천만 명이었다는 것을 감안하면 그야말로 국민 모두에게 이산가족 문제는 남의 일일 수 없었다. 남북으로 갈린 이산가족까지 포함하면 더욱 그러하다. 부모와 자식, 부부, 형제와 자매 등 헤어진 지 30년이 넘어서 만난 이들은 격렬하게 통곡하고, 기뻐하며 부둥켜안고 뜨거운 혈육의 정을 나눴다. 국민들도 날마다 이 상봉 장면을 실시간으로 지켜보면서 함께 울고 기뻐했다. 가족에 대한 뜨겁고 간절한 사랑은 예나 지금이나 다를 것이 없다. 홀로 외롭게 관직 생활을 한 율곡에게도 가족을 그리워하는 마음은 깊고도 애절했다.

율곡의 마음에 담긴 가족에 대한 그리움은 인간에게 가장 깊고 애절한 것이다. 율곡이 그러했듯이, 사람들이 가족을 통해서 진정한 사랑과 위안을 받을 수 있는 그런 아름다움이 더 이상 변치 않았으면 좋겠다. 그래서 한가위 보름달을 볼 때, 가족의 사랑을 온 마음에 풍성하게 가지고서 인생의 참된 행복을 느낄 수 있었으면 좋겠다.

제6장

좋은 삶을 위한 안인(安人)의 실천

"백성은 나라의 근본이며, 근본이 튼튼해야만
나라가 편안해질 수 있습니다.
지금은 민생이 날로 위축되어
마치 물이나 불 속에 있는 것과 같습니다.
'백성을 보살펴 주면 왕이고,
백성을 학대하면 원수다!'라는 말에 대해서
어찌 매우 두려워하지 않을 수 있겠습니까?"

—「시폐(時弊)에 대해 아뢰는 상소」

1
민생(民生)이 곧 진리, '민생을 해치는 왕은 원수다!'

율곡은 무엇을 위해 살았을까? 러시아의 대문호 토스토이(Leo Tolstoy)의 『인생론』의 명제는 '사람은 무엇으로 사는가?'이다. 율곡에게 "당신은 무엇으로 사는가?"라고 묻는다면 그의 삶과 사상의 궤적으로 볼 때, "좋은 인격을 형성하는 것 그리고 백성을 위한 삶이 전부"라고 말했을 것이다. 좋은 인격을 형성하는 것은 유학자라면 누구나 기본적으로 갖는 일생의 소명이라고 할 수 있다. 그러나 '백성을 위한 삶'을 화두로 삼고 '오로지' 그 실천의 길에 헌신한 유학자는 실제로 그리 많지 않았다.

율곡에게 백성은 종교와 같았다. 그의 일생의 소명은 백성을 위하는 것[爲民], 백성을 사랑하는 것[愛民], 백성을 이롭게 하는 것[利民], 그리고 백성을 구해 주는 것[救民]에 있었다고 할 수 있다.

16세기의 조선 사회에서 서민과 하층민이 처한 경제적인 상황은 비참했다. 영세 농민은 수확물의 태반을 관리와 양반들에게 수탈당할 뿐만 아니라 세금, 공물(貢物), 진상(進上), 부역(負役) 등 여러 명목으로 가히 도적들에게 침탈당하는 수준이었다. 이러한 실정에서 이농(離農)이 늘어나자 나라에서는 족징(族徵)과 인징(隣徵) 등의 연대책임제를 부과하여 백성들을 더욱 혹독하게 몰아치니 민생은 참담한 지경에 처했다. 이러한 상황에 대해 율곡은 통탄한다.

> "국가의 참혹한 화(禍)가 지금보다 심함이 없고 민생(民生)의 초췌함이 지금보다 심함이 없다."
>
> —「논요승보우소(論妖僧普雨疏)」

율곡은 조선 역사를 통틀어 당시 백성들의 삶이 가장 참혹하다고 인식하고 있다. 그렇다면 율곡이 해야 할 일은 무엇인가? 바로 '안민(安民)', 그것 외에 다른 것일 수 없다. 율곡의 글과 상소를 보면 왕은 오직 민생을 위한 왕이어야 하며, 민생을 잘 돌보지 못한다면 왕이 될 수 없다는 신념을 직접적으로 표명할 정도로, 그는 민생을 위해서 급진적이고 과격한 주장을 하는 진정한 애민의 선비였다.

> "진실로 나라를 편안하게 하고 백성을 이롭게 하는 것이라면 모두가 할 수 있는 일이요, 진실로 나라를 편하게 할 수 없고 백성을 보호할 수 없다면 모두가 할 수 없는 일이다."
>
> —「시무칠조책(時務七條策)」

왕이 국사(國事)를 보는 제1의 소명이 바로 나라를 잘 지키고 백성을 편안하게 하는 '보국안민(保國安民)'이어야 하는데, 이는 어떠한 당파적 이해나 명분도 초월하는 것이다. 율곡이 강조하는 보국안민은 양반들에게 이로운 것, 왕에게 이로운 것을 말함이 아니다. 그런 것들은 나라와 백성의 이로움에 종속되어야 한다. 백성을 편안하게 하는 것만이 절대 목표임을 천명한 율곡의 선언은 지식인의 자기 소명과 통치자의 존재 의미를 분명하게 보여 준다. 율곡은 진정한 애민이란 반드시 백성들의 경제적 어려움을 해결해 주는 보민(保民), 안민(安民)으로 나타나야 한다는 점을 강조한다.

> "백성을 보호하고자 한다면 백성의 부모라는 마음을 가지고 백성을 갓난아이같이 보아야 할 것이다. 갓난아이가 우물에 빠지려고 할 때는 아무리 서로 원수 간이라도 그 가족을 전멸시키고 싶은 정도에까지 이르지 않았다면 반드시 놀라 뛰어가서 구할 것인데, 하물며 부모의 마음이야 어떻겠는가? 지금은 갓난아이가 우물에 빠진 지 이미 오래되었는데도 아무것도 하지 않고 있어서 자기 몸이 상한 것같이 하는 정치를 볼 수가 없으니, 이는 다름이 아니라 왕이 백성의 부모라는 마음이 지극하지 않기 때문이다. 왕이 참으로 백성의 부모라는 마음을 가지고 있다면 백성을 위해 이익을 취하고 해로운 것을 없애려고 최선을 다할 것이니, 백성의 생활이 어찌 곤궁하겠는가? 백성을 위해 걱정

하고 부지런히 해서 밥 먹을 겨를도 없이 하여 백성이 원하는 것을 알아내어 반드시 이루어 주고, 백성에게 해를 끼치는 것을 물어서 제거해 줌으로써 백성을 보호하는 실효를 다해야 한다." —「동호문답」

자애(慈愛)의 마음을 가진 부모라면 어린 자식에 대한 어진 마음을 행동으로 나타낼 것이라는 자식 사랑의 태도를 애민(愛民)에 비유하고 있다. 율곡은 치인(治人), 안인(安人)을 하는 것은 마치 부모가 자기 자식을 사랑하는 마음으로 온 백성에게 인덕(仁德)이 미치도록 함에 있다고 인식한다. 이러한 입장에서 율곡은 덕을 백성에게 실현하는 덕치(德治) 즉 왕도정치(王道政治)를 할 수 있는 역량의 함양을 강조한 것이다. 율곡은 백성들의 삶의 어려움을 해결해야 한다는 절박한 마음으로 안인(安人)을 위해서 힘을 다했다. 왕에게 올린 아래의 상소 내용을 보면 백성의 삶을 위한 간절하고 뜨거운 마음을 토해 내는 율곡의 비장함이 그대로 드러난다.

"백성은 나라의 근본이며, 근본이 튼튼해야만 나라가 편안해질 수 있습니다. 지금은 민생이 날로 위축되어 마치 물이나 불 속에 있는 것과 같습니다. '백성을 보살펴 주면 왕이고, 백성을 학대하면 원수다!'라는 말에 대해서 어찌 매우 두려워하지 않을 수 있겠습니까?"

—「시폐(時弊)에 대해 아뢰는 상소」

이 상소는 선조 15년(1582)에 왕에게 올린 것이다. 백성이 살아가는 모습이 마치 물에 빠져 숨이 끊어질 듯하고, 불속에서 몸이 타들어 가는 절체절명의 상황에 놓여 있는 것과 같다고 율곡은 인식하고 있다. 백성들의 아픔을 자신의 아픔인 양 여기는 이러한 율곡의 마음은 진정한 인자(仁者)의 모습이며, 안인(安人)의 도리를 다하고자 하는 참된 선비의 모습이다. 율곡은 극심한 생존 투쟁을 하고 있는 민중들의 절박한 심정을 왕에게 대담하게 직설한 것이다.

"백성을 보살펴 주면 왕이고, 백성을 학대하면 원수다!"

왕의 입장에서는 율곡의 이러한 외침이 지극히 급진적이고 반역적으로 보이기까지 할 것이다. 조선은 왕이 곧 국가인 왕권사회라는 점을 상기하면 율곡의 이러한 진언은 위험하기 이를 데 없다. 그러나 율곡은 백성이 바로 나라의 근본임을 역설한다. 나라의 근본은 왕이 아니라 백성이므로 나라가 편안해지려면 백성의 삶이 견실해야 한다고 주장한다. 민생을 잘 보장하면 왕의 지위를 가질 수 있으나, 백성을 학대하고 민생을 해치면 왕은 원수에 불과하다는 말이다. 율곡이 자신의 직을 걸고, 아니 자신의 목숨을 걸고 왕에게 충간한 상소의 진의는 이러할 것이다.

"왕이여, 들어보라! 우리 백성들은 지금 피눈물을 흘리면서 절규하고 있다. 왕이 받은 천명은 백성들이 왕을 하늘처럼 받들라는 것이 아니다. 왕이 백성들을 하늘처럼 받들고, 백성들의 민생을 넉넉하게 함으로써 그들의 삶을 편안하게 하는 것이 왕의 소임임을 모르는가! 이 소임을 다하지 않으면 왕은 곧 천명을 어긴 것이니 벌을 받는 것은 자명하며, 백성들은 왕을 원수처럼 여겨서 뼈를 갈아 버리고자 할 것이니, 어찌 백성을 구하는 구민(救民)의 덕을 시급히 베풀지 않을 수 있겠는가!"

민생을 살리고, 나라를 살리고, 왕을 살리려고 하는 율곡의 충심(衷心)이다. 이 상소를 받아 본 왕이 성군(聖君)이라면 율곡의 충심에 뜨거운 눈물을 흘리고, 백성들의 어려움을 절감하면서 자책했을 것이다. 그러나 권위에 사로잡혀서 자신의 체면만을 중히 여기는 어리석은 왕이라면 율곡을 미워하고 추궁했을 것이다. 왕이 절대 권력을 장악한 체제에서, 감히 왕을 '원수'라고 한 것은 심각한 불충(不忠)이라는 오해를 사기에 충분하지 않았겠는가?

우리 시대의 보신(保身)하는 관료, 자기 이익을 탐하는 관료들은 모두 국민을 해치는 자들이다. 국민들의 삶은 도외시한 채 자기 명예를 탐하고, 자신의 안일(安逸)을 탐하고, 자신의 영달(榮達)만을 좇는 정치인들은 대통령, 장관, 국회의원 할 것 없이 모두 국민들의 원수이다. 율곡이 애민의 마음으로 개혁을 부르

짖는 이 간절함으로 정치를 하는 고위 관료나 정치인이 오늘날 몇이나 될까?

우리는 1980년 5월, 광주 민주화운동의 과정에서 일어난 비극을 기억한다. 한 무도한 정치군인이 주도하여 시민들의 자유와 인권과 생명을 유린한 그때의 일이야말로 국민을 해치고 민생을 파괴한 반(反)인륜적인 폭압이었다. 국민들에게 총을 쏘고, 짓밟은 그 통한의 현장을 율곡이 목도했다면 그 정치군인에게 무엇이라고 했을까? "국민을 학대하는 원수!"라고 질타했을 것이다. 대통령을 포함한 어떤 정치인이든 뼈에 새겨야 할 것은 국민들이 국가의 주인이므로 오직 국민의 생명을 위해, 국민의 자유와 행복을 위해 복무하고 헌신해야 한다는 것이다. "백성을 학대하고 민생을 저버리면 원수!"라고 한 율곡의 통렬한 치인(治人)의 명제는 지금 21세기의 한국에서 더욱 절실하게 다가온다.

2
개혁, 오직 민중을 살리는 길

한국은 지금 격동의 시대를 맞고 있다. 국내외적으로 엄청난 파랑(波浪)이 일고 있다. 국민들의 민생과 경제는 위태롭고, 사회는 이념적으로 첨예하게 양분(兩分)되어 갈등이 극도로 심화되고 있다. 국가의 현재와 미래 그리고 청년들의 삶을 생각하면, 비관적인 전망과 이로 인한 안타까움이 가슴을 찌른다. 어떻게 이 시대의 문제, 우리 삶의 문제를 해결할 수 있을까? 율곡에게 묻는다.

율곡은 16세기 조선 사회를 폐단이 축적되어 민생이 궁핍하고 국가의 기운이 쇠락하는 시기로 인식했다. 그렇다면 이 시기에 무엇을 하는 것이 가장 긴요한가? 이 물음에 답하기 위해서 율곡은 '시의(時宜)'를 제시한다. 사회 변동관에 근거하여 역사의 조류를 통찰하고 시대의 문제점을 직시하는 율곡에게서 때에 합당하게 일을 처리하는 시의(時宜)는 중요한 의미를 가진다. 율곡은 당시 조선의 시의가 무엇인지를 논한다.

> "시의(時宜)란 고정된 것이 아니어서 각기 마땅한 바가 따로 있으나 그 대요를 개관하면 창업(創業)과 수성(守成)과 경장(更張)이라는 세 가지가 있을 뿐이다." —「성학집요」

당시의 조선은 나라를 세우는 '창업'과 나라의 안정을 잘 지키는 '수성'의 시기를 지나고, 사회의 폐단을 개혁해야 하는 '경장'의 시기가 도래했다고 율곡은 보았다. '경장(更張)'의 뜻은 느슨하게 늘어진 활시위나 현악기의 줄을 다시 조여 매어서 팽팽하게 하는 것을 말한다. 율곡이 사회의 경장을 언급한 본의는 당시 조선에서는 사회적 폐단이 극심하므로 그 폐단을 고치는 일대 개혁을 시도해야 한다는 것이었다. 율곡은 각 시대마다 해야 할 적절한 소명이 있다고 보는 관점에 입각하여 개혁의 필요성을 강조한 것이다.

> "수성(守成)할 때가 되었음에도 불구하고 함부로 고치는 데 힘쓴다면 병이 없는데 약을 먹이는 것이니 오히려 병을 만드는 것과 같고, 경장의 때인데도 지키는 데에만 힘쓴다면 이는 병이 있는데도 약을 버리는 것이니 마치 누워서 죽음을 기다리는 것과 같다." —「성학집요」

경장의 때에 이르러서는 과감한 개혁으로 사회의 적폐(積幣)를 해소하고 사회의 평안을 회복해야 한다는 것이다. 율곡은 때[時]의 특성을 인식하고 때에 맞게 마땅히 해야 할 일을 행하는 것을 '시무(時務)'라고 하였다. 율곡에게 있어서 시무는 특히 국가의 일에서 근본과 말단을 분별하여 근본에 힘쓰고, 중요한 일과 경미한 일을 가려 중요한 일을 먼저 실행함으로써 일의 효과를 극대화하는 것이라고 규정한다. 시무는 바로 '시중지도(時中之道)'의 실천이라고 할 수 있다. 시중(時中)은 지켜야 할 때 지키고, 개혁이 필요할 때 개혁하는 것이다. 시중을 하기 위해서는 때에 대한 판단이 가능해야 하며, 또한 마땅한 일에 대한 이해가 있어야 하며, 그 마땅한 일을 실천할 수 있는 역량과 의지가 있어야 한다.

율곡은 수성기가 지난 16세기 조선 사회에서 시중(時中)의 도는 제도를 변통하는 개혁이라고 인식한다. 율곡은 "우리나라 조종(祖宗)께서 처음 입법할 때는 진실로 두루 잘 이루었지만 이제 세월이 200년이나 흘러서 때도 변하고 상황도 바뀌어 폐단이 없지 않으니 반드시 변통해야 한다."(「만언봉사(萬言封事)」)라고 역설한다. 건국 초기에 제정했던 법제가 시대의 변화에 따라 많은 폐단을 야기하고 있으므로 폐단이 생긴 법제를 시대적 상황에 적합하게 개혁해야 한다고 요청하고 있다. 율곡은 오직 마음 수양만이 세상을 편안하게 할 수 있다는 믿음을 가진 유교 사상가들이 대세를 이루는 상황에서, 제도가 사회 구성원들에게 미치는 영향에 눈을 뜬 변법주의자(變法主義者)였다. 율곡은 법이 오래되면 폐단이 생기고 결국 나라가 무너지는 지경에 이르게 된다고 지적하면서 나라의 위난을 염려한다.

> "우리나라는 여러 차례 힘 있는 간신(奸臣)의 손을 거치면서 폐단이 많은 법이 많이 만들어졌는데도 잘못된 것을 그대로 따라 시행하면서 고치지 아니하여 폐단이 점점 커졌고, 백성들에게 끝없이 해독을 끼치고 있습니다. 그런데도 수십 년 동안 한 번도 개혁하지 않아 오늘날에 와서는 인구수와 개간된 토지가 옛날보다 반절이나 줄었는데도 공부(貢賦)의 징수는 오히려 전보다 극심합니다. 이 때문에 백성들이 곤궁해지고 재물이 고갈되어 뿔뿔이 흩어져 떠나버렸으므로 백성이 더욱 적어지고 부역은 갈수록 심해지니 이러한 형세로 나아간다면 백성들은 필시 한 사람도 남지 않게 되고야 말 것입니다." —「시폐(時弊)에 대해 아뢰는 상소」

적절하게 변통하지 못한 법의 폐단이 백성들의 삶을 심각하게 해친다는 점을 율곡은 직설하고 있다. 그러므로 율곡은 때에 맞게 법제를 변통(變通)해 나가야 한다는 점을 강조한다. 피폐한 민생을 그대로 내버려둔다면 백성들이 한 사람도 남지 않는 지경에 이르고 말 것이라는 율곡의 절규는 처절하다. 그러면 개혁하는 것은 무엇을 위함인가? 왕의 권위를 세우기 위함인가? 왕의 사치를 위함인가? 율곡은 말한다.

> "폐단을 개혁하는 것은 단지 그 옳고 그름과 이롭고 해로운 것을 헤아려 옳고 이로운 것을 행하는 것인데, 그 요체는 백성을 편하게 하는 데 있을 따름입니다." —「답성호원」

폐단이 있는 법을 개혁해야 하는 목적은 오직 '구민(救民)' 즉 불구덩이에 빠진 듯 어려운 삶을 연명하고 있는 백성 구제에 있다. 개혁은 백성들의 삶의 편리와 복리(福利)라는 안민(安民)의 이념을 실천하는 데 있다. 율곡은 자신의 이익을 챙기는 데 혈안이 된 간신들이 만든 폐단이 있는 법, 민생을 악화시키는 법을 개혁하는 것이야말로 백성과 나라를 살리는 유일한 길이라고 주장한다.

> "'개혁하지 않으면 나라는 필시 망할 터인데 그냥 앉아서 망하기만을 기다리는 것보다는 개혁하는 것이 낫다.'고 말할 수 있으니 개혁하여 잘되면 나라에 큰 복이 될 수 있습니다. 개혁하여 잘못되더라도 망하는 것을 재촉하는 것이 아니고 개혁하지 않고 있다가 망하는 것과 같을 뿐입니다." —「시폐(時弊)에 대해 아뢰는 상소」

개혁하지 않고 있으면 조선은 망한다. 그러나 개혁을 잘하면 백성과 나라를 살릴 수 있다. 설령 개혁하는 가운데 실수가 있을지언정 하지 않는 것보다 백배는 나으니 개선되고 나아지는 것이 반드시 있을 것이다. 얼마나 절박하면, "오직 개혁뿐!"이라고 절규하겠는가? 우리는 역사에서 율곡과 같은 개혁론자를 쉽게 보지 못한다. 율곡은 오직 백성들의 삶만을 염두에 두고 개혁의 길을 외친다. 율곡의 삶에서 무엇이 중요한지, 무엇을 가장 치열하게 염원했는지 명명백백하게 볼 수 있다.

오늘날 우리 사회는 어떠한가? 우리는 나라를 위한다고, 국민을 위한다고 외치고 선전하는 많은 정치인들과 관료들을 본다. IMF 시절보다 서민 경제는 더 어렵고, 멀지 않은 장래에 지방이 소멸된다고 하는 지경인데, 서민을 위한 실질적인 특단의 대책을 세우고, 그 실행을 위해 뼈를 깎듯이 노력하는 정치인들과 관료들을 본 적이 없다. 또한 율곡이 왕에게 했듯이, 대통령이 지금 추진하는 국정에는 큰 문제가 있다고, 이렇게 하면 국민들의 삶이 어려워지고 피폐해지므로 이 문제를 해결하기 위해서 개혁이 필요하다고 직언하는 관료가 있다는 말을 들어보지 못했다.

한 대통령을 기억한다. 그는 '사람 사는 세상'을 구현하기 위해서 노력한 인물이었다. 그는 권력을 사유화하지 않기 위해서 국가정보원 원장과 독대(獨對)를 하지 않았으며, 검찰을 권력의 하수인으로 삼지 않겠다고 천명하면서 임기 동안 이를 실천했다. 무엇보다 이 대통령은 그 당시로서는 혁명적인 발상인 지방으로의 권력 이양을 주창하면서 수도(首都)를 세종시로 옮기고, 여러 공기업을 지방으로 이전하는 정책을 실행했다. 무엇 때문에 그는 당시의 기득권 세력과 반대 세력의 맹렬한 비판, 비난, 공격을 감수하면서까지 이렇게 했을까? 율곡의 개혁 정신과 같이, 그는 '개혁하지 않으면 국가가 망한다.'는 생각을 한 것이다. 그러나 그의 수도 이전과 지방 분권은 반이 아니라, 반의반도 제대로 이루어지지 않았다. 지금 여전히 대한민국은 '서울공화국'이다. 지방은 급속하게 소멸되고 있다. 지방 경제나 삶이 피폐해지는 정도가 아니다. 앞으로 경제는 말할 것도 없고, 인구 소멸로 인해 아예 지방의 삶 자체가 완전히 붕괴될 판이다. 그 대통령의 50년, 아니 100년 앞을 내다보는 '구국(救國)'의 권력 분산과 지방 분권 정책이 성공적으로 시행되었다면, 부산은 '노인과 바다의 도시'라고 자조되지 않을 것이고, 대구는 '1인당 지역총소득이 가장 낮은 도시'로 전락하지 않을 것이며, 광주는 '늘 소외된 도시'라는 서러움을 겪지 않아도 될 것이었다. 모든 지방이 서울과 같은 경제, 산업, 교육, 문화, 복지를 누릴 수 있는 그런 대동사회(大同社會)가 이루어질 수 있었을 것이었다. 이 대통령도 그냥 조용히 순한 양처럼 기득권 세력의 비위를 맞추는 정책을 추진했다면 비난도 받지 않고 욕도 보지 않으며 편안한 대통령 생활을 누렸을 것이다. 그러나 그는 충심(衷心)으로 국민과 국가를 위한 애민의 정치, '사람 사는 세상'의 정치를 실현하기 위해 개혁을 추진한 것이다. 율곡의 애민적 개혁의 삶을 생각하며, 그 이름을 기억한다. 노무현(盧武鉉)!

3
언로(言路) 개방으로 자유로운 의견 제시

율곡은 유교 지식인의 소명은 민생 문제를 해결하는 것에 근본을 두어야 한다고 생각한 실천적 유학자였다. 유학 공부를 통해서 문장의 화려함을 뽐내거나, 시문(詩文) 낭송의 유창함을 빼기는 등의 일은 잡스럽고 천박한 가짜 유학자의 헛된 유희 정도로 여겼다. 유교지식인의 삶과 공부의 명제는 수기안인(修己安人)의 실천에 있다는 철학은 율곡 인생론의 정체성을 이룬다.

율곡은 당시 조선 사람들의 삶이 극도로 힘든 상황에 놓여 있으며, 국력도 매우 약화된 상태라고 인식했다. 따라서 이 문제를 해결하기 위해서 무엇을 어떻게 해야 할지 방안을 모색하고 방책을 찾는 것이 그의 큰 고민거리였다. 율곡은 신분적으로 볼 때 높은 관직에서 국사(國事)를 논하고 기획하는 참여적 지식인으로서 조선 사회에서 확실한 기득권 세력에 속했다. 그러나 율곡은 신분제 질서가 고착화된 상황 속에서도 능력 있는 서민(庶民)들의 활용 문제에 대해서 개방적인 태도를 견지하였다. 특히 율곡은 국가의 발전을 막는 폐단을 제거하고 해결하기 위해서는 다양한 계층 사람들의 의견을 기탄없이 들을 수 있어야 한다고 역설했는데, 이러한 점에서 당시 조선의 양반들로서는 감히 논하기 힘든 진보적인 면모를 보여 준다. 예컨대 율곡은 언로(言路)를 열어 주는 방책을 논하면서 신분의 한계에 사로잡혀서는 안 된다고 역설하였다.

> "폐단이 있는 법을 개혁하고자 한다면 마땅히 언로(言路)를 넓혀서 좋은 방책을 모으되, 위로 높은 관직에 있는 사람으로부터 아래로 노비나 하인에 이르기까지 모두 각각 시대의 폐단을 말하게 허락하고, 그 말이 옳다면 사람의 신분 때문에 취하거나 버리지 말아야 한다." —「동호문답」

언로(言路)를 열어 주는 문제는 규모가 크거나 작은 모든 공동체의 발전과 조화를 도모하는 데 있어서 가장 중시되어야 할 것이다. 오늘날에는 언로가 민주주의의 핵심 척도로 간주될 정도로 그 가치가 크게 부각된다. 율곡이 「동호문답」을 쓴 시기는 34세 때인 홍문관 교리의 직책에 있을 때였다. 율곡은 젊은 관리로서 사회 문제 해결의 방책을 모으기 위해서 무엇을 해야 할지를 정확하게 인식했던 깨어 있는 지식인이었다. 개혁론자 율곡은 사회 개혁을 위한 좋은 방책을 얻기 위해서는 언로를 크게 열어서 신분에 제한을 두지 말고 모든 백성들에게 시대의 문제를 해결할 수 있는 방책을 들어야 한다고 역설하고 있다.

율곡이 주장하는 언로 확장의 입장이 지닌 의미의 놀라움은 '노비'나 '하인'도 시대의 폐단을 말할 수 있도록 해야 한다는 점에 있다. 노비나 하인은 그 시대의 대표적인 소외 계층이며, 천시되고 핍박받는 사람이었다. 보통의 양반들은 이들이 감히 나랏일을 입에 담는 것조차 불경(不敬)스럽게 여겼다. 그러나 율곡은 노비나 하인들에게도 나라의 문제점을 말하도록 해야 한다는 파격적인 생각을 가지고 이를 왕에게 제언한 것이다. 율곡이 이처럼 개방적이고 진보적인 입장을 취할 수 있었던 것은 무엇 때문일까. 그것은 율곡에게는 '오직 백성을 사랑하여 구제하는 것'만이 삶의 진리였기에 자신이 양반이라고 하는 기득권에 걸리지 않은 것이다.

율곡은 민생의 핵심은 관료들의 삶의 질을 높이는 데 있는 것이 아니라, 노비나 하인을 포함한 서민들의 삶의 질을 높이는 데 있다고 생각했다. 그렇기에 서민들의 삶의 불편함과 어려움을 해결하는 것이야말로 민생 해결의 요체이며, 정치의 근본이라고 여긴 것이다. 그러므로 어려움을 겪고 있는 당사자인 노비나 하인 등 하층민들의 의견을 듣는 것이 무엇보다 중요하다고 판단했다. 오늘날의 정부 관리 중에서 이렇게 자신의 기득권을 내려놓고, 국민들의 삶을 개선하기 위해서 국민의 여론을 가감 없이 듣고 그 의견에 따라서 사회를 개혁해야 한다고 주장하는 사람이 몇이나 될까? 아니 있기나 할까? 강고한 신분제적인 질서하의 조선왕조에서 노비나 하인들에게 적극적으로 삶의 어려움을 토로하게 하고 또 그들의 해결 방책을 수용해야 한다고 하면서 언로의 중요성을 논한 것은 참된 지식인, 관료로서 자신의 책무를 진실되게 수행한 것이다.

2024년 2월 한국과학기술원(KAIST) 학위 수여식에서 대통령이 축사를 하는 중에 한 박사 과정 졸업생이 소리치며 국가 연구 개발비(R&D) 예산 축소를 항의하자, 경호원들이 득달같이 달려들어 손으로 그의 입을 거칠게 틀어막고 팔을 꺾으며 제압하여 끌고 나간 장면은 우리 시대의 언로 문제를 반성케 하는 뼈아픈 순간이다. 율곡이었다면, 이러한 우리 시대의 비극적인 풍경을 보고 무슨 말을 했을까? 다음 글로 율곡의 대답을 갈음할 수 있을 것 같다.

> "소인(小人)이 득세(得勢)하여 아랫사람과 윗사람이 결탁함으로써 거슬리는 말을 하는 자는 배척하고 비방하는 자는 죄를 주는 식으로 오직 백성들의 입을 막는 데만 힘쓴다면 감히 다른 의견이 나올 수 없으므로 국론(國論)이 한곳으로 정해지기는 하겠지만 이것은 올바르게 정해진 국시(國是)라고 할 수 없다." —「대백참찬소(代白參贊疏)」

그렇다. 어느 사회에서나 다양한 의견이 있을 수 있다. 다양한 이익과 입장의 차이로 인해 다양한 의견이 표출되는 것이 정상이다. 그러므로 누구나 자신의 입장에 따른 의견을 표명할 수 있다. 율곡이 언명한 대로 직업이나 신분이나 능력에 구애받지 않고 말할 수 있어야 한다. 의사 표현의 자유는 누구에게나 있다. KAIST에서 대통령에게 항의 발언을 한 졸업생을 제압한 사건도 그렇다. 비록 방법의 측면에서는 졸업생의 행동이 '다소' 과격하기는 했으나 대통령을 해칠 의도도 없었고, 해칠 수도 없는 상황이었으므로 그를 관용적으로 대했어야 했다. 비판적인 말도 관용적으로 대하는 것이야말로 언로 확충의 본질이다. 국민들이 모두 옳다고 여기는 가치 이념을 정할 때는 더 말할 나위 없이 국민들의 다양한 의견을 경청해야 한다.

율곡이 "거슬리는 말을 하는 자는 배척하고 비방하는 자는 죄를 주는 식으로 오직 백성들의 입을 막는 데만 힘쓴다면 감히 다른 의견이 나올 수 없다."라고 한 것은 무엇을 말함인가? 국가의 정책이나 왕에 대해서 백성들이 하는 거슬리는 말, 배척하는 말, 비방하는 말조차도 함부로 막아서는 안 된다는 것이다. 왜냐하면 이렇게 하는 것이 당연시되면 백성들은 국가를, 왕을 두려워하여 합리적인 의견조차 말하지 않으려고 하기 때문이다. 이러한 언로 개방에 대한 율곡의 철학은 오늘날의 민주사회에도 가치 있는 모범이 된다. 국민들의 행복한 삶을 위해서는 국민들이 사회의 모순과 그 개혁 방안을 가감 없이, 기탄없이 말할 수 있는 통로와 사회적 분위기를 만들어 주고 그 말들을 진지하게 경청·수렴해야만 한다.

4
나라 지킴의 소명 실천

안민을 위한 삶을 살았던 율곡의 인생에서 나라를 지키는 보국(保國)은 국방에 대한 헌신으로 나타난다. 율곡은 오늘날의 국방부장관에 해당하는 병조판서를 지내면서, 그리고 여러 번의 상소를 통해서 외침(外侵)에 대비해 국방을 강화해야 한다고 주장하고 또 구체적인 정책을 제시하기도 했다. 율곡은 병조판서로 재직하던 시절 올린 상소에서 구체적인 국방 방책을 다음과 같이 논한 바 있다.

> "신(臣)은 본래 쓸모없는 유생(儒生)으로서 외람되이 국방을 책임지는 자리를 차지해 밤낮으로 애태우며 생각한 나머지 감히 어리석은 의견을 드리되 그 대략만을 말씀드리고 그간의 정황은 반드시 직접 뵙고 상세히 아뢰겠습니다. 그 절목(節目)은 다음과 같습니다. 첫째는 어질고 유능한 사람을 임용하는 것이요, 둘째는 군사와 백성을 양성하는 것이요, 셋째는 재정을 풍족히 하는 것이요, 넷째는 국경 수호를 견고히 하는 것이요, 다섯째는 전마(戰馬)를 준비하는 것

이요, 여섯째는 교화(敎化)를 밝히는 것입니다."

—「육조(六條)를 아뢴 계사」

율곡은 여섯 가지의 국방책을 건의하고 있는데, 그것은 현자(賢者) 임용, 군민(軍民) 양성, 재정 비축, 국경 안보 강화, 전마(戰馬) 준비, 교화(敎化) 실시이다. 율곡의 이러한 방책은 단순하게 군인과 무기 그리고 군마를 갖추는 데 그치는 것이 아니라, 군을 효율적으로 통솔할 수 있는 인재 양성과 재정적인 뒷받침 그리고 병사들의 지적(知的) 능력 함양이라는 매우 정밀하고 체계적인 특성을 갖는 전문적인 제안이다. 특히 율곡은 양병(養兵)이 기본적으로 양민(養民)에 근거한다는 입장에서, 국방 문제를 논함에 있어서도 민생이 중요하다는 것을 역설한다.

"양병(養兵)은 양민(養民)을 근본으로 삼기 때문에 양민을 하지 않고 양병을 했다는 것은 고금(古今)을 통하여 들어 본 적이 없습니다. 중국 오(吳)나라 임금인 부차(夫差)의 군사는 천하에 상대가 없었지만 마침내 그 나라를 망친 것은 양민을 하지 않았기 때문입니다. 지금 백성의 힘은 이미 다하여 사방이 위축되었으니 바로 지금 큰 적(敵)이 나타난다면, 비록 제갈량(諸葛亮)을 모사(謀士)로 앉히고 한신(韓信)과 백기(白起)로 하여금 군사를 이끌게 한다고 하더라도 어찌할 수가 없을 것입니다. 왜냐하면, 조련할 만한 군사가 없고 먹을 양식이 없으니, 아무리 지혜로운 사람이라 할지라도 어찌 밀가루 없이 수제비를 만들 수 있겠습니까?"

—「육조(六條)를 아뢴 계사」

국방의 중요성을 논함에 있어서도 그 근본이 양민이라고 한 것은, 백성들의 민생을 부유하게 일으키는 것이 곧 국가를 지키는 근본이라는 입장이다. 양민을 잘하는 것은 기본적으로 백성들의 경제적 상황을 넉넉게 하고 국가에 대해 신뢰를 갖도록 하는 것이다. 이 점에서 평소에 백성들의 생업을 보장해 주는 것 그리고 왕이 덕 있는 정치를 하여 백성들의 신임을 받는 것이 국방의 토대가 된다는 율곡의 입장은 탁견이라고 하지 않을 수 없다.

율곡의 국방론에 대해서 생각하면 반드시 '십만양병설(十萬養兵說)'을 상기하게 된다. 기록에 의하면, 율곡이 십만양병설을 주장한 것은 1583년의 경연(經筵) 석상에서이다.

"나라의 세(勢)가 부진함이 극도에 이르렀으므로 10년이 되지 않아서 붕괴되는 큰 재난이 있을 것이니 미리 10만의 병력을 양성하여 한양에 2만 명, 전국 각 도에 1만 명씩 두어, 군사들에게 세금을 덜어 주고 무예를 단련케 하고, 6개월로 나누어 번갈아 한양을 지키게 하다가 변란이 있을 때에는 10만을 합하여 지키게 해서 위급한 때를 대비해야 합니다. 그렇지 않으면 하루아침에 전쟁이 일어났을 때 훈련

되지 않은 백성들을 몰아서 싸우게 함을 면치 못할 터이니, 그때는 나라가 무너지고 말 것입니다." —「율곡연보」

갑작스런 외적의 침략에 대비하여 한양에 2만 명, 전국 8도에 8만 명, 도합 10만 명의 병사를 양성해야 한다는 것이 율곡의 주장이다. 전쟁에 대비하는 방책으로서 매우 합리적이고 정밀하다. 경연에서는 왕을 모시고 공부하면서 신하들이 왕과 함께 국가 경영의 방향과 구체적인 정책에 대해서 논한다. 율곡은 여러 신하들이 함께한 자리에서 왕에게 십만양병의 필요성을 역설한 것이다.

그러나 신하들의 반대가 있었기에 왕은 율곡의 십만양병 정책을 수용하지 않았다. 조선에서는 북쪽의 변방에서 여진이 국지적으로 침탈하거나 남쪽에서 왜적이 간헐적으로 도발해 오기는 했으나 큰 전쟁이 없었으므로 대체로 평화로운 분위기에 젖어서 국방에 상당한 힘을 쏟을 필요를 느끼지 못했던 듯하다. 그러나 율곡은 이러한 상황에 대해 크게 염려하였다. 당시의 허약한 국방력으로는 전쟁 발발 시에 반드시 패할 수밖에 없다고 생각한 것이다. 알다시피 실제로 율곡이 십만양병설을 주장하고 약 10년이 지난 1592년에 임진왜란이 일어나서 조선 국토가 유린되는 비극을 맞게 되었다.

어떤 사람들은 실제로 율곡이 십만양병설을 주장했었는지

의심하면서 그 사실성을 문제 삼기도 한다. 그러나 그 논쟁은 실질적인 의미가 없다. 왜냐하면 『선조수정실록』, 『인조실록』, 『영조실록』, 『서포만필』, 「성호사설」 등에 율곡이 십만양병을 주장한 내용이 기록되어 있기도 하고, 또한 율곡은 지속적으로 군사 양성을 주장해 왔기에 그 양병의 수가 다소 다르더라도 의미적으로는 십만양병에 해당하기 때문이다. 어떻든 당시의 관료 가운데 율곡만큼 더욱 증강된 군사 양성의 필요성을 역설한 사람이 없었다는 것은 명백한 사실이다. 국방에 대한 율곡의 근심, 그리고 그 대비책으로서의 십만양병설에 대해서 다산(茶山) 정약용(丁若鏞)도 언급한 바 있다.

> "우리나라 선배 가운데서 오직 율곡만이 공안(貢案)을 개정하고 군적(軍籍)을 고치고 10만의 군사를 길러야 한다는 충언을 임금 앞에서 간곡하게 개진했으니 이것이야말로 진실로 실용성 있는 학문이다."
>
> —『여유당전서(與猶堂全書)』「경세유표(經世遺表)」

율곡의 공부가 실제적으로 삶에 유용했다는 증거로 다산은 십만양병 주장을 인용하고 있다. 다산은 실학자로서 성리학자들의 공부를 관념적인 공리공담(空理空談)이라고 신랄하게 비판한 바 있다. 그러나 다산은 율곡의 학과 삶은 실천적이고, 실제적이며, 실학적이라는 점에서 의미가 있다고 인정하면서 존중감을 표명한 것이다.

율곡은 49세가 되던 해인 1584년에 큰 병을 앓게 된다. 몸이 극도로 약해져서 오늘내일할 정도로 생명이 경각에 달려 있던 어느 날, 북쪽 변방의 안전을 점검하는 임무를 부여받은 순무어사(巡撫御使) 서익(徐益)이 변방으로 떠나기 전에 율곡을 뵙기를 청했다. 율곡은 만나려고 했으나, 병이 위중하였으므로 가족들이 서익을 만나지 못하도록 간곡하게 진언해서 만날 수가 없었다. 이에 율곡은 병석에서 변방을 방어할 여섯 가지 방책을 구술(口述)하고, 이를 동생이 받아 적은 「육조방략(六條方略)」을 서익에게 전하였다. 율곡은 「육조방략」을 불러 주고 며칠 뒤에 세상을 떠났다.

경기도 파주에 율곡의 묘소가 있다. 율곡이 그렇게 전쟁을 염려했건만 그가 세상을 떠난 뒤 8년이 지나 끝내 임진왜란이 발발한다. 율곡은 이미 세상을 떠났지만 부인은 생존해 있던 때였다. 왜군이 그야말로 파죽지세(破竹之勢)로 한양과 파주로 밀고 들어왔을 때, 노씨 부인은 피난을 가지 않고 율곡의 무덤에서 세상을 떠나게 된다. 율곡의 부인도 나라의 안위에 노심초사한 율곡의 뜻을 이어받아 그의 애국정신을 온몸으로 실천한 것이다.

이런 슬프고 애절한 서사가 녹아 있는 율곡의 묘비(墓碑)에는 웬일인지 총탄 자국 같은 것이 여러 개 큰 흉터처럼 남아 있다. 이것은 도대체 어찌된 일인가? 비극적이게도 이는 한국전쟁 때 우리 민족이 남과 북으로 갈라져 싸우면서 교전(交戰)하던 중에 율곡의 묘비에 총탄을 쏜 흔적이다. 명운을 걸고 외적으로부터 나라와 백성을 지키려 한 애국애민 선각의 눈물 어린 노력을 망각한 채, 그 후손들은 서로에게 총부리를 겨누고 피 튀기는 동족(同族) 살상(殺傷)을 하였다. 이런 비극적인 한국의 역사를 온몸으로 맞은 율곡의 비석이다. 우리 남과 북은 도대체 무엇을 하고 있는 것인가? 우리는 율곡에게 무슨 말을 할 수 있을까? 율곡은 절규할 것이다.

> "결단코 나는 이렇게 분단되어 민족끼리 서로 싸우고 죽이는 동족상잔(同族相殘)의 비극적인 나라를 꿈꾼 것이 아니다!"

5
충간(忠諫), '왕께서는 덕이 부족하고 여색(女色)을 너무 밝히십니다'

율곡은 안인(安人)하기 위해 관료로 입직했기에 '충간(忠諫)' 즉 충성스러운 마음으로 간하는 것을 매우 중요한 덕목으로 삼았다. 그러므로 율곡은 경연, 회의, 상소를 통해서 자주 왕에게 충간함으로써 왕이 국가를 바르게 다스릴 수 있도록 도우려 노력했다. 충간은 인(仁)과 의(義)의 실천을 행위 준거로 삼아 왕이 백성들을 위한 애민의 어진 정치와 올바른 정치를 할 수 있도록 문제점을 지적하고 개선을 요청하는 것이다. 율곡은 그의 대표적인 상소라고 할 수 있는 「만언봉사(萬言封事)」에서 왕에게 날카롭게 충간한다.

> "삼가 생각건대, 왕께서는 명철하심은 부족함이 없으나 지니신 덕은 넓지 못하고, 선(善)을 좋아하심은 대단하시나 깊은 의심을 떨쳐 버리지는 못하고 계십니다. 그러므로 신하들 중에서 바른 도리를 실천하려고 노력하는 자를 주제넘다고 의심하고, 기개가 높은 자를 과격하다고 의심하고,

여러 사람들의 칭송을 받으면 당파가 있다고 의심하고, 잘못된 자를 공격하면 모함한다고 의심하고 계십니다. 게다가 명(命)을 내리실 때는 말씀 속에 감정이 들어 있고, 좋아하고 싫어하시는 것이 일정치 않으십니다." —「만언봉사」

왕에게 있어서 '덕이 넓지 못하다.' 함은 가장 수용하기 힘든 언사(言辭)에 해당한다. 인정(仁政)과 덕치(德治)를 본령으로 삼는 조선에서 왕의 덕이 부족하다는 비판은 말하자면, 그 의미가 '좋은 왕이 아니다.', '왕으로서는 자격이 없다.'는 말과 같다. 또한 간언하는 신하들을 의심하고 불신(不信)하는 왕의 처사를 일일이 열거하면서 율곡은 왕의 문제점을 지적하였다. 여기에 덧붙여 율곡은 마침내 카운터펀치에 해당하는 충간을 하였으니, 그것은 바로 "명(命)을 내리실 때는 말씀 속에 감정이 들어 있고, 좋아하고 싫어하시는 것이 일정치 않으십니다."라고 한 것이다. 왕이 공적(公的)인 행위, 국가 업무를 사사로운 감정에 휩쓸려서 하기 때문에 도리에 맞지 않고 일관성이 없다며 왕을 직격한 것이다.

개인 간에 담론을 할 때에도 사사로운 감정으로 무엇을 한다는 지적을 받으면 자신의 행위의 정당성이 송두리째 부정당하는 느낌을 받으며, 자신의 인품이 매우 천박하다는 뜻으로 받아들인다. 하물며 만인지상(萬人之上)에 있는 왕의 입장에서는 이와 같은 율곡의 충간에 심기가 매우 편치 않았을 것이다. 율곡으로서는 왕의 심기를 헤아리는 것을 우선으로 삼지 않고, 왕의 부족함을 일깨워 그 잘못을 고치도록 하는 것을 더욱 중시하였다. 기개와 용기를 가진 율곡의 충간에 대해서 실제로 선조가 상당한 부담과 불편함을 느꼈다는 구체적인 사례가 있다.

> "율곡 이이가 직제학으로 부름을 받아 입시(入侍)했다가 나아가 아뢰기를, '소신이 병으로 오랫동안 물러가 있다가 오늘 왕의 말씀을 엎드려 들으니 음성이 잘 통하지 못하는데 어찌하여 그러하신지 모르겠습니다. 삼가 들으니 왕께서는 여색(女色)을 경계하라는 말씀을 잘 들으려 하시지 않는다는데, 이러시는 왕의 생각을 알지 못하겠습니다. 생각건대 왕께서 자질이 원래 청명하고 욕심이 적어 다른 사람이 말해 줄 필요가 없기 때문에, 남들에게 이런 말을 들으면 바로 알지 못하고 쓸데없는 말을 하는 것으로 보시기 때문이 아닌가 합니다. 그러나 그런 사실이 없다면 더욱 힘써야 되고 그런 말을 듣기 싫어해서는 안 됩니다.'라고 하였다. 이에 왕께서 이르기를, '그대가 일찍이 상소할 때에도 이렇게 말했다. 그러나 이것은 그렇지 않다. 사람의 말소리란 본래 같지 않은 것으로 나의 말소리는 원래 이러하니 어찌 의심할 것이 있겠는가?'라고 하니, 이이가 말하기를, '왕께서 처음 즉위하셨을 때에도 신이 모셨는데 그때는 목소리가 낭랑하여 이렇지 않았습니다. 그래서 신이 감히 의심하는 것입니다.'라고 하였다. 통상은 이이가 왕에

게 말씀을 올리면 왕의 말씀이 매우 쾌활하고 따뜻했는데 이때는 왕의 안색이 상당히 거슬리는 듯 보였다." —「어록」

이 충간은 율곡의 말을 기록한 「어록」에 나오는 내용으로, 김우옹(金宇顒)의 『경연강의(經筵講義)』에도 보인다. 이제 율곡은 심지어 왕의 '여색(女色) 밝힘'을 문제 삼아 직언하고 있다. 형식은 왕의 목소리를 매개로 율곡이 선조의 여색 밝힘을 언급하지만, 실은 왕이 여색을 밝힌다는 소문이 이미 파다하게 퍼졌다. 이로 인해서 왕에 대한 신뢰는 떨어지고 나랏일을 처리하는 데 있어서 염려가 커진 상황이다. 율곡은 왜 왕이 즉위 초기에는 그렇지 않았는데, 지금 점점 성군(聖君)의 길에서 멀어지느냐며 왕을 질타하고 있는 것이다. 사(私)생활에 해당하는 부분 그리고 도의(道義)의 국가인 조선에서 매우 부끄러운 일에 해당하는 여색 밝힘 문제를 공공연히 비판받은 선조는 그 화를 숨기지 못했다. 그래서 왕은 율곡의 말이 몹시 거슬린다는 안색을 노골적으로 드러낸 것이다.

또한 율곡은 당쟁(黨爭)의 문제에 바르게 대처하도록 왕에게 간곡하게 충간하는 상소를 올려서 근본적으로 당파를 없애야 한다고 호소한다.

"조신(朝臣)들에게 하교하시어 동인(東人)·서인(西人)의 구별을 씻어 버리고 다시는 구별하지 말도록 하시며, 오직 어질고 재주 있는 사람이면 등용하고, 어질지 못하고 재주가 없는 사람이면 버리시며, 관료들이 모두 한마음으로 나라를 위하고 다시는 의심하고 막힘이 없도록 해야 합니다."

—「대사간을 사직하고 겸하여 동서(東西)의 당파(黨派)를 없앨 것을 아뢰는 상소」

이 상소를 보면 율곡이 과연 당파를 조장한 인물로 보이는가? 당시에도 율곡을 일컬어 서인의 우두머리라고 한 사람이 있었고, 오늘날에도 율곡을 서인으로 묶어서 규정하는 연구자들이 있다. 실제로 율곡은 당파 문제에 어떠한 입장을 취하고 있었는가? 율곡은 1579년(선조 12)에 올린 이 「대사간을 사직하고 겸하여 동서(東西)의 당파(黨派)를 없앨 것을 아뢰는 상소」에서 동인과 서인으로 불리는 당파를 과감하게 없애야 한다고 왕에게 진언하고 있다. 동인과 서인의 무리를 짓지 말고, 선비들을 관직에 등용하는 유일한 준거를 능력과 도덕성 여부에 두어야 하며, 관리들은 당파의 이익을 따지거나 눈치를 보지 말고 오직 나라와 백성을 위하는 마음으로 정무에 임해야 한다는 것이다. 이 상소의 제목을 보면 당파에 대한 율곡의 입장은 동서(東西) 당파의 다툼을 완화하는 것이 아니라, '동서 당파를 아예 근본적으로 없애는 것'임을 명시적으로 알 수 있다. 즉 나라를 살리는 길은 당파를 없애는 데 있다는 신념에 근거하여 율곡은 이 상소에서 다음과 같은 말을 간절하게 덧붙인다.

"신(臣)의 상소가 아침에 올라가면 추하게 헐뜯는 말이 저녁에 신의 몸에 집중될 줄 알면서도 스스로 그만두지 못하는 것은, 삼가 생각건대 어리석은 신이 나라의 두터운 은혜를 받아서 보답할 길이 없어서입니다. 가령 정수리부터 갈아서 발꿈치에 이르더라도 나라에 이익이 된다면 신은 또한 사양하지 않을 것인데, 어찌 감히 허명(虛名)만을 보전하고자 충언(忠言)을 다하지 않아서 전하를 저버리겠습니까?" —「대사간을 사직하고 겸하여 동서의 당파를 없앨 것을 아뢰는 상소」

동서 당파를 없애야 한다는 이 상소가 올라가고, 조정의 신하들이 그 내용을 알게 된다면 자신을 거세게 비판할 것임을 율곡은 이미 알고 있었지만, 이를 포기하는 것은 진정한 선비의 도리가 아니라고 생각한다. 비난을 피하고 이름을 보전하고자 했다면 동서 당파를 없애야 한다는 상소를 올리지 않았을 것이나, 나라를 생각하는 참된 유학자라면 이를 감내하면서 충언할 수밖에 없었던 것이다. 설령 '정수리부터 갈아서 발꿈치에 이르는' 극심한 고통과 죽음이 자신에게 가해지더라도 포기할 수 없는 절대적인 명제가 바로 당파를 극복하는 데 있다고 율곡은 주장한 것이다.

율곡의 충간을 보면서 한편으로는 몹시 안타까운 마음이 든다. 오늘날 역대 정부의 장관들과 대통령 참모들이 과연 얼마만큼 대통령에게 직언했는지 생각하면, 율곡에게 부끄럽고 참담한 심정이다. 1970년대에 대통령을 수행한 한 고위 관료는 대통령이 방귀를 뀌자, "각하, 시원하시겠습니다!"라고 아첨했다고 한다. 딱한 일이다. 대통령의 심기를 살피는 데 치중하여 국민들을 위한 직언을 하지 못하는 관료들의 보신주의(保身主義)와 기회주의는 우리 시대의 문제를 심화시켜 왔다. 2024년 12월 3일의 비상계엄 사태만 해도 그렇다. 대통령이 얼토당토않은 이유로 비상계엄을 선포한다고 할 때, 그 자리에 있던 국무위원들은 도대체 무얼 했는가? 꿀 먹은 벙어리마냥 속으로 우물우물하면서, 강하게 직언을 하지 못한 그들의 행태는 율곡과 같은 조선의 선비가 보기에 국가와 국민을 도외시한 치욕의 짓거리에 불과하다. 사람들이 무능하고 부패한 왕조라고 생각 없이 말하는 그 조선왕조 시대의 선비들은 도끼를 등에 짊어진 채로 자기 목숨을 걸고 왕에게 직언하는 '지부상소(持斧上疏)'의 의로움과 기개를 가졌다.

우리의 정치 세력들이 민생은 뒤로한 채 권력 쟁탈과 사익(私益) 추구에 몰두하여 쟁투하는 모습은 가히 목불인견(目不忍見)이다. 율곡과 같이 충심으로 오직 국민만을 사랑하고 섬기는 정치인을 다시는 볼 수 없는 것인가? 철저한 자기 성찰과 환골탈태(換骨奪胎)가 없으면 나라의 미래도 없다는 점을 생각하면 우리 시대의 관료와 정치인들에게는 율곡의 매서운 회초리가 절실하게 필요하다.

'세상에 맞지 않는 일 하도 많아'

율곡의 삶에서 안민(安民)은 절대적인 소명이었다. 그의 학문과 삶은 온통 사람들을 이롭게 하고 편안하게 하려는 뜻과 실천으로 아로새겨져 있다. 율곡의 관직 생활은 외관상 큰 성공을 거두었다고 할 수 있다. 이조판서, 호조판서, 병조판서라는 중요 판서를 역임한 것만을 예시하더라도 의심할 바 없이 그의 관직 생활의 이력은 호화롭다. 율곡도 그렇게 생각했을까? 아니었다. 율곡은 자신의 직책이 무거워질 때마다 백성들을 구제하지 못하는 자신을 스스로 질책함이 더욱 혹독해졌다. 그래서 왕에게 더욱 과감하게 직언하고, 더욱 강하게 안민을 위한 개혁책을 주장한 것이다.

율곡이 관료로서 주장한 안민 정책의 수용 여부만을 두고 본다면 그는 실패한 관리였다. 불행하게도 그의 정책은 수용되지 않은 것이 더 많았다. 그렇기에 율곡은 자주 사직(辭職)을 청하여 관직에서 물러나려고 했다. 율곡은 백성들을 구제하지 못했다는 뼈아픈 자책을 안고 낙향하곤 했던 것이다. 이러한 율곡의 심경은 다음 시에서 잘 나타난다.

「배를 타고 서쪽으로 내려가다」

세상에 맞지 않는 일 하도 많아
꿈임없이 돌아갈 생각뿐이로세
천심(天心)이야 변하지 않는다 해도
변하는 세태(世態) 그 누가 막으랴
넓은 바다엔 가랑비 아득히 내리는데
석양에 외로운 배 띄웠어라
아름답구나 넓고 넓은 물 위에
아! 온갖 생각 사라지네
다만 임 향한 일편단심(一片丹心)이야
아홉 번 죽어도 끝내 변치 않으리

율곡의 시 「배를 타고 서쪽으로 내려가다」는 삶에 대한 그의 회포를 솔직하게 나타내고 있다. 일반적으로 시심(詩心)에는 어느 정도 자기 위로의 마음이 담길 수 있으련만 율곡의 이 시는 좌절, 외로움, 충심(忠心)으로 가득 차 있다.

세상을 살아감이 괴롭다는 율곡의 말은 정도(正道)에 따라 관직 생활을 하며 살아가기가 몹시 힘들다는 고백일 것이다. 그렇기에 율곡은 늘 관직을 그만두고 귀향하고 싶은 마음을 가졌다. 율곡은 바른 말을 하는 사람으로 정평이 나 있었다. 신하들에게 그리고 왕에게도 율곡의 고언(苦言)과 충언(忠言)은 직접적이었다. 그러나 민생을 위한 그의 정책들은 제대로 수용되지 않았다. 그러니 율곡에게 관직 생활이 즐거울 리가 없었다.

율곡은 시에서 '천심(天心)'과 '세태(世態)'를 대비시켜 변하지 않는 상도(常道)와 상도를 잃고 변하는 인심(人心)의 위태로움을 언급하면서, 올바른 도리를 저버리는 세태의 변화가 이미 돌이킬 수 없는 큰 흐름이 되었음을 개탄하고 있다. 이러한 심정을 망망대해에 가랑비 내리는 상황으로, 그리고 석양에 배를 띄운 외로운 사람으로 자신의 처지를 묘사하고 있다. 율곡은 백성을 위하고 왕을 위하는 순수한 마음이 실제로 정사(政事)에서 구현되지 못함을 자책하며 의지할 곳 없는 자신의 외로운 모습을 그려 내고 있다. 그렇다면 한편으로는 왕을 원망할 수 있지만, 마치 절개 높은 선비 정몽주(鄭夢周)가 그러했듯이, 율곡은 '임 향한 일편단심이 아홉 번을 죽는다 해도 변치 않을 것'이라며 충절을 다짐한다. 왕은 임이기에, 민생을 책임지고 있는 천자(天子)이기에 율곡은 왕에 대한 아쉬움과 원망을 뒤로하고 왕에 대한 충심(忠心)을 마지막 구절에서 표명하고 있다. 이것은 왕이 올바른 정치를 통해서 민생을 구제해야 한다는 간절한 마음을 놓지 말기를 염원하는 것이기도 하다.

율곡의 시 「배를 타고 서쪽으로 내려가다」는 바른 도리를 지키고 이를 실천하고자 하는 선비의 열망과 좌절 그리고 희망이 공존하고 있다. 그러나 마음의 회한(悔恨)이 깊고, 민생의 어려움을 직시한 그의 안타까움이 너무나 크기에 그가 관직을 내려놓고 고향으로 돌아간들 어찌 그곳에 마음을 편안히 둘 수 있었겠는가! 민중의 삶을 구하려는 율곡의 애절한 열망은 고향의 품조차도 편히 느낄 수 없도록 한 것이다. 율곡의 삶은 민중을 위한 삶이었으며 민중의 삶이 바로 율곡의 삶이었기에 민중의 아픔을 두고 귀향한다는 것은 즐거운 귀향이 아니라, 좌절에 불과했다.

율곡의 시에 적지 않게 등장하는 '외로운 배', '석양', '홀로 있음', '변하는 세상' 등의 시어는 실상 그의 인생을 규정하는 형용(形容)이라고 생각된다. 어진 정치, 애민의 정치를 통해서 참된 유학자로서의 소임을 다하고자 한 열정 너머로 드리워진 이러한 슬픈 정취는 율곡의 삶에서 아프게 자리하고 있다. 아홉 번을 죽어도 충심이 변하지 않을 것이라는 시구는, 백성들의 삶을 구제하겠다는 안인(安人)의 노력과 좌절, 그리고 좌절과 희망의 끝없는 수레바퀴, 그 자기 인생의 여정을 표명한 것이다. 민중의 삶을 위한 애민의 정치의 길을 가야 한다는 결연한 맹세를 마음 깊이 새기는 선비의 단심(丹心)을 율곡은 이 시에서 보여 주고 있다. 율곡은 외로웠다. 그 외로움의 본질은 말하자면 '시대와의 불화(不和)' 같은 것이었다. 어진 정치, 애민의 정치를 통해서 참된 선비의 뜻을 펼쳐 백성의 삶을 구제하고자 했으나 왕과 관료들의 저항은 강했다. 율곡의 좌절감은 자신에 대한 왕의 인정과 불인정의 문제로부터 비롯된 것이 아니었다. 오직 안민하지 못하는 무력감과 실망감이 그를 힘들게 한 것이다. 그래도 안인(安人)의 길은 율곡에게 포기할 수 없는 길이었다. 그의 삶이 끝날 때까지.

제7장
좋은 삶을 위한 인성 함양 교육의 실천

"배우는 자에게는 의(義)와 이(利)를 밝게 분별하는 것보다
더 중요한 것이 없다.
의(義)란 것은 자기 이익을 위해서 하는 것이 아니다.
조금이라도 자기 이익을 도모하려는 목적으로 의를 행한다면
이는 도둑의 무리가 하는 행위와 같은 것이니,
어찌 경계해야 하지 않겠는가?
선을 행하면서 명예를 구하는 자 또한
자기 이익을 위하는 것에 불과하니,
군자는 그것을 도둑질보다 더 심한 것으로 본다."

—「학교모범」

1
수선(首善)의 인성 함양 교육

공부에 대한 열망이 세계에서 가장 강한 한국인에게 교육에 대한 기대와 의미 부여는 대단하다. 초등학교, 중학교, 고등학교 그리고 대학교로 이어지는 학교 교육은 한국인들에게 삶의 일부분이 아니라 사실상 전부와 같다고 할 정도로 중요하다. 어린 시절 우리 부모님들은 '밥은 굶을지언정 학교는 가야 한다.'는 신념을 가졌을 만큼 교육을 대하는 마음이 신성(神聖)했다. 학교 교육은 나라의 미래를 보여 주는 척도라고 할 수 있을 만큼 국가적으로도 중요하지만, 개인적으로도 큰 의미가 있다. 그러나 오늘날 한국의 학교 교육에 대해서 많은 사람들이 걱정하는 것을 볼 수 있다. 도대체 학교가 무엇을 하는 곳인지 근본적인 의문을 품는 사람들이 적지 않다. 그것은 바로 현재의 우리 학교 교육의 정체성 문제에서 비롯된 것이라고 여겨진다.

지금 우리의 학교 교육을 보면, 오로지 '대학 입시'라는 목표로 귀결되어 있다. 그러나 우리의 국가 교육과정을 보면 '대학 입시'는 명시적인 교육목표가 아니다. 그러므로 예컨대 인문계 고등학교에서 '대학 입시'를 위한 교육에 전념하는 것은 학교 교육의 본질적인 목적에서 벗어나 있는 것이다. 우리 교육 당국은 이러한 교육의 본질을 벗어난 채 학교에서 자행되는 교육의 방향·정책을 무책임하게 방기한다. 그래서 이른바 '명문고등학교'라고 하는 곳은 모조리 대학 입시에서 좋은 성과를 내는 학교에 불과하다. 이것은 우리 교육의 기형적이고 괴이한 풍경을 적나라하게 보여 준다.

율곡은 「동호문답」에서 이렇게 말한다.

"대학(大學)은 수선(首善)이다!"

이때 대학은 당시의 최고의 교육기관인 '성균관(成均館)'을 의미하며, 수선(首善)은 '최고선'을 지칭한다. 즉 율곡은 최고의 교육기관인 대학의 본령은 '최고의 선을 함양한 인격자를 양성함'에 있음을 천명한 것이다. 대학은 교육기관의 대표성을 갖는 학교라는 점에서 조선의 초등 관학교육기관에 해당하는 향교(鄕校), 중등 관학교육기관인 사부학당(四部學堂) 그리고 성균관(成均館)까지 모든 교육기관의 목표는 선한 인격자를 양성하는 인성 교육임을 의미한다. 인성 교육의 전당으로서의 학교, 이것이 바로 율곡이 규정하는 학교의 모습이다.

대구 수성구의 이른바 '입시 명문고등학교'인 K고는 그야말로 의과대학 진학의 메카이다. 그 학생들이 봉사하고 희생하고 헌신하는 의료인을 꿈꾼다면 다행이겠으나 대부분은 그렇지 않을 것이다. 심지어 어느 해는 의과대학 진학을 위한 N수생의 수가 고3 재학생 수를 능가한다는 보도가 있었을 정도다. 이런 학교에서는 오로지 지필고사 중심의 대학 입시 교육에 전력한다. 인성 교육은 실질적으로 학생과 교사 모두 안중에도 없을 것이다. 그러나 어찌 이 학교만을 탓할 것인가! 우리나라 대부분의 인문계 학교가 이와 같은 실정인 것을…….

돌이켜 보면, 어느 시대에나 이상적인 교육이 이루어진 적은 없었던 듯하다. 조선시대에도 인성 교육이 제대로 이루어지지 않고 있었다. 조선 교육의 이른바 '학교 붕괴'와 같은 면모를 퇴계의 글에서 볼 수 있다.

> "오늘날의 학교를 보면, 교사든 학생이든 서로 그 도리를 잃음을 면치 못하고 있다. 학교 규범이 정립되지 않고 있을 뿐 아니라 학교 규율까지 크게 무너져서 교사는 엄하지 못하고, 학생은 공경하지 못하여 서로 해를 입히고 있다. 대학에도 이런 일이 없다고 할 수는 없지만 사부학당은 더욱 심하다. 얼핏 들으니 사부학당의 학생들이 교사 보기를 길 가는 사람 보듯이 하고, 학교 보기를 여관방 보듯이 하며, 평상시에 예복을 갖춘 자가 열 명 중에 두세 명도 없고, 흰옷과 검은 갓 차림으로 왕래하며, 교사가 들어오면 수업

을 받고 가르침을 청하는 것은 고사하고 절하는 예(禮)를 행하는 것까지 꺼린다고 한다."

—『퇴계전서』「유사학사생문(諭四學師生文)」

선생님에게 교육받는 태도, 예의를 존중하지 않는 모습, 학교에서의 생활 태도 등에서 퇴계는 이른바 오늘날의 용어로 말하자면 '교실 붕괴'에 해당하는 실태를 적나라하게 토로하고 있는 것이다. 당시의 교육 현실에 대한 율곡의 인식 또한 퇴계와 다르지 않았다. 그렇기에 율곡은 교육의 본령을 각성시키면서 학교 교육의 문제 해결을 위해 노력한다.

"사림(士林)들의 풍습이 날로 천박해져서 학문을 모르고 영리(榮利)만 얻으려고 하니 이것을 어떤 방법으로 해결할 것인가?" —「동호문답」

율곡이 교육 문제 해결의 요체로 '수선(首善)'을 주장한 것은 수선의 교육이야말로 인성 함양의 교육이며, 삶을 위한 교육이기 때문이다. 즉 수선을 위한 교육을 수행할 때 개인도 진정으로 행복한 삶을 영위할 수 있으며, 사회도 조화롭고 도덕적인 사회가 될 수 있기 때문이다. 교육에 있어서 학생들이 '수선(首善)'이 아니라 오히려 '수리(首利)'에 더욱 역점을 두는 경향을 나타내게 된 책임은 근본적으로 학생 자신에게 있는 것이 아니라 사회와 기성세대에 있다고 율곡은 지적한다.

“이것은 유생의 잘못이 아니다. 조정에서 지도하고 권장하는 방법이 옳지 못했기 때문이다. 지금 인재를 뽑는 방법이 문예(文藝)에만 치중하고 도덕을 귀하게 여기지 않기 때문에 아무리 하늘을 통하는 학식이 있고 세상에 뛰어난 행실이 있다 해도 과거(科擧)에 합격하지 않으면 그 도(道)를 시행할 방법이 없다. 그리고 성균관에서도 식당 앞에서 출석을 표시하는 것으로 유생을 모으기 때문에 선비들의 일상 행실이 모두 이익을 구하는 것뿐이다. 지도하고 권장하는 것을 이와 같이 하고 있으니, 선비의 행위와 습속이 어떻게 바로잡히겠는가?” —「동호문답」

인재 선발의 기준이 글을 잘 쓰고, 그저 경전(經傳)을 잘 암송하는 학생을 선발하는 데 중점을 두고 있기 때문에 도덕성을 겸비한 인재가 국가에서 일할 기회가 주어지지 않는다는 것이다. 그렇기 때문에 학생들은 인격 형성, 인성 함양은 뒤로 제쳐두고 그저 지식만을 암기하며, 비도덕적인 일탈 행위를 일삼으면서도 부끄럽게 여기지 않으니 자연스럽게 자기 사익만을 추구하는 인간이 되는 것이다.

‘학교괴담’이라는 말과 영화가 괜히 나오는 것이 아니다. 학생들이 비록 열심히 ‘공부’하지만, 그 공부가 현재도 행복하고 미래에도 행복할 수 있는 인성 역량을 함양하는 공부라면 학교괴담이라는 불편한 단어가 출현하지 않았을 것이다. 학교 교육

과정에서 학생들 사이의 따돌림, 폭력, 인격 침해, 인권 유린과 같은 일들이 자행된다면 이는 교육이 아니다. '수선(首善)'이 교육의 본령이라는 율곡의 말은 오늘날 우리 학교 교육에 내려치는 뼈아픈 채찍과도 같다. 우리 사회에서 교육을 통해서 홍익인간(弘益人間)하는 인간을 양성하지 못하고, 선(善)의 실천을 가장 중시하는 인격을 함양하지 못한다면 과연 우리는 이 사회에서 행복하게 살아갈 수 있으며, 타인을 신뢰하면서 살아갈 수 있을까?

지금 우리나라는 대학 입시에서 의과대학을 목표로 하는 것이 과열을 넘어서서 그야말로 병적인 양상을 보이고 있다. 도대체 의과대학을 왜 그렇게 가려고 하는가? 아픈 사람의 병을 자기 병처럼 여겨서 반드시 낫게 하겠다는 뜨거운 마음으로 헌신하고 희생하며 일생을 바치겠다는 뜻을 실현하려는 것인가? 그렇다면 그렇게 많은 의대생들이 피부과나 성형외과 의사가 되기 위해 몰려가지는 않을 텐데! 지금 우리 교육은 '수선(首善)'의 교육이 아니라, '수사익(首私益)'만을 추구하라고 학생들의 목덜미를 잡아끌고 가는 교육에 불과하다. 우리 중고등학교에서는 어떤 학생을 크게 격려하는가? 지필고사에서 1등 한 학생, 대학 입시에서 사람들이 '크게 선호하는' 대학에 합격한 학생들이 아닌가! — 우리나라에는 불행하게도 '명문대학은 없다!' 학생들의 참된 인성을 함양하고, 좋은 인격을 함양하며, 우리 공동체에서 모두 함께 행복한 삶을 영위할 수 있는 능력과 인품을 갖춘 학생을 양성하는 대학다운 대학은 없다. 이런 실정에서 개념 없이 'in Seoul 대학', 'SKY 대학' 운운하며 시류(時流)에 휩쓸려 가는 세태가 크게 걱정스럽고 한편으로는 우습다. 지금 우리 사회에서 칭하는 '명문대학'은 '자기의 사적(私的) 이익만을 가장 예민하게 취하는 학생'을 기르는 교육에 특화된 곳이다. 그러므로 우리나라에는 수선(首善)의 인재를 양성하는 진정한 명문대학은 없다. 단지 수사익(首私益)을 권하는 철없는 대학만 있을 뿐이다. – 인성 교육은 장식품에 불과하다. 율곡이 강조하는 수선의 인격을 양성하는 교육은 우리나라에 없다. 인성 교육·윤리 교육·철학 교육을 경시하고 무시하는 지금의 교육으로는 우리의 삶이 행복해질 수가 없다. 율곡이 외치는 그 길, 우리 교육을 혁신하여 수선(首善)의 인격을 함양하는 교육을 전면적으로 실시하는 것만이 우리 모두가 인간답게 살아갈 수 있도록 하는 유일한 길이다.

이 글을 쓰는 중에, 서울의 어느 고등학교에서 교사가 수업시간에 휴대폰으로 게임을 하는 학생에게서 휴대폰을 빼앗자, 그 학생이 교사를 윽박지르다가 급기야는 교사를 폭행했다는 뉴스를 보았다. 우리 교육이 지금 어디로 가고 있는지 다시금 뼈아프게 생각하게 된다. 늘 그렇듯이 며칠 지나면 이 사건은 또 잊힐 것이고, 우리는 평상시 하던 대로 다시 학생들을 지필시험을 준비하는 기계로 조련하고 압박할 것이다. 이렇게 교육하면 학생들은 진정으로 행복한 삶을 살 수 있을까? 수선(首善)의 인성 형성 교육은 우리 현실에서는 그저 아득히 먼 꿈인가? 아니면 양두구육(羊頭狗肉)의 위장품인가? 묻고 나니 우습다. 누구나 다 아는 사실을 새삼 묻는 것이 우습다. 그러나 통렬하게 다시 물을 수밖에 없다. 무엇을 위해서? 뿌리부터 이 교육을 바꾸고 참교육을 하기 위해서!

2
덕 함양 교육의 규범 -「학교모범」

퇴계 이황이 경상도 예안에 도산서당(陶山書堂)을 세우고 여기서 교육을 시행한 것은 우리에게 널리 알려졌지만, 율곡이 서당을 건립하고 교육에 몰두한 것은 크게 알려져 있지 않다. 율곡은 교육에 대단한 의미를 부여하였기에 1578년에 황해도 해주에 '은병정사(隱屛精舍)'라는 이름의 서당을 세우고, 교사로서 직접 유생들을 가르쳤으며, 교육서(敎育書)를 집필하여 교육의 방향을 제시하고 교육 정책을 실제로 시행하고자 하였다. 율곡의 교육서로는 오늘날 우리에게 널리 알려진「격몽요결(擊蒙要訣)」이 있는데, 이는 바로 은병정사에서 유생들을 교육할 때 사용한 학습교재였다. 또한 왕명(王命)을 받고 집필한「학교모범(學校模範)」도 있는데, 이는 학당에서 실행하고, 유생들이 실천해야 할 교육의 모범을 제시한 것이다. 율곡에게 있어서 교육이야말로 참된 선비로서의 삶의 가치를 구현하는 활동이었다. 또한 후속세대의 삶의 의미와 행복은 교육을 통해서 좌우된다고 인식하였기에 율곡의 교육에 대한 열정은 누구보다 뜨거웠다.

율곡이 은병정사에서 유생들과 공부하던 어느 날의 일화를 보면서 교육에 대한 그의 철학을 생각해 보자. 유생들이 율곡에게 배우고 밤이 늦어 절하고 물러나려 할 때 율곡이 말했다.

> "그대로 있으라. 내가 말할 것이 있다. 여러 학생들이 정사(精舍)에 함께 있으면서 글을 읽으며 사색하기도 하고 조용히 앉아서 마음을 수양하기도 했는데, 전일에 비하여 달라진 것이 있는가?" —「어록」

학생들의 공부에 진척이 있는지 확인하려는 율곡의 물음이었다. 이에 대해서 몇몇 유생들이 이런저런 답을 했는데, 김의정(金義貞)이라는 유생은 "비록 용감하게 나아가는 공부는 없지만 어찌 전일과 좀 다른 점이야 없겠습니까."라고 답하고, 유생 허극성(許克城)은 "근래 가난한 집안 살림으로 인해 부모님을 봉양하는 문제에 대한 근심이 커서 글을 읽어도 글이 마음에 들어오지 않습니다."라고 하였다. 이에 율곡은 격려하기도 하고, 근심을 함께하기도 하면서 공부에 가일층 집중하도록 당부했다. 이때 위의 율곡의 질문에 대해서 유생 오결(吳潔)은 다음과 같이 대답했다.

> "서재나 집안에 있으면 스승과 친구, 부형(父兄)이 있기 때문에 마음으로 항상 공경하고 두려워하여 방심할 일이 없는데, 밖에 나가면 농담도 하고 웃어 대기도 하여 자연히

느슨해지게 됩니다. 때로 근심스러워서 생각해 보면 온몸이 오싹 떨려서 진정할 수 없습니다." —「어록」

학당과 집에서는 자신의 행동을 규제하는 스승과 친구와 부형이 있기 때문에 마음에 사특한 생각이 일어나지 않지만, 밖에 나가면 아무도 제재하는 이가 없어서 행동을 함부로 하게 되는 경우가 있음을 오결은 고백하고 있다. 오결의 이러한 답변은 대단히 솔직하다고 할 수 있는데, 수양이 부족한 많은 학생들이 일상에서 늘 저지르는 잘못에 해당한다. 이러한 오결의 대답에 율곡은 심히 걱정하며 엄격한 교훈을 내린다.

"이것이 무슨 말인가! 학문을 하는 길은 학당 안에 있거나 밖에 있거나를 막론하고 모두 꾸준히 힘써 노력해야 한다." —「어록」

공부하는 학당에서나 학당을 벗어난 곳 어디서나 한결같이 학문하면서 체득한 올바른 행위를 일관되게 실천해야 한다는 것이 율곡의 가르침이다. 학생들의 경우에는 수양이 부족하기 때문에 유혹에 쉽게 흔들릴 수 있고, 마음을 바르게 유지하기가 쉽지 않을 수 있지만, 자신의 공부가 약화되지 않도록 진심으로 노력할 필요가 있다. 특히 스승이나 친구 그리고 부형의 제재나 감시로 인해서 덕행을 하게 되고, 그 감시가 없는 경우에는 방만해지고 악행을 하게 된다면 이는 자율적인 덕 실천의 행위가 아니라, 타율적인 강제나 심리적인 압박에 의해서 행위를 절제하는 것에 불과하므로 율곡은 오결의 대답에 엄중하게 교훈을 주고 그의 잘못을 일깨운 것이다.

학생들이 스스로 선을 실천함으로써 덕을 함양할 수 있도록 하는 교육을 지향한 율곡은 제자들의 일상생활에서의 선행(善行)과 학습에 관심이 많았다. 율곡은 제자 이성춘이 덕 함양에 흠결이 있다는 점을 발견하고는 어느 날 그에게 말했다.

> "요즘 들으니, 네가 다른 사람으로부터 잘하라는 책망을 듣고 수긍하지 않는 기색이 있다고 하는데 이것이 무슨 뜻이냐? 나를 책망하는 이가 있으면 반드시 스스로를 돌이켜 반성하여 나에게 참으로 책망할 만한 소행이 있다면 그 사람의 책망이 지나쳤더라도 마음속으로 나를 책망하여 잘못을 고치는 것을 꺼리지 않아야 할 것이니 어찌 나를 책망하는 사람을 그르다고 할 것인가?" —「어록」

제자 이성춘은 율곡의 질타가 못마땅했는지, 말을 듣고는 곧바로 일어나면서 "어찌 감히 가르침을 받들지 않겠습니까?"라고 말하며 황급히 자리를 피했다.

율곡은 유생들의 공부에 진척이 없고, 서당에서 공부할 때 규범을 제대로 준수하지 않는 점을 염려하던 차에 「학교모범」을 짓게 되었다. 「학교모범」은 조선의 대표적인 교육기관인 성균관(成均館)·사부학당(四部學堂)·향교(鄕校)에서 학생들을 가르치는 교육의 표준을 제시한 규범서이다. 그는 「학교모범」 서문에서 "제자는 마땅히 올바른 도리를 지켜 행해야 되고, 스승은 더욱이 법규로써 먼저 자신을 바로잡아 이끄는 도리를 다해야 할 것"이라고 이 규범의 의미를 강조했다. 이 점에서 「학교모범」은 학생들이 준칙으로 삼아야 할 핵심 규범이며, 인격적으로 학생들의 모범이 되어야 할 교사도 마음에 새겨야 할 규범이라는 점에서 학생과 교사가 모두 존중해야 할 학교 공동체의 이상적인 규범이라고 할 수 있다.

「학교모범」에서 제시되는 16개 조목은 '뜻을 세움', '몸을 단속함', '책을 읽음', '말을 신중히 함', '마음을 잘 보존함', '부모를 섬김', '스승을 섬김', '벗을 가려서 사귐', '가정에 기거함', '다른 사람을 응대함', '과거(科擧)에 응시함', '의(義)로움을 지킴', '충(忠)을 숭상함', '경(敬)을 돈독히 함', '학교에 기거함', '독서하는 방법'으로 구성되어 있다. 이 조목들은 개인 윤리, 학교 윤리, 가정 윤리, 사회 윤리라는 네 가지 핵심 범주로 집약될 수 있다. 학생들이 학당에서 공부하며 닦아야 할 근본적인 규범으로 제시되고 있는 이 네 가지 범주는 율곡이 지향하는 성인(聖人) 즉 온전한 인격 형성이라는 목표에 부합하는 것이다.

「학교모범」은 학생들이 자율적인 인성 함양을 지향하는 교육 규범을 제시하고 있는데, 그중에서 몇 가지 규범을 선별하여 간략히 살펴보면 다음과 같다.

○ 제5조목 - '마음을 잘 보존함[存心]'

"배우는 자가 몸을 닦으려면 마음을 바로잡아 외물(外物)의 유혹을 받지 않아야 한다. 그런 뒤에야 마음이 안정되어 온갖 사사로움이 물러나서 진실한 덕에 나아갈 수 있다. 그러므로 배우는 자가 먼저 할 일은 마땅히 마음을 가라앉히고 본래의 선한 마음을 간직하여 조용한 가운데에서 흐트러지지도 않고 도리에 어둡지도 않음으로써 근본을 세우는 것이다. 한 가지 생각이 생기면 반드시 선악의 기미를 살펴 그것이 선일 때에는 그 뜻을 탐구하고, 그것이 악일 때에는 그 싹을 잘라서 본래 마음을 간직하고 본성을 기르며 성찰하여 노력이 끊이지 않으면 모든 언동(言動)이 도리에 부합된다."

○ 제10조목 - '다른 사람을 응대함[接人]'

"배우는 자가 우선 가정을 바로잡고 나서는 남을 대할 때 한결같이 예의를 준수해야 한다. 어른을 공손히 섬기고, 어린이는 자애(慈愛)로써 보살펴 주어야 하고, 친족에게는 돈독하고 화목하며, 이웃을 사귐에는 즐거움을 줄 수 있도록 하고, 덕(德)과 학업을 서로 권장하고, 허물은 서로 바로잡고, 혼인과 장례 때 서로 돕고, 어려운 일은 서로 도와서, 언제나 남을 구해 주고 남을 이롭게 할 생각을 가져야 하며 남을 해치려는 생각은 조금도 마음에 두지 말아야 한다."

○ 제12조목 - '의로움을 지킴[守義]'

"배우는 자에게는 의(義)와 이(利)를 밝게 분별하는 것보다 더 중요한 것이 없다. 의(義)란 것은 자기 이익을 위해서 하는 것이 아니다. 조금이라도 자기 이익을 도모하려는 목적으로 의를 행한다면 이는 도둑의 무리가 하는 행위와 같은 것이니, 어찌 경계해야 하지 않겠는가? 선을 행하면서 명예를 구하는 자 또한 자기 이익을 위하는 것에 불과하니, 군자는 그것을 도둑질보다 더 심한 것으로 본다. 불선(不善)을 행하면서 이득을 보겠다는 자는 말할 것도 없다. 배우는 자는 털끝만큼이라도 자기 욕심을 채우려는 생각을 마음에 두어서는 안 된다. 옛사람은 부모를 위한 노역이라면 품을 팔거나 쌀을 짊어지기도 했지만 그 마음은 항상 깨끗하여 이욕(利慾)에 물드는 일이 없었는데, 오늘날의 선비는 온종일 성현의 글을 읽으면서도 오히려 이욕을 버리지 못하니 슬프지 않겠는가? 그리고 재물을 물리치거나 받거나 가지거나 주거나 할 때는 언제든지 그 정당성을 살피고, 이익이 되는 것을 보면 의리에 맞는가를 생각해야 하고 조금이라도 도리에 어긋나서는 안 된다."

○ 제14조목 - '경을 돈독히 함[篤敬]'

"배우는 자가 스스로 덕에 나아가서 학업을 닦는 핵심 방법은 오직 경(敬)을 돈독히 하는 데 있다. 경(敬)하기를 돈독하게 하지 않으면 이는 단지 빈말일 뿐이다. 반드시 마음과 행동이 하나같이 일관되게 해야 한다. 말에는 본받을 만한 교훈이 있고 행동에는 법도가 있으며, 낮에는 하는 일이 있고 밤에는 얻는 것이 있다. 눈 한 번 깜짝하는 사이나 숨 한 번 쉬는 동안에도 본래 마음을 간직하고, 선한 본성을 함양하는 공부를 오랫동안 계속하더라도 그 효과를 조급하게 구하지 말고 오직 날마다 쉬지 않고 힘쓰다 죽은 뒤에야 그만두는 것이니 이것이 유학 공부의 참의미이다. 만일 이것에 힘쓰지 않고 다만 해박한 것을 논하고 이야기하는 것을 자신을 꾸미는 도구로 삼는 자는 선비의 적(敵)이니, 어찌 두려워하지 않겠는가?"

율곡의 「학교모범」은 자율적인 덕을 함양하는 교육의 모범으로서, 주옥같이 가치 있는 내용을 제시하고 있다. 인간이 가진 선한 마음을 잘 보존하면서 사욕을 경계하며 선을 실천하여 덕을 닦아 나가고[存心], 다른 사람과의 인간관계에서 예의와 존중과 이타(利他)를 실천해야 하며[接人], 자기 이익을 염두에 두지 말고 순수하게 올바른 도리를 실천해야 하며[守義], 스스로 덕을 닦음으로써 올바른 도리를 일관되게 실천하는 경을 돈독히 해야 한다[篤敬]는 것을 율곡은 덕 함양 교육에서 긴요한 조목으로 삼고 있다. 이러한 덕 함양의 공부는 좋은 인격을 형성하는 길이며, 가치 있는 인생을 살 수 있게 하는 길이기도 하다. 이 공부를 배제한 채로 참된 인간의 길, 인생의 길을 가려고 하는 것은 오늘날에도 어불성설(語不成說)이라고 단언할 수 있을 것이다.

지금 우리 학교에서는 학생들의 공부 성과를 모조리 등수, 내신, 등급으로 환산하고 이에 대해서 학생들을 격려하기도 하고, 질책하기도 한다. 오로지 지필시험 점수에 학생들의 인격과 인생이 달려 있다고 세뇌하는 것이다. 우리 시대에는 율곡이 지향한 바와 같은, 좋은 인격을 형성하고 윤리적인 행위를 잘할 수 있는 덕을 학교에서 함양하기를 기대하는 것은 헛된 희망에 불과하다. 실제로 지금의 우리 학교에서는 사실상 반(反)윤리 교육, 반(反)인성 교육을 시행하고 있을 따름이다. 왜 그런가? 우리는 학교에서 윤리시험 만점을 받은 학생이 윤리적인 행위를 누구보다 잘할 수 있어야 한다는 기대를 하지 않는다. 윤리 공부는 대학을 가기 위한 수단이며, 인성 교육은 학교를 선전하고 위장하기 위한 방편에 불과하기 때문이다. 점점 거칠어지고, 이기적이 되어 가며, 황금만능주의에 물들어 가는 우리 학생들의 모습은 우리 시대 기성인들의 삶의 자화상(自畫像)을 보여 주는 거울이다. 율곡의 「학교모범」은 학교 공부를 통해서 마음이 유덕해지고, 아름다워지는 그런 교육의 가치를 그리고 있다. 율곡은 학생들이 진정으로 가치 있고 행복한 삶을 영위할 수 있는 그런 교육의 길을 열어 주려고 한 것이다.

3
교사의 가르침을 비판적으로 사유함

"교육은 교사의 질을 넘어설 수 없다."라는 말이 있을 정도로 교육에 있어서 교사의 중요성은 아무리 강조해도 지나치지 않다. 교사는 학생들에게 교육의 빛이며, 인생의 등불이 되는 존재이다. 그렇기에 좋은 교사의 존재는 교육의 성패를 가름한다고 할 수 있다. 율곡은 이러한 관점을 간결하게 언급한다.

> "교화하는 방법은 스승[師]을 가리는 것보다 우선할 것이 없다." —「학교모범」

율곡은 교육에서 가장 중요한 주체는 교사라고 생각하면서 어떻게 교사를 대해야 하고, 어떻게 좋은 교사를 선발해야 할지 구체적인 방안을 제시했다. 왜냐하면 율곡은 당시 조선의 교육에 큰 문제가 있다고 인식했으며, 그 문제의 핵심 가운데 하나가 바로 교사의 문제라고 판단했기 때문이다.

> "사도(師道)가 끊어지고 교화가 밝지 못하다. 따라서 선비

의 습속이 경박해지고 양심이 마비되어 헛된 명성만을 숭상하고 실행에 힘쓰지 않아서 위로는 조정에 인재가 부족하고 벼슬에 빈자리가 많으며, 아래로는 풍속이 날로 퇴폐하고 윤리 기강(紀綱)이 무너지고 있다." —「학교모범」

교사들의 품격이 무너지고 참된 교육정신이 붕괴되었음을 율곡은 '사도(師道)가 끊어졌다.'라고 표현하고 있다. 교사가 무너지는 것과 같은 교육의 기본이 붕괴되면 사회의 모든 것들이 바르게 자리잡을 수 없다는 것이다. 사도가 끊어졌으므로 올바른 교육이 이루어지지 않고, 유생들의 양심이 마비되고, 헛된 명예만을 추구하고 윤리 실천에는 관심이 없으니, 국가에는 쓸 만한 인재가 없으며, 풍속이 퇴폐해지고, 사회의 윤리가 붕괴되는 현상이 초래되는 것이다. 이러한 문제의 근본이 바로 교사의 문제라고 율곡은 직시하였다.

왜, 어떤 연유로 사도가 끊어진 것일까? 조선에는 유학자들이 셀 수 없이 많은데 교사의 문제가 이렇게 심각한 것은 무엇 때문일까? 율곡은 말한다.

"근래에 훈도(訓導)를 임명할 때 자격을 가리지 않고 청탁(請託)에만 따르므로 스승의 자리가 가난한 선비의 밥벌이 수단이 되고 말았다. 그러므로 훈도의 이름이 천(賤)하게 되어 비웃고 조롱하는 데까지 이르렀다." —「학교모범」

교사가 될 만한 역량을 갖추지 못한 사람들이 그저 밥벌이 수단을 얻을 요량으로 재물로 청탁(請託)해서 교사 자리를 차지하는 것이 일상화되었던 상황을 율곡은 직접적으로 비판하고 있다. 교육에 대한 소명의식도, 교육 능력도 없는 사람들이 교사 자리를 차고 앉아 있으니 교사가 사람들의 조롱거리가 될 수밖에 없고, 이러한 실정에서는 제대로 된 교육이 불가능했을 것이다. 그러므로 율곡은 교육에 있어서 가장 중요한 일은 좋은 교사를 세우는 일이라고 판단하고, 교사 선발을 위한 개혁의 필요성을 천명한다. 율곡은 「학교모범」에서 교사를 선발하는 방책을 제시하면서, "학문과 덕행이 있어서 다른 사람으로부터 높이 받듦을 받아 사표(師表)가 될 만한 자를 해마다 중앙에서는 한성부(漢城府)와 5부에서, 지방은 감사(監司)와 수령(守令)들이 착실하게 듣고 보아서 그 실상을 파악하여 명단을 적어 올리면 왕의 재가를 얻어서 임명해야 한다."라고 하였다.

우리가 주목할 점은 교사는 바로 '사표(師表)'라는 점이다. 진정한 스승은 '학문'과 '덕행'이라는 두 가지 측면에서 모두 탁월해야 한다. 여기서 율곡이 지칭하는 학문은 이론적 공부이며, 덕행은 그 이론에 입각한 덕의 실천을 의미한다. 교사는 교과적인 교수 능력의 탁월성과 인격적으로 유덕함을 갖추어야 한다는 점을 율곡은 강조하고 있다. 이에 따라 교사가 될 사람을 학문과 덕행을 기준으로 신중하게 선별하여 왕의 승인을 받아서 결정해야 한다는 것이다.

좋은 교사가 선발되어 그 직책을 수행하고 있다면 학생들은 어떻게 교사를 대해야 하겠는가? 율곡은 교사에 대한 존중 규범을 상세하게 제시한다.

> "배우는 자가 참된 마음으로 도에 뜻을 두었다면 반드시 먼저 스승 섬기는 도리를 잘해야 한다. 사람은 왕·스승·부모 덕택에 태어나고 살고 배우게 되므로 섬김을 대등하게 해야 하니, 어찌 마음을 다하지 않을 수 있겠는가? 함께 거하면 아침저녁으로 뵙고, 따로 있으면 수업을 받을 때 뵙고, 초하루와 보름에는 함께 모여서 예(禮)를 행한 다음에 두 번 절하고 뵙는다. 평상시에 모시고 받듦에 존경을 다하고, 교훈을 돈독히 믿어서 항상 명심하고 잊지 말아야 한다." —「학교모범」

배움은 스승에게 배우는 것으로부터 시작한다. 그러므로 스승에 대한 예(禮)를 실천하는 엄중한 규범을 갖추고 있어야 함을 율곡은 강조하고 있다. '군사부일체(君師父一體)'에 근거하여 스승에 대한 태도를 논하는 율곡의 입장은 '스승의 그림자도 밟지 않는다.'는 우리 전통 사회에서의 교사에 대한 예의를 떠올리게 한다. 특히 율곡은 당시에 교사들이 관리들로부터 천대받고 부림을 당하는 일을 지적하면서 교사에 대한 존중과 교권(敎權)의 강화를 구체적으로 제시한다.

> "자격을 엄정히 선별하여 학교의 스승을 정했으면 예(禮)에 맞도록 대우하여 자신의 교직을 무겁게 여기는 선비가 그 직분에 만족토록 해야 한다. 감사(監司)와 수령은 교사를 늘 우대해야 한다." —「학교모범」

관리(官吏)들이 교사들을 폄하하고 천시하는 행태를 문제 삼으면서, 교사들을 예의로 대해야 한다고 율곡은 주장하고 있다. 또한 국명(國命)을 받아 지방에 오는 신하도 교사를 예우하고 존중해야 한다는 점을 명시하고 있다. 사신이나 관리를 맞이할 때 교사를 하대(下待)하여 말[馬] 머리에 세워 두는 악습도 없애야 한다고 주장했다. 이와 같이 율곡은 교사 존중의 법도를 새롭게 할 것을 권고한다. 그 이유는 교사들이 직분에 자부심을 가지고 교직에 충실할 수 있도록 자존감과 사기를 높여 주어야 하기 때문이다. 율곡은 교사를 진심으로 존중하는 것은 교사들이 인성 교육이라는 중차대한 직분을 더 엄정하게 수행하도록 면려하는 데 그 본의가 있음을 강조하고 있다.

조선은 유교문화 사회였기 때문에 스승에 대해서는 엄격한 존중의 규범만 따를 뿐 제대로 된 질문도 하지 못하고, 또 스승의 가르침에 잘못이 있다고 하더라도 문제를 제기하지 못했을 것이라고 생각하는가? 이는 사실과 명백하게 다르다. 율곡은 학생들이 스승에 대해서 어떠한 생각과 태도를 가져야 하는지를 분명하게 말하고 있다.

> "만일 스승의 말씀과 행하는 일에 의심나는 점이 있을 때는 조용히 질문하여 그 옳고 그름을 가려야 하며, 곧 자기의 사견(私見)으로 스승을 비난해서는 안 된다. 또는 의리를 생각하지 않고 스승의 말만을 맹목적으로 믿어서도 안 되며, 봉양하는 정도에 있어서는 힘에 따라 성의(誠意)를 극진히 하여 제자의 직분을 다해야 한다." —「학교모범」

교사가 가르치는 내용에 '의심'이 있는 경우는 그 옳고 그름을 가려야 한다는 것이 핵심이다. 교사가 가르치는 내용이 옳지 않음에도 그대로 따르는 것은 바람직한 배움의 태도가 아님을 율곡은 유의시키고 있다. 다만 의도적으로 교사를 비난하려고 하거나 존중하지 않는 태도를 지녀서는 안 된다고 강조한다. 율곡의 입장은 진리 탐구에 있어서 학생은 교사의 교육 내용에 대해 비판하고 바로잡을 수 있어야 한다는 것이다.

이와 같이 율곡은 교사가 가르치는 내용을 학생들이 맹목적으로 믿어서는 안 된다는 입장을 취한다. 즉 교사의 가르침의 참된 의미를 헤아리면서, 그 오류 가능성도 염두에 두면서 자신의 학문을 연마해야 한다는 것을 일깨운다. 이러한 율곡의 입장은 오늘날의 교사들에게서도 쉽게 발견하기 힘든 매우 겸허하고 열려 있는 마음을 논하고 있다는 점에서 진리를 대하고 교학(敎學)에 임하는 태도가 어떠해야 하는지를 명확하게 보여준다고 할 것이다. 스승과 학생의 관계에서 학생이 스승을 모시고 공부하는 본질적인 이유는 학습과 깨우침에 있기 때문에 교사의 잘못된 가르침에 대해서는 그 시시비비(是是非非)를 확실하게 가려야 하며, 또한 교사의 말을 비판적으로 사유할 수 있는 태도를 지녀야 한다고 강조한 점에서 우리는 율곡이 견지하고 있는 참된 교학의 정신을 읽을 수 있다.

나는 교양과목 강의 시간에 학생들의 자율적인 문제 제기와 응답을 자연스럽게 유도하기 위해서 애를 쓴다. 어느 학기에 '이어령의 한국인론'을 주제로 한 강의에서 내가 한국인의 윤리관에 대한 이어령의 관점을 비판한 후, 학생들에게 나의 관점을 자유롭게 비판해 보라고 했다. 몇 명의 학생이 자신의 의견을 제시했는데 그중 한 학생의 발표가 특히 주목을 끌었다. 내가 보기에 그 학생의 발표 내용은 논리의 비약이 심했다. 그래서 학생들도 의아해하는 표정을 지었다. 나는 그 학생 발표의 논리적 문제점을 분명하게 지적했다. 이후 수업을 진행하는 중에 그 학생을 보니 다소 의기소침해하는 것 같았다. 그때 내가 저지른 실수를 깨달았다. 선생으로서 나는 그렇게 곧바로 학생의 견해를 논박해서는 안 되었다. 나는 즉시 그 학생에게 공개적으로 사과하고 수강 학생들에게 내가 부족했다고 말했다. 율곡이 보았다면, 나는 좋은 교육을 하는 데 미숙함이 많은 선생일 것이었다.

4
인성 교육 역량 함양을 위한 교사 평가

좋은 교육을 시행하기 위해서라는 명분으로 처음으로 학교교육에서 교사 평가 제도 도입이 논의되었을 때, 여러 가지 이유로 반대가 심했다. 그러다가 대학에서 가장 먼저 교수들의 '강의 평가'가 시행되었는데, 그 시행 초기에는 우려와 기대가 교차했던 것이 사실이다. 강의 평가를 시행한 지 십수 년이 지난 지금 생각해 보면, 강의에 대한 학생들의 비교적 객관적인 평가가 이루어지고, 이에 따라 교수들이 자기 수업에 대해 지속적으로 개선해 나갈 수 있었다는 점에서 문제점보다는 긍정적인 점이 더 많다고 생각된다. 그러나 대학과는 달리 중고등학교에서의 교사 평가는 여전히 적지 않은 문제를 함의하고 있어서 교사 평가 제도 개선의 여지가 많다고 할 수 있다.

조선시대의 율곡은 교사 평가의 실시를 과감하게 주장했다. 율곡이 제기한 교사 평가는 어떠한 것인가? 그의 입장을 살펴보자.

"매년 감사(監司)가 직접 가서 그 성적을 살펴서, 단지 유생만을 시험하고 훈도는 시험하지 말아야 한다. 만일 유생으로 하여금 도학을 숭상할 줄 알게 하고 몸가짐을 바르게 하고 그 행실을 잘 검속하거나 독서함에 있어서 궁리(窮理)에 힘쓰도록 했다면 공적이 상급이요, 유생으로 하여금 독서를 게을리하지 않게 하고 행실에 잘못이 없게 하며 비록 과거(科擧)를 중시하는 속습(俗習)을 면하지 못했더라도 출세에 뜻을 빼앗기지 않게 했다면 그다음이요, 유생으로 하여금 글의 뜻을 잘 이해하게 하고 글을 잘 짓게 했다면 또 그다음이다." —「동호문답」

율곡이 제시한 교사 평가의 실제는 교사를 직접 평가하는 것이 아니라, 교사가 가르친 학생들의 교육 성과를 평가하는 것을 중심으로 한다. 그리고 그 평가의 준거는 학생들의 덕행(德行) 실천 여부에 있다. 즉 인성 함양 중심의 학생 성취도 평가 준거를 제시하고, 가르친 유생의 덕행이 어떠하냐에 따라 교사의 구체적인 등급을 결정하는 것이다.

먼저, 최우수 교사는 가르친 유생들이 유학을 숭상하고 잘 실천하여 덕행이 뛰어나면 곧 1등급에 해당하는 최상의 교사로 평가받게 되는데, 이는 교사 평가에서 도덕 실천적 인성 교육의 성취 여부가 가장 핵심임을 의미한다. 다음으로, 2등급의 교사는 가르친 유생들이 독서도 잘하고, 행실에 문제가 없으며, 과거(科擧) 공부를 중점으로 하되, 자신의 이름만을 떨치기 위해서 공부하는 것이 아니라면 그다음 공적으로 평가받는다. 마지막으로, 가르친 유생들이 단지 글을 잘 짓는 데만 능통하다면 그 교사는 좋게 평가받을 수 없다. 유생들이 작문이나 논술을 잘하는 것도 교육 성과의 한 단면이라고 할 수 있지만, 덕행은 무시하고 논술과 작문에만 출중한 학생을 배출한 교사는 3등급이라는 가장 낮은 평가를 받게 되는 것이다.

이와 같이 율곡은 인륜의 실천과 덕행을 유생들의 공부와 교사 평가에 있어서 가장 중요한 준거로 삼고 있다. 당시의 교사 평가는 대체로 교사가 가르치는 유생의 경전 학습 성취도를 중심으로 이루어졌으나, 율곡은 경전의 암송이 근본적으로 중요한 것이 아니라 경전을 통해서 배운 유학의 가르침을 유생들이 생활 속에서 어떻게 실천하고 있느냐 하는 행적(行的)인 측면의 평가를 중시한 것이 특징이다. 이러한 율곡의 교사 평가의 입장은 교육에 있어서 인성 함양 중심의 교육과 그 평가를 강조한 것이다.

율곡이 제기한 교사 평가의 핵심을 분석해 보면, 그 본질이 인성 교육의 실현에 있었다는 점을 알 수 있다. 이에 율곡은 모범적으로 덕을 실천하는 인격적인 교사가 인성 교육을 실시해야만 한다고 주장한다.

"선비 된 사람은 모두 덕과 의(義)를 존숭해야 할 것이니 이렇게 하면 문예(文藝)만을 일삼지 않고, 모든 백성들도 덕과 의를 존숭하고 사방에서 이를 따를 것이다." —「동호문답」

덕성을 잘 갖춘 인격적인 교사가 인성 교육을 시행할 때, 유생들이 인의예지(仁義禮智)의 도리를 다하는 인재로 성장할 수 있으며, 사회에서는 교사가 덕행의 모범으로서 감화(感化)를 일으켜 윤리적인 삶을 영위하도록 하는 데 기여할 수 있다. 유덕한 교사의 모범적인 자기 처신과 수월한 인성 교육의 실현은 인성 교육을 바로 세우며, 사회적인 측면에서는 윤리적 성숙을 가능케 하는 중요한 의미를 갖는다고 율곡은 인식하고 있다. 이 점이 바로 율곡이 스스로 유생들을 가르치는 교사로서 최선을 다하고, 사회에서 다른 사람들에게 도덕적인 모범이 되고자 노력한 연유이다.

율곡은 교사 평가를 엄격하게 했으면 이에 합당한 상벌을 부과해야 한다고 주장한다. 즉 최상의 교사에게는 상(償)을 주고, 관직을 내리며, 재정적인 지원을 하는 등 평가 등급에 따라서 적절하게 포상하는 방책을 제시했다. 특히 비리를 저지르고, 학생들을 착취하는 교사는 법에 따라 엄정하게 처벌해야 한다고 강조한다.

"탐욕이나 부리고 학생으로부터 재물을 갈취하려고 못된

짓을 하는 교사는 법에 따라 엄중하게 죄를 다스려야 한다." —「동호문답」

율곡은 교육을 빙자해서 학생들을 착취하는 교사들을 법에 따라 엄하게 응징해야 한다는 규범을 제시함으로써 교사들이 스스로 자기 도덕성을 높이 세우면서, 사욕을 버리고 학생들을 위한 교육에 전념해야 한다는 점을 각성토록 한 것이다. 배우는 사람들이 교사를 통하여 좋은 인성을 함양하고, 좋은 삶을 살 수 있는 능력을 함양하는 것을 교사의 참된 소명으로 삼아야 한다는 율곡의 교육 정신은 곧 교사가 유생들에게 참된 인생의 스승이 되어야 한다는 점을 보여 준다.

내가 좋아하는 한 후배 남자 평교사가 몇 년 전에 '대통령상'을 받았다. 훌륭한 교사로 평가받은 것이다. 내가 30여 년간 보아 온 바에 따르면, 이 선생님은 학생들을 위해 헌신적으로 노력하는 유덕한 참스승이었기에 포상이 타당하다고 여겼다. 그런데 그해에 대구에서 총 네 명의 교육자가 대통령상을 받았는데, 이 후배 선생님을 제외한 세 명이 모두 교장이었다. 그런데 듣자하니, 통상적으로 포상 대상자 중 평교사가 한 명도 없는 경우가 다반사이며, 주로 교장이나 관리직 중심으로 포상이 이루어진다는 것이다. 직접 학생들의 교과 수업과 생활 지도를 담당하며 고생하는 교사를 제쳐 놓고 학교 행정 업무를 수행하는 교장들이 큰 상을 받는 이러한 교육계의 문화는 평교사를 경시하고 홀대하는 비루한 습속이라고 생각되었다. 나는 진심으로 그 후배 선생님의 참스승다운 인격과 능력에 깊은 존경심을 표하고 축하했다. 교육에 바른 뜻을 가지고 학생들과 직접 대면하여 교육을 실천하는 평교사가 교육계에서 가장 존경받는 문화가 정착되기를 소망하며 율곡의 교육에 대한 철학을 마음에 새겨본다.

5
교사, 인의(仁義) 실천 교육의 모범

학생들이 공부를 게을리한다면 교사는 어떻게 학생들을 더욱 공부에 분발하도록 할 것인가? 공부에 힘을 쏟지 않는 학생에게 벌을 내리거나, 공부에 전력하는 학생에게 상(賞)을 주는 방법을 쓸 수도 있지만 이는 수준 낮은 방법임이 분명하다. 교사가 학문과 실천에서 학생들에게 모범이 되는 것이 가장 중요하다고 여겨진다. 율곡은 학생들이 인격 형성을 위한 공부에 전력할 수 있도록 하려면 교사 스스로가 공부에 정진하고 올바른 도리를 솔선수범해야 한다고 여겼다. 율곡은 말한다.

> "배우는 사람 모두가 학문함에 있어서 그 공부의 효과가 없는 것은 무슨 까닭인가? 이는 자기 욕심을 스스로 극복하지 못하기 때문이다. 지금부터 나는 몸을 검속하는 공부를 갑절로 할 것이니, 제군들도 더욱 착실하게 공부해서 물러서는 뜻이 없도록 하여 다른 사람들의 비웃음을 사는 일이 없게 하라." —「어록」

율곡은 유생들이 은병정사(隱屛精舍)에서 공부할 때 어떠한 마음가짐을 가져야 할지를 일깨워 주고 있다. 은병정사의 교육은 도덕 실천의 인성 교육이 주된 방향이 되고 있다. '율곡에게 배우고자 하는 학도(學徒)들이 모여들어 자리가 없을 정도였다.'고 할 만큼 은병정사는 번성했다. 심지어는 율곡의 학문을 배우기 위해서 호남 지방에서 온 유생들도 있었다. 이 은병정사는 율곡이 세상을 떠난 후인 1610년에 소현서원(紹賢書院)이라는 사액(賜額)을 받음으로써 서원으로 그 위상을 세우고 더욱 체계적인 교육을 수행하게 되었다.

퇴계가 도산서당을 세우고 제자 교육에 진력했듯이 율곡도 은병정사를 설립하고 여기서 가르치면서 교사로서의 소임을 담당했다. 이러한 율곡의 입장은 관직에 있을 때는 백성을 위한 인도적(仁道的) 책무를 다하고자 하였고, 관직에서 물러나서는 제자 교육을 통해서 후학을 양성하는 것을 지식인의 의무로 여겼기 때문이다. 즉 지식과 학문은 오직 자기에게 머물고 그쳐서는 안 되며 전승하고 확산하여 더욱 일깨워 주고 발전케 해야 한다는 인식을 가진 것이다. 이 점에서 우리는 지식인의 사회적 책무를 엄중하게 여기는 율곡의 선비정신을 읽을 수 있다.

율곡은 학생들이 공부한다고 하면서 하릴없이 시간만 보내고 세월만 허비함으로써 다른 사람의 비웃음을 사는 것을 엄중하게 경계하고 있다. 그리고 율곡은 한 사람의 교사로서 그리고 기본적으로는 한 사람의 공부하는 학인(學人)으로서 유생들의 인성 함양 공부를 더욱 권면하기 위한 방법으로 자신이 솔선수범하여 유학 실천 공부에 더욱 정진하겠다는 자세를 천명하였다.

"지금부터 나는 몸을 검속하는 공부를 갑절로 할 것이다!"

학생들의 인성 함양 공부의 효과가 미미한 것은 교사로서 율곡 자신이 공부하는 모범을 제대로 보이지 못했기 때문이라 여긴 듯하다. 학생들은 교사의 거울, 부모의 거울, 사회의 거울이라고 할 수 있다. 대개의 경우에 학생들은 보고 들은 만큼 그리고 자신이 배운 교사의 품성만큼 커 간다고 할 수 있다. 이 점을 율곡은 냉철하게 각성하고 있었다. 그렇기에 학생의 인성 공부의 효과를 논하면서 먼저 자신의 유학 공부, 윤리 공부의 철저함을 반성하고 있는 것이다. 율곡 자신이 학생들에게 도덕적인 모범이 되지 못하고, 인성 공부의 모범이 되지 못했기에 학생들이 공부에 진력하지 못하고 인격적인 진보를 이루지 못한 것이라고 자신을 질책한 것이다. 그러므로 학생들 앞에서 먼저 자신의 윤리적 모범과 더욱 성실한 인성 공부를 다짐하였다.

오늘날 학생들에게 인격적인 모범이 되는 사람, 학생들이 인격 형성 공부를 함에 있어서 따르고 존경할 만한 선생님이 얼마나 있는지 물어보는 것은 율곡의 교육자로서의 삶의 자세를 마음에 새기려는 우리의 진실된 모습일 것이다. 우리는 학교에서 그리고 사회에서 학생들이 비윤리적인 행위를 하거나 도덕적인 일탈을 일삼는 경우에 먼저 그 학생들을 질타하면서 처벌하려고 한다. 이러한 상황에서 나는 묻고 싶다. 도대체 우리 교육이, 우리 사회가 학생들에게 얼마나 윤리적·인성적인 모범을 보여 주고 있느냐고.

살아가면서 닮고 싶은 스승이 있고, 선각(先覺)이 있다는 것은 학생들과 후학들의 삶에 매우 중요하다. 아마도 은병정사의 학생들은 율곡의 그 엄정한 자기반성과 솔선수범하는 모습을 접하면서 인성 함양 공부에 대한 뜨거운 의지를 다졌을 것이다. 율곡은 좋은 스승, 좋은 인간으로서 학생들의 인격 형성 공부에서 모범이 되었을 것이기에 말이다. 우리도 그렇다. 지금 우리 교육의 실상을 보면 오로지 지식 교육·경쟁 교육만을 학생들에게 강조함으로써 인성 교육이라는 교육 이념은 그저 그럴듯한 형식이나 장식에 불과하다. 학생들의 인성이 어떻다, 태도가 어떻다고 탓하기 전에 선생님들은 학생들에게 인격적인 모범이 되고 있는지 성찰해야 하지 않을까? 그것이 스승으로서의 기본 태도가 아닐까?

참된 스승이 되지 못하고 있는 나 자신을 질책하며, 또한 한편으로는 참된 스승이 구름같이 일어나기를 기다리며, 조선의 불교 지성인 초의(艸衣) 의순(意恂) 선사(1786~1865)의 시문집인 『초의시집(艸衣詩集)』에 실린 그의 글을 새겨본다.

「탁옹(籜翁) 선생께 삼가 드리다」

참된 기풍 멀리 사라지니
큰 거짓이 일어나는구나
골목마다 헛된 선비들 가득해도
천 리 안에 현인은 하나도 없네
……
이러하니 나의 도를 행하려 해도
물어볼 사람조차 없네
난초 향기 나는 군자의 거처를 찾아다녀 봤지만
죄다 비린내 나는 생선가게뿐이네
남쪽으로 온 고을 다 돌아다니느라
청산(靑山)의 봄을 아홉 번이나 흘려보냈네

어느 외국어 고등학교의 교사가 수학 수업 시간에 몇몇 학생들에게 칠판에 문제를 풀게 했는데, 한 학생이 당황해서 문제를 제대로 풀지 못하고 머뭇거렸다. 이에 교사는 그 학생의 뺨을 후려쳤다. 여러 학생 앞에서 치욕을 당한 그 성실하고 우수하고 조용한 성품의 학생은 결국 며칠 뒤에 자퇴를 했다. 그 학생은 후에 검정고시를 보고는 사범대학에 진학했는데, 진학 동기가 '정말 좋은 선생님, 존경받는 선생님이 되고 싶다.'는 것이었다. 십여 년도 훨씬 전의 일이지만 지금도 잊히지 않는다. 비린내 진동하는 교사에게 모욕을 당한 그 학생은 지금 경기도의 한 고등학교에서 학생들을 진심으로 사랑하면서 존경받는 선생님으로 교직에 몸담고 있다.

내가 고등학교 1학년 시절에 겪은 사건이 지금도 생생하다. 소풍날 한 선생님이 소주병을 들고 와서 마치 과시하듯이 반 학생들 앞에서 그대로 술을 들이켜는 대담하고 반교육적인 행태를 보임으로써 학생들을 경악하게 했다. 지금도 교사의 도덕성 문제가 드물지 않게 언론에 보도되지만, 대학 교수들의 도덕성 문제도 만만치 않다. 우리 한국의 대학에 도덕성을 얼마나 기대할 수 있을까? 율곡이 지향한 인의(仁義) 실천 교육의 모범이 되는 스승은 어디에 있는가?

김수환 추기경같이 신앙과 자비의 마음이 삶에 그대로 녹아났던 분, 자신의 자화상을 그려 놓고 겸손하게 '바보야'라고 하는 분, 그런 스승이 지금 있는가? 성철 스님같이 해어진 승복을 입고 오직 수행에 매진한 청정한 분, '불기자심(不欺自心)' 즉 절대로 자기 자신을 속여서는 안 된다는 진리를 실천한 분, 그런 스승이 지금 교단에는 있는가? 그런 스승을 사범대학에서 양성하면 될 것이 아니냐고 누군가가 말하기에 참담한 심정으로 답했다.

> "지금의 사범대학 교육에 큰 기대를 걸지 마십시오. 오직 임용고사 합격을 지상 과제로 삼는 그곳은 또 하나의 입시 학원입니다."

6
벗으로 인(仁)을 돕게 하는 교육

사람들이 살아가는 데 있어서 친구의 존재는 매우 중요하다. 특히 공부하는 시기의 학생들에게 친구는 무엇과 비교하기 힘들 정도로 큰 의미가 있다. 부모님이나 선생님의 말은 듣지 않더라도 친구의 말을 따라 어떤 행위를 하기도 하고, 완전히 새로운 사람이 되기도 한다. 그러므로 석가모니는 자신의 제자 아난다에게 "좋은 친구를 가졌다는 것은 도(道)의 전부를 깨우친 것과 같다!"라고 함으로써 친구의 절대적 의미를 일깨운 바 있다.

율곡은 「학교모범」에서 '택우(擇友)' 즉 '벗을 가려 사귐'을 하나의 중요 요목으로 삼아 그 의미를 강조하고 있다.

> "도를 전해 받고 의혹을 해결하는 것은 스승에게 힘입더라도 서로 갈고 닦아 '인(仁)을 돕는 것은 실로 벗에게 힘입는 것[以友輔仁]'이다. 그러므로 배우는 자는 반드시 충성스럽고 신의가 있으며 효도하고 우애하며 강직하고 바르며 진

실한 선비를 가려 벗으로 사귀어서 잘못이 있으면 서로 경계하고, 선행(善行)으로써 서로 권하고 충고하여 덕행을 닦음으로써 벗의 윤리를 다해야 한다. 만일 마음가짐이 진실되지 못하고 절제가 엄하지 못하여 떠들고 다니며 즐겁게 노는 것만 좋아하고, 말[言]과 기운만 숭상하는 자는 결코 벗으로 사귀지 말아야 한다." —「학교모범」

교사가 인(仁)의 이치를 가르쳐 깨우쳐 준다고 하더라도 학생들이 쉽게 인을 실천하게 되는 것은 아니다. 그러나 친구들이 모두 인을 함께하기로 결심한다면, 놀랍게도 이들은 과감하게 인을 행하게 된다. 이것이 바로 친구의 효력이며, 가치이다. 율곡은 벗의 중요성은 본질적으로 '이우보인(以友輔仁)'에 있다고 역설한다. 인(仁)은 선(善)의 핵심이다. 그러므로 친구 사이의 우정을 통해서 인을 더욱 잘 깨우치고 실천하는 데 있어서 큰 진보가 있도록 해야 함을 강조한다. 따라서 율곡은 인을 격려하고 권면할 수 있는 벗을 가려서 사귀어야 한다고 주장한다. 즉 '택우'가 필요하다는 것이다. 여기서 유의해야 할 것은 택우가 특정한 친구를 따돌리는 문제가 아니라는 점이다. 인을 잘 실천하고, 선을 잘 실천하는 친구를 신중하게 가려서 벗으로 삼음으로써 자신의 인격적인 진보를 이루는 것이 택우의 진정한 의미이다.

율곡은 친구와 우정을 나누는 것은 교육에 큰 의미가 있으며,

공부하는 학생들의 인격 형성에 큰 의미가 있다는 점에서 친구와 어떤 마음과 자세로 교유해야 할지를 생각하면서 다음과 같은 의견을 제시한다.

> "친구와 같이 있을 때에는 도의(道義)로써 학문을 강구하고 연마하되 오로지 공부와 의리만을 말할 뿐이지, 세속의 비천한 말과 남의 허물이나 좋지 않은 점은 일체 입에 담지 말아야 한다." —「격몽요결」

친구와 있을 때, 일반적으로 말을 함부로 하게 되고 그것이 생활 습관이 되면 일상적으로 비속어를 사용하고, 다른 학생을 왕따시키는 악행을 일삼을 수 있다. 만약 이러한 행위를 경계하고 선한 길을 가려는 좋은 친구와 함께한다면 그의 삶은 덕으로 빛날 것이다. 어느 날 제자 이유경이 율곡에게 친구 사이에서 있을 수 있는 구체적인 사례를 제시하면서 물었다.

> "지금 여기 한 사람이 있는데 오래도록 같은 문하에서 지내며 서로 교제를 하다가 어느 날 잘못을 저질러서 친구들에게 쫓겨나게 되었다면, 제가 그 사람에 대하여 전과 같이 대해야 합니까, 아니면 냉랭하게 대하여 그와 더 이상 교제하지 말아야 합니까?" —「어록」

이유경의 질문은 만약 친하게 지내던 벗이 도덕적 잘못을 저질러서 다른 학생들이 그를 배척한다면, 자신은 그 친구를 어떻게 대해야 할지를 물은 것이다. 이 질문에는 악행을 저지른 친구와 절연하는 것이 좋을지 아니면 여전히 친구로 교유해야 할지를 고민한 바가 드러나는데, 이에 대한 율곡의 답은 다음과 같다.

> "정말 그 사람에게서 크게 실망스러운 점이 보인다면 이전에 친분이 있었더라도 그와 다시 교제하기 어려울 것이다. 그렇지 않다면 한때의 과실(過失)이 있다고 하여 동문(同門)의 친구를 끊어 버릴 수는 없다. 반드시 조용히 만나 간절하게 책망하여 앞으로는 더 이상 허물이 없도록 해야 할 것이니, 이것이 친구의 도리이다." —「어록」

여기서 율곡은 우정의 진면목에 대해서 설명하고 있다. 첫째, 그 친구의 잘못이 도덕적으로 절대 용납될 수 없는 큰 악행이라면 친구로 다시 교제해서는 안 된다. 둘째, 엄중하지 않은 과실을 저지른 경우에는 함부로 교제를 끊어서는 안 된다. 셋째, 경미한 악행을 저지른 친구의 경우에는 책망하여 그의 잘못을 일깨워 줌으로써 개과천선(改過遷善)할 수 있도록 해야 한다. 이러한 세 가지가 바로 율곡이 교우(交友) 관계에서 모범으로 제시하는 규범이다. 이러한 우정은 바로 '이우보인(以友輔仁)'의 정신을 실천하는 적절한 모습이 될 것이다.

여러 해 전에 대구광역시교육청에서 주관하는 학교 평가위원으로서 어느 '입시 명문' 고등학교로 학교 평가를 나간 적이 있었다. 학생 분야 평가를 맡은 나는 그 학교에서 각 학년 대표로 선발된 지필고사 학업 성적이 가장 우수한 학생 여섯 명과 면담을 진행했었다. 정식 면담을 끝낸 후 혹시 개인적으로 상담하고 싶은 것이 있느냐고 물었을 때, 2학년 대표 학생 중 남학생 한 명이 진지하게 물었다.

> "부모님께서 고등학교 시기에는 공부가 매우 중요하니 친구를 사귀지 말라고 하십니다. 저는 친구를 사귀고 싶은데 어떻게 하면 좋겠습니까?"

나는 그 질문을 듣고, 마음이 너무나 무겁고 답답해졌다. 이유는, 학교에서 이렇게 총명한 학생을 단지 지필고사 중심의 지식 교육·암기 교육으로 길들여서 친구를 사귀는 문제와 같은 기본적인 삶의 문제에 대해서 주체적으로 성찰할 수 있는 능력을 함양하지 못하고 있음을 느꼈기 때문이다. 이 경험은 내가 우리의 학교 교육이 가진 문제를 엄중하게 각성하는 계기가 되었다.

고등학교의 한 교실에서 '지금 적(敵)들의 책장이 넘어가고 있다!'라는 표어를 마치 금과옥조(金科玉條)인 양 게시판에 커다랗게 붙여 놓고 공부하는 학생들을 본 적이 있다. 학생들이 말하는 '적(敵)'은 누구인가? 비극적이게도 바로 함께 공부하는 같은 반의 동급생들, 그리고 다른 학교의 학생들을 일컫는 것이다. 율곡의 뜻과 같이, 나도 우리 교육의 이 비극적인 현실을 직시하면서 소망한다. 우리 학생들이 친구들과 함께 좋은 인격을 형성해 나가고, 소중한 우정을 나누면서, 아름다운 인생길을 열어 갈 수 있기를.

'구산서원(丘山書院)에서 학생들을 일깨우다'

「구산서원에서 성상(聖像)을 배알하고 유생들에게 보이다」

동해의 맑은 정기가 모여
중원(中原)에서 성상(聖像)을 전해 왔네
광명을 드리움은 본래 숨김이 없고
땅을 파면 어디서나 물이 나기 마련이네
물을 관찰할 때는 감탄하신 말씀을 생각하고
글을 대할 때는 위편(韋編)이 끊어진 것을 상상해야 하네
우러러보기만 해도 유익함이 있으니
뚫을수록 더욱 견고함을 싫증내지 말게

구산서원(丘山書院)은 강원도 강릉에 있다. 율곡은 어느 해 구산서원에 들러서 거기에 모셔 둔 공자상(孔子像)을 보고 마음을 가다듬었다. 우리가 학교를 경건하게 여기는 까닭은 그곳이 미래의 꿈을 키우는 순수한 마음의 학생들이 치열하게 자신을 연마하는 곳이기 때문이다. 서원이란 그런 곳이다. 시대를 비출

수 있는 빛이 태생하는 곳이며, 인재가 마르지 않도록 지혜의 생명수가 용솟음치는 용천(湧泉)이 바로 서원이다. 율곡은 자신이 태어나고 어린 시절을 보낸 강릉의 구산서원에 들르니 그 마음의 정감이 남달랐을 것이다. 그곳에서 율곡은 깊은 감회의 마음을 안고, 유생들이 분발하여 공부에 매진하도록 권면(勸勉)하는 시를 지었다.

율곡은, 공자가 『주역』을 여러 번 탐독한 나머지 '위편삼절(韋編三絶)' 즉 책을 엮은 실 가죽이 세 번이나 끊어졌음을 상기하면서 유생들이 공부를 할 때 독서백편(讀書百遍)하는 의지가 있어야 함을 일깨운다. 이러한 공부는 『논어』「자한」에서 보이는 바와 같이, 공자의 제자 안회(顔回)가 공자의 덕을 우러러보면 그 덕을 배우려고 더욱 열심히 공부하게 되고, 그 덕을 실천하려고 노력하게 되니, 이것이 곧 인격자를 가까이하면서 존경하는 효과라고 할 수 있다.

율곡은 이 시를 통해서 유생들에게 얼마나 치열하게 공부해야 하며, 공부의 경지가 어디까지 이르러야 하는지를 알려 주고 있다. 여기에는 단지 한 사람의 유학자로서가 아니라, 교육의 의미를 깊이 각성하면서 교육 실천의 길을 인생의 본령으로 삼고 있는 교육자로서의 진실된 마음이 온전하게 드러난다. 교육을 통해서 삶의 의미를 구현하려 하고, 교육을 실천하면서 인생의 진정한 행복을 누릴 수 있다는 마음이 표명된 이 시는 율곡의 인생길의 좌표를 제시하는 것이라고도 할 수 있다.

우리는 흔히 율곡을 유학 사상가, 유교 경세가로 칭하지만 잊지 말아야 할 점은 율곡 역시 교육적인 면모에 있어서는 퇴계 못지않은 열정과 실천적인 노력이 있었다는 점이다. 그렇기에 율곡의 삶에서도 교육은 중심적인 사업이었다. 퇴계의 대표 저술인 「성학십도(聖學十圖)」에는 교육에 대한 주제가 별도로 구성되어 있지 않은 데 비해서, 율곡의 대표 저술인 「성학집요(聖學輯要)」에는 '교민(敎民)'의 절이 별도로 편성되어 있을 정도로 그는 교육을 중시하였다. 실제로 교육에 대한 율곡의 의지와 노력은 조선의 어떤 유학 사상가보다 압도적으로 탁월했다. 다만 율곡이 나이 49세 때 세상을 떠남으로써 그의 학문을 전하고 제자를 양성하는 교육 활동을 할 수 있는 시간이 많지 않았다는 점이 매우 아쉽다. 교육에 대한 율곡의 열정과 사랑은 그의 유명한 시가(詩歌)인 「고산구곡가(高山九曲歌)」에도 나타난다. 「고산구곡가」 중에서 교육에 대한 뜨거운 마음이 드러난 '제5곡(第五曲)'의 내용을 보면 다음과 같다.

「고산구곡가」 중 '제5곡'

오곡(五曲)은 어디인가
은병(隱屛)이 가장 보기 좋구나
물가에는 정사(精舍)가 있어
맑고 깨끗하기가 한량없네

가운데서 항상 학문을 강론하며
달도 읊어 보고 또 바람도 읊조리네

「고산구곡가」는 율곡이 43세 때 지은 10수의 연시조로서, 주희(朱熹)의 「무이도가(武夷櫂歌)」를 본떠서 지은 것이다. 여기서 인용한 부분은 제5곡 '은병(隱屛)'이다. 여기에 그대로 '은병'과 '정사'가 등장하듯이 율곡이 세운 학당 이름 은병정사(隱屛精舍)의 기원과 그 교육적 의미를 보여 준다. 주희가 무이산(武夷山)에서 무이정사(武夷精舍)를 짓고 유생들을 교육하며 학문을 강학했듯이, 율곡 역시 자신이 지은 은병정사에서 성현의 학문과 교육의 뜻을 이루기를 기대한 것이다.

율곡은 「고산구곡가」에서 자연을 음미하고 있지만, 그의 마음 깊은 곳에는 자연을 닮은 맑은 마음의 인격자를 양성하고자 하는 교육적 열정이 가득 차 있었다. 교육자라면 누구나 그러하듯이, 은병정사에서 미래의 동량인 청년 선비들을 앞에 두고 성인(聖人) 되는 길을 밝히는 학문을 강론하는 것이 그에게는 무엇과도 비길 수 없는 인생의 즐거움이며 행복이었을 것이다.

에필로그

우리 자신의 인생을 묻다

이제 '에필로그'를 씁니다. 책에도 하나의 길이 있다면 이제 그 길의 끝에 서 있는 셈입니다. 이 책의 '프롤로그'에서는 율곡에게, 그의 인생을 묻고자 하는 뜻으로 글의 시작을 알렸습니다.

우리는 모두 한 인간으로 출생하여 미처 알지 못하는 인생길에 들어섰습니다. 그러나 성장, 성숙하면서 그 길에 대해서 묻고 생각하게 됩니다. 인생길에는 숲도 있고, 늪도 있습니다. 가다 보면 숲으로 가려다가 늪으로 가기도 하고, 늪으로 갈 뻔하다가 숲으로 가기도 합니다. 누구는 길이 '여기'라고도 하고, 또 누구는 '저기'라고도 합니다.

우리는 길의 주인은 결국 자기 자신임을 압니다. 길의 주인은 마침내 자기 자신이 되어야 함을 압니다. 자신이 자기 인생의 진정한 주인이 되는 방법은 끊임없이 그리고 진실되게 자신의 삶에 대해서 묻고, 성찰하고, 답하고, 실천하는 데 있을 것입니다. 그리하면 '수처작주 입처개진(隨處作主 立處皆眞)!' 어디에 가든 주인이 되어, 자신이 자리하는 곳마다 모두 진실될 것입니다.

율곡에게 청하여, 우리가 생각하기도 했고, 그리워하기도 했고, 지향하기도 했던 인생길에 대해 듣고자 한 연유의 중요성은 바로 우리 자신의 인생길을 찾아가는 데 있습니다.

이제는 우리가 율곡에게 했던 질문을 우리 자신에게 해야 할 때입니다. 결국 인생이란 나의 인생이며, 우리의 인생이므로 율곡의 인생 이야기도 우리의 인생 이야기를 아름답게 하는 데 하나의 빛이 될 뿐일 것입니다.

율곡 이이의 인생길 이야기를 듣고 생각한 여정의 끝에 서 있는 지금이 우리에게는 또 다른 시작점입니다. 지금 우리는 어려운 시대에 살고 있습니다. 바람은 거세고 물결은 높습니다. 그래도 우리는 별처럼 빛나는 마음을 가진 한 인간으로서 아름다운 삶을 살아가야 할 것입니다. 우리의 삶이 자신을 아름답게 하는 즐거운 순례(巡禮)라면 좋겠다는 생각을 해 봅니다.

이섭대천(利涉大川)! 인생이라는 큰 강, 인생길을 건넘에 모두 행복하시기를 바랍니다.

참고문헌

『교감본 율곡전서』, 율곡연구원, 2019.

『율곡전서』, 성균관대학교 대동문화연구원, 1986.

『국역 율곡전서』, 한국학중앙연구원, 1987.

『퇴계전서』, 퇴계학연구원, 1988.

이영경, 『율곡의 도덕실천 지향 인성교육론』, 경북대학교출판부, 2024.

이영경, 『율곡의 윤리사상』, 철학과 현실사, 2005.

이영경, 『한국사상과 마음의 윤리학』, 경북대학교출판부, 2024.

이종성, 『율곡과 노자』, 충남대학교출판문화원, 2016.

이종호, 『율곡, 인간과 사상』, 지식산업사, 1994.

황준연, 『이율곡, 그 삶의 모습』, 서울대학교출판부, 2000.

최영성, 「퇴계 이황과 율곡 이이, 두 번의 만남」, 『퇴계학논집』 23호, 영남퇴계학연구원, 2018. 12.

요하네스 헤센 지음, 허재윤 옮김, 『현대에 있어서 삶의 의미』, 이문출판사, 1985.

최대호, 『이 시(詩) 봐라』, 넥서스, 2015.

폴 블룸 지음, 최재천·김수진 옮김, 『선악의 기원: 아기를 통해 보는 인간 본성의 진실』, 21세기북스, 2024.